DIRETO DO TRABALHO NO BRASIL

FORMAÇÃO E DESENVOLVIMENTO
Colônia, Império e República

MAURICIO GODINHO DELGADO

DIREITO DO TRABALHO NO BRASIL

FORMAÇÃO E DESENVOLVIMENTO
Colônia, Império e República

2ª edição
revista, atualizada e amplicada

2024

EDITORA JusPODIVM
www.editorajuspodivm.com.br

DIREITO DO TRABALHO NO BRASIL

MAURICIO GODINHO DELGADO

1ª edição; maio, 2023; 1ª edição; 2ª tiragem; junho, 2023; 1ª edição; 3ª tiragem; julho, 2023; 1ª edição; 4ª tiragem; agosto, 2023; 1ª edição; 5ª tiragem; setembro, 2023.

EDITORA *Jus*PODIVM

www.editorajuspodivm.com.br

Rua Canuto Saraiva, 131 – Mooca – CEP: 03113-010 – São Paulo – São Paulo
Tel: (11) 3582.5757
• Contato: https://www.editorajuspodivm.com.br/central-de-relacionamento

Diagramação: Equipe *Jus*PODIVM

Capa: Maitê Coelho e Cendi Coelho *(cendicoelho@gmail.com)*

D352d Delgado, Mauricio Godinho
Direito do Trabalho no Brasil: Formação e Desenvolvimento - Colônia, Império e República / Mauricio Godinho Delgado – 2. ed., rev., atual. e ampl. - São Paulo: Editora JusPodivm, 2024.

256 p.

ISBN: 978-85-442-5009-9.

1. Direito do Trabalho. 2. Política Trabalhista. I. Delgado, Mauricio Godinho. II. Título.

CDRD 342.6

BIBLIOTECÁRIA RESPONSÁVEL

Ana Carolina Ribeiro Mois – CRB7 – RJ 007348/0

2.ª ed., *2ª tir.:* jun./2024; *3ª tir.:* jun./2024.

Para a minha querida Lucilia

Sumário

Apresentação 11

CAPÍTULO I

Direito do Trabalho: definição, estrutura e caracterização. A formação e o desenvolvimento do Direito do Trabalho na Europa Ocidental 19

I. INTRODUÇÃO 19

II. DEFINIÇÃO, ESTRUTURA E CARACTERIZAÇÃO DO DIREITO DO TRABALHO 21

III. A FORMAÇÃO E O DESENVOLVIMENTO DO DIREITO DO TRABALHO NA EUROPA OCIDENTAL: ESTRUTURAÇÃO E GENERALIZAÇÃO DO SISTEMA CAPITALISTA 25

IV. A FORMAÇÃO E O DESENVOLVIMENTO DO DIREITO DO TRABALHO NA EUROPA OCIDENTAL: FASES RELEVANTES 29

1. Manifestações incipientes ou esparsas 32
2. Sistematização e consolidação 33
3. Institucionalização do Direito do Trabalho 37
4. Crise e transição do Direito do Trabalho 39

V. TRAÇOS PECULIARES DA FORMAÇÃO E DO DESENVOLVIMENTO DO DIREITO DO TRABALHO NA EUROPA OCIDENTAL 42

CAPÍTULO II

Trabalho escravizado, trabalho livre e Direito do Trabalho no Brasil: uma análise do período colonial (1500-1822) 47

I. INTRODUÇÃO 47

II. FORMAÇÃO DO DIREITO DO TRABALHO: PECULIARIDADES NAS AMÉRICAS E, ESPECIALMENTE, NO BRASIL 48

III. PERIODIZAÇÃO HISTÓRICA DO DIREITO DO TRABALHO BRASILEIRO – FASES EM DESTAQUE 56
IV. FASE DE FORMAÇÃO DO DIREITO DO TRABALHO NO BRASIL: O PAPEL DO PERÍODO COLONIAL (1500-1822) 60
V. REFLEXÕES ADICIONAIS SOBRE O PERÍODO COLONIAL (1500-1822) 65

CAPÍTULO III

Trabalho escravizado, trabalho livre e Direito do Trabalho no Brasil: uma análise do período monárquico (1822-1889) 69

I. INTRODUÇÃO 69
II. PECULIARIDADES DAS AMÉRICAS E, EM PARTICULAR, DO BRASIL, COM RESPEITO À FORMAÇÃO HISTÓRICA DO DIREITO DO TRABALHO 72
III. PERIODIZAÇÃO HISTÓRICA DO DIREITO DO TRABALHO BRASILEIRO – FASES EM DESTAQUE 77
IV. FASE DE FORMAÇÃO DO DIREITO DO TRABALHO NO BRASIL: O PAPEL DO PERÍODO MONÁRQUICO (1822-1889) 79
1. Breve rememoração do período colonial (1500-1822) 79
2. O período monárquico (1822-1889) 83
V. REFLEXÕES ADICIONAIS SOBRE O PERÍODO MONÁRQUICO (1822-1889) 94

CAPÍTULO IV

Trabalho livre e Direito do Trabalho no Brasil: uma análise do período da Primeira República (1889-1930) 103

I. INTRODUÇÃO 103
II. PECULIARIDADES DAS AMÉRICAS E, EM PARTICULAR, DO BRASIL, COM RESPEITO À FORMAÇÃO HISTÓRICA DO DIREITO DO TRABALHO 104
III. PERIODIZAÇÃO HISTÓRICA DO DIREITO DO TRABALHO BRASILEIRO – FASE DE FORMAÇÃO EM DESTAQUE 107
IV. FASE DE FORMAÇÃO DO DIREITO DO TRABALHO NO BRASIL: O PERÍODO DA PRIMEIRA REPÚBLICA (1889-1930) 109
1. Transição da Monarquia para a República 110
2. Avanços e problemas no Período Republicano Inaugural 113
3. A estruturação do Direito do Trabalho: elementos em destaque 117

V. ALGUMAS LIÇÕES ADICIONAIS, A PARTIR DA PRIMEIRA REPÚBLICA, RELATIVAMENTE AO DIREITO DO TRABALHO (1889-1930) 124

CAPÍTULO V

A fase de institucionalização do Direito do Trabalho no Brasil: da Segunda República (1930-1945) até meados dos anos 1980 127

I. INTRODUÇÃO 127
II. PERIODIZAÇÃO HISTÓRICA DO DIREITO DO TRABALHO BRASILEIRO – FASES EM DESTAQUE 129
III. FASE DA INSTITUCIONALIZAÇÃO DO DIREITO DO TRABALHO NO BRASIL 133
1. Período da Segunda República (1930-1945): estruturação e institucionalização do sistema trabalhista brasileiro 134
A) Política Trabalhista do Governo Vargas (1930-1945) 134
B) Constitucionalismo Social no Brasil 145
C) Fases do Direito do Trabalho: análise comparativa 146
2. Período da Terceira República (1945-1964): inovações e continuidades 147
3. Período da Ditadura Militar-Civil (1964-1985) 151
A) Aspectos da política trabalhista do período 151
B) A resistência à Ditadura e o nascimento do Novo Sindicalismo 158
IV. LIÇÕES ADICIONAIS SOBRE A FASE DE INSTITUCIONALIZAÇÃO DO DIREITO DO TRABALHO NO BRASIL: DE 1930 ATÉ MEADOS DOS ANOS 1980 162

CAPÍTULO VI

Fase da transição democrática do Direito do Trabalho brasileiro propiciada pela Constituição de 1988 durante a Quarta República (1988-2016) 165

I. INTRODUÇÃO 165
II. FASE DA TRANSIÇÃO DEMOCRÁTICA DO DIREITO DO TRABALHO BRASILEIRO: A CONSTITUIÇÃO DE 1988 168
1. Paradigma do Constitucionalismo Humanista e Social 169
2. Arquitetura Democrática Constitucional Brasileira de 1988 172
A) Avanços democráticos no Direito Coletivo do Trabalho 172

B) Avanços democráticos quanto ao Ministério do Trabalho ... 175
C) Avanços democráticos quanto ao Ministério Público do Trabalho ... 176
D) ,Avanços democráticos quanto à Justiça do Trabalho ... 177
E) Avanços democráticos e inclusivos quanto ao Direito Individual do Trabalho ... 180
3. Institutos Trabalhistas Contraditórios Preservados em 1988 e seu Enfrentamento nos Anos Seguintes à Promulgação da Nova Constituição ... 208
4. Crise Cultural: desregulamentação e flexibilização ... 214
III. LIÇÕES ADICIONAIS SOBRE A FASE DE RENOVAÇÃO DEMOCRÁTICA DEFLAGRADA PELA CONSTITUIÇÃO DE 1988 NO SISTEMA TRABALHISTA BRASILEIRO (1988-2016) ... 217

CAPÍTULO VII

A crise democrática, institucional, econômica, social, cultural e trabalhista brasileira e os desafios impostos ao Direito do Trabalho e à classe que vive do trabalho (2016-2022) ... 219

I. INTRODUÇÃO ... 219
II. A CRISE DEMOCRÁTICA, INSTITUCIONAL, ECONÔMICA, SOCIAL, CULTURAL E TRABALHISTA BRASILEIRA DEFLAGRADA ENTRE 2016 E 2022 ... 221
1. Parâmetros do Projeto Ultraliberalista Implementado desde 12 de maio de 2016 ... 221
2. O Desemprego como Estratégia Política e Antissocial ... 224
3. A Reforma Trabalhista de 2017 e a Desarticulação dos Direitos Individuais, Sociais e Coletivos Trabalhistas ... 227
III. ANÁLISE DA REFORMA TRABALHISTA DE 2017 CONSIDERADOS OS SEGMENTOS NORMATIVOS DO DIREITO DO TRABALHO ... 228
1. A Lei n. 13.467/2017 e o Direito Individual do Trabalho ... 229
2. A Lei n. 13.467/2017 e o Direito Coletivo do Trabalho ... 232
3. A Lei n. 13.467/2017 e o Direito Processual do Trabalho ... 236
IV. ASPECTOS ADICIONAIS DA CRISE TRABALHISTA DEFLAGRADA ENTRE 2016 E 2022 E AS POLÍTICAS ANTISSOCIAIS ADOTADAS NO PERÍODO: NOVAS MEDIDAS REGRESSIVAS ... 238
V. LIÇÕES ADICIONAIS PROVINDAS DO PERÍODO REGRESSIVO DE 2016 A 2022 ... 241

Referências bibliográficas ... 243

Apresentação

Esta obra, **DIREITO DO TRABALHO NO BRASIL, FORMAÇÃO E DESENVOLVIMENTO - Colônia, Império e República**, resulta da necessidade percebida por este pesquisador, professor e autor de investigar e refletir sobre os aspectos fundamentais do trajeto do trabalho humano na história brasileira, e de seus trabalhadores e trabalhadoras, para melhor compreender a estruturação e o desenvolvimento do Direito do Trabalho no País, com as suas candentes especificidades.

A análise do sistema de escravização de pessoas humanas que foi instalado em terras brasileiras pelo colonizador português, a partir do século XVI, arquitetado à base da escravização seja dos povos originários americanos, os indígenas, seja das pessoas negras trazidas escravizadas de sua terra de origem, a África, o fato é que esse tipo de sistema ignóbil, despótico e violento demarcou profundamente as estruturas do Brasil. Esse sistema de escravização de pessoas humanas, embora tenha o caráter de antítese a um campo jurídico reconhecedor de direitos e garantias em favor das pessoas que vivem do trabalho - como é o Direito do Trabalho -, a verdade é que ele demarcou quer as estruturas que se tornariam próprias da sociedade, quer as estruturas que se tornariam próprias do Estado, mesmo depois da conquista da Independência, em 1822, e mesmo após a Proclamação da República, em 1889.

Daí a necessidade percebida por este autor de se retornar ao estudo das estruturas econômicas, sociais e institucionais brasileiras desde o início da colonização europeia, a contar do começo do século XVI, aprofundando-se o foco no tema da escravização de pessoas humanas, para melhor se compreenderem as influências, restrições e matizes impostos à formação e desenvolvimento do Direito do Trabalho na realidade e ordenamento jurídico brasileiros.

É bem verdade que pode parecer inviável um estudo que comece nas primeiras décadas do século XVI, com a pretensão de chegar até o final do ano de 2022 – passando, pois, por mais de cinco séculos –, ainda que construído sob o prisma da síntese.

Porém o fato é que se mostrou essencial a este pesquisador e autor passar por essa enorme experiência de pesquisa e reflexão, que foi concluída ao longo dos anos de 2021 e 2022. O resultado é este livro, produto de investigações e leituras de várias dezenas de obras e autores, inclusive inúmeros pesquisadores, professores e intelectuais negros, homens e mulheres, brasileiros e estrangeiros, trazendo relevante mudança na abordagem que este autor tem seguido sobre o campo social do Direito no Brasil. Nesse quadro, passa-se a enfatizar, com maior vigor, alguns aspectos fundamentais da desigualdade brasileira, provindos das estruturas do período colonial e do período monárquico, os quais têm sido significativamente introjetados nas instituições, na cultura e no cotidiano brasileiros contemporâneos. Esses aspectos fundamentais, de caráter estrutural, de antiga memória, infelizmente ainda respondem, em boa medida, pelos desafios que o Direito do Trabalho perpassa nos dias de hoje, como o desapreço, a incompreensão e o desrespeito, pelas elites, com relação ao papel civilizatório, emancipador, inclusivo e democrático desse ramo jurídico.

Ingressando na descrição da estrutura deste livro, fica esclarecido que a pesquisa e a obra foram divididas em sete capítulos, de maneira geral observando, para fins meramente pedagógicos, certa ordem cronológica no cenário da história brasileira.

Para contextualizar a realidade brasileira, com o sistema econômico e social aqui estruturado desde o desembarque do colonizador europeu nas três Américas, o presente livro apresenta um estudo inicial sobre a formação e o desenvolvimento do sistema capitalista na Europa Ocidental, a contar do século XVI, com a subsequente Revolução Industrial ocorrida a partir do século XVIII na Inglaterra. Esse percurso econômico, social, institucional e jurídico europeu iria dar origem ao Direito do Trabalho, a partir da Inglaterra – e, logo em seguida, iria envolver outros países europeus ocidentais do respectivo continente –, apresentando importantes peculiaridades. Entre outros pontos, é objetivo relevante do Capítulo I deste livro evidenciar essas peculiaridades europeias, inclusive no sentido de que elas não encontrariam par em várias das experiências econômicas, sociais, institucionais e culturais vividas nos países e regiões das Américas.

Ingressando na realidade histórica dos países componentes das Américas – com foco especial no Brasil, evidentemente –, este livro, a contar do Capítulo II, passa a estudar o percurso histórico das economias e sociedades estruturadas em diversas regiões do continente americano, tendo como pontos comuns a construção de um modelo econômico baseado originalmente na grande propriedade rural, voltada à produção e exportação de produtos primários para os países europeus (grandes propriedades agrícolas comumente denominadas, no mundo acadêmico, de *plantations*), em dinâmica sob controle, de maneira geral, do respectivo país colonizador. Esse modelo econômico e social iria se fundar, essencialmente, por vários séculos, no trabalho escravizado, com início a partir dos povos indígenas e, logo em seguida, com o concurso forçado das pessoas escravizadas no continente africano e trazidas aprisionadas para várias regiões das Américas.

Após feita uma incursão mais ampla sobre o modelo das *plantations* em diversas economias do continente americano, esta obra irá se centrar na análise da experiência brasileira, iniciada pelo colonizador português ainda na primeira metade do século XVI.

Dessa maneira se estudam em capítulos específicos, em primeiro lugar, os seguintes períodos históricos brasileiros: o da Colônia, situado entre 1500 e 1822 (Capítulo II); o do Império, situado entre 1822 e 1889 (Capítulo III); e o da Primeira República, situado entre 1889 e 1930 (Capítulo IV).

Esses três períodos iniciais compõem o que o livro denomina de fase de formação do Direito do Trabalho no Brasil, embora a obra reconheça, depois de longa pesquisa, que não existiu tal campo jurídico nesses dois primeiros períodos de quase 400 anos (os períodos da Colônia e do Império, enfatize-se), em vista de se estar, nessas duas épocas, sob um regime despótico e de profunda exclusão, considerado não apenas o ambiente das instituições públicas, inclusive normativas (embora, é claro, existam diferenças entre a fase colonial e a fase monárquica), mas principalmente as estruturas e os ambientes da própria sociedade e da economia. Ora, uma situação institucionalizada de despotismo no ambiente econômico e social, sufragada pelas instituições públicas, tudo isso torna inviável um tratamento jurídico minimamente equânime até mesmo para os trabalhadores livres, inclusive no tocante à enorme população negra já liberta existente nesses momentos históricos.

Essa arraigada marca da exclusão, do desapreço, do desrespeito pelo trabalho e pelas pessoas que vivem de seu trabalho estará presente nesses primeiros quatro séculos da história brasileira, lançando seus efeitos antissociais, excludentes e antidemocráticos inclusive para os períodos históricos posteriores.

O Capítulo V deste livro é dedicado à fase de institucionalização do Direito do Trabalho no Brasil, a qual é aberta pela Segunda República, transcorrida entre outubro de 1930, com a Revolução de 30, e o ano de 1945, com o término do primeiro Governo Vargas. Os 15 anos iniciais dessa fase são muito importantes no processo de institucionalização do Direito do Trabalho no País, pois nessa época é que se estruturaram as instituições então cardeais do sistema trabalhista brasileiro que se arquitetou. Por institucionalização do Direito do Trabalho e do sistema trabalhista brasileiro deve-se compreender tanto o Direito Individual do Trabalho como o Direito Coletivo do Trabalho, a par do Direito Processual do Trabalho. Deve-se compreender também a estruturação da Justiça do Trabalho, do Ministério do Trabalho (na época, com nome diferente), do Ministério Público do Trabalho, além do sistema sindical arquitetado nesse mesmo período.

A fase de institucionalização do Direito do Trabalho teve continuidade na Terceira República, transcorrida entre 1945, após a derrubada do governo Vargas, até março de 1964, antes da instauração do regime autoritário militar-civil no País. Foram 19 anos bastante ricos, em especial entre 1951 e março de 1964, pois consistiram em relevante experiência democrática no Brasil, a qual colocou em teste o sistema trabalhista estruturado entre 1930 e 1945, alcançando-se alguns interessantes avanços na proteção trabalhista nesse período. Não houve mudanças profundas no modelo trabalhista brasileiro nesse interregno, é verdade, embora em 1963, pelo Estatuto do Trabalhador Rural, tenha se deflagrado o início da extensão da legislação trabalhista ao campo brasileiro, onde ainda se situava parte significativa da população do País.

Ainda dentro do Capítulo V desta obra se estuda o período regressivo da ditadura militar e civil situada entre abril de 1964 até março de 1985. Tratou-se de período de enorme repressão e desafios para o Direito do Trabalho, para o sindicalismo e o conjunto das forças democráticas do País. Foi caracterizado por políticas públicas trabalhistas altamente autoritárias, especialmente no tocante ao sindicalismo brasileiro.

Felizmente, nos anos finais desse período ditatorial, essa fase viu nascer um fenômeno muito relevante na realidade social e trabalhista brasileira, o chamado "novo sindicalismo", deflagrado nas cidades componentes da região industrial do ABC paulista. O movimento teve o mérito de não apenas colocar em novo patamar o combate ao regime autoritário, como também apontou luzes para o próprio sindicalismo brasileiro, enfatizando a importância da organização coletiva dos trabalhadores e da negociação coletiva trabalhista.

Por fim, esta obra ingressa em seu Capítulo VI, estudando o clímax democrático da história brasileira, propiciado pela derrubada da ditadura em março de 1985, a realização da Assembleia Nacional Constituinte em 1987/88 e a promulgação da nova Constituição da República em 5 de outubro de 1988.

O País ingressa então no Constitucionalismo Humanista e Social – o mais sofisticado e democrático patamar do constitucionalismo ocidental –, com avanços enormes no processo de democratização e aperfeiçoamento do sistema trabalhista brasileiro.

Afora as mudanças positivas iniciadas na data de promulgação do novo documento constitucional, a verdade é que a nova Constituição da República deflagrou uma dinâmica impressionante de inovações e aperfeiçoamentos jurídicos, institucionais e culturais na sociedade civil e sociedade política, com substancial repercussão no plano do Direito Individual do Trabalho, do Direito Coletivo do Trabalho e do Direito Processual do Trabalho.

Políticas públicas de inclusão econômica, social, educacional e institucional são postas à frente desde então, consumando-se em diplomas normativos de grande impacto na ordem jurídica brasileira. A direção no sentido da arquitetura de um Estado Democrático de Direito e de um Estado de Bem-estar Social emerge clara no novo texto constitucional e em diversos diplomas internacionais e nacionais postos em vigência desde outubro de 1988 até maio de 2016. Embora a coerência e a efetividade dessas políticas públicas inclusivas e democráticas tendessem a ficar na dependência do matiz de cada governo eleito no período, a verdade é que houve um processo de grandes avanços democráticos, sociais e econômicos nessa fase, em particular nos governos progressistas que atuaram em importantes lapsos temporais desse momento histórico.

O livro termina, em seu Capítulo VII, com a análise da política trabalhista adotada na fase regressiva iniciada em 12 de maio de 2016, com a derrubada do governo progressista recém-eleito democraticamente (em 2014), após quatro vitórias sucessivas de governos de esquerda liderados pelo Partido dos Trabalhadores em aliança com setores do centro partidário na realidade política e eleitoral brasileira (2002, 2006, 2010 e 2014).

Esta última fase histórica, que se estende de 12 de maio de 2016 até 31 de dezembro de 2022, ultrapassando seis anos de existência, assiste à implementação de políticas públicas neoliberais em seu máximo extremismo na história brasileira. O Direito Individual do Trabalho, o Direito Coletivo do Trabalho e o Direito Processual do Trabalho sofrem ataques impressionantes, tudo ao lado de uma política pública de elevação dos índices do desemprego no País e da desarticulação do processo de formalização trabalhista, com prejuízos inevitáveis ao papel civilizatório do campo social do Direito, além do incremento da dinâmica de exclusão de parcelas significativas da população pátria.

A crise política, institucional, jurídica, social e econômica então experimentada, agravada pelo processo pandêmico generalizado no Brasil a partir do início de 2020, tudo conduzia à compreensão sobre a relevância das políticas públicas progressistas para a superação da crise, com a retomada da matriz constitucional inaugurada em 5 de outubro de 1988.

Postas estas observações sobre o conteúdo do livro, agreguem-se aspectos sobre a dinâmica de pesquisa científica que viabilizou a sua construção.

De fato, a pesquisa e as reflexões efetuadas no presente livro enquadram-se na linha de pesquisa do Mestrado em Direito das Relações Sociais e Trabalhistas do UDF – Centro Universitário, situado em Brasília/DF, intitulada "Constitucionalismo, Direito do Trabalho e Processo". Elas estão inseridas no grupo de pesquisa liderado pelo referido Mestrado e denominado "Rede Internacional Universitária de Pesquisa e Extensão em Constitucionalismo, Trabalho e Direitos Humanos e Sociais", de que participa este professor, inserindo-se também no projeto de pesquisa deste docente intitulado "Constitucionalismo Humanista e Social, Estado Democrático de Direito e Direito do Trabalho".

Tal pesquisa alinha-se também a preocupações que este autor apresenta não apenas como pesquisador e docente universitário de PPGD há várias décadas como também no contexto de sua experiência de Magistrado do Trabalho há mais de três décadas. Concluído este livro no final de 2022, a partir de estudos advindos de períodos precedentes, ele cumpre também o papel de evidenciar um processo de autorreflexão sobre parte significativa da obra deste mesmo autor.

Brasília, março de 2023.

Mauricio Godinho Delgado

Esta foi a Apresentação da 1ª edição do livro, lavrada em março de 2023.

Em seu primeiro ano de existência, a obra cumpriu interessante roteiro e papel, tendo tido seis tiragens sequenciais ao longo de 2023. Além disso, ensejou inúmeros debates e diálogos presenciais e telepresenciais em distintas partes do País, perante públicos diversos, preponderantemente na área jurídica. Ela se enquadrou, amplamente, nas pesquisas, reflexões e debates realizados por este autor sobre os temas da exclusão, da desigualdade, do racismo, do patriarcalismo, do desapreço das elites e instituições brasileiras ao trabalho e à pessoa humana trabalhadora, temas muitas vezes englobados no também lamentável fenômeno da discriminação socioeconômica, pessoal e institucional de seres humanos, sendo todas essas distorções e chagas ainda largamente atuantes em nosso País, por mais injustificável que isso seja, especialmente após os comandos firmes igualitários e civilizatórios provindos da Constituição de 1988.

Nesta segunda edição, o livro incorpora alguns dados e reflexões adicionais, de maneira a fazer com que o estudo preserve a sua objetividade, dinamismo e atualidade. Além de tudo, com aspectos e reflexões sobre a realidade socioeconômica, institucional e jurídica, o livro demonstra a importância do Direito do Trabalho como política pública de inclusão das pessoas que vivem de sua força laborativa no sistema capitalista.

Brasília, janeiro de 2024.

CAPÍTULO I

Direito do Trabalho: definição, estrutura e caracterização. A formação e o desenvolvimento do Direito do Trabalho na Europa Ocidental

I. INTRODUÇÃO

O objetivo do presente livro é examinar a formação e o desenvolvimento do Direito do Trabalho no Brasil, passando, ainda que sinteticamente, pelas diversas fases de sua história, identificadas pelo período colonial (1500-1822), pelo período monárquico (1822-1889) e, finalmente, pelo período republicano (1889-2022), até os dias atuais.

Para tanto, esta obra dedicará seis de seus sete capítulos ao estudo da realidade socioeconômica, institucional e jurídica brasileira. Contudo é necessária a presença de um capítulo – o de início de todo o livro – para o estudo da estrutura e caracterização do Direito do Trabalho, em geral, e para a própria análise da formação e do desenvolvimento desse campo jurídico novo na Europa Ocidental, região do planeta em que ele surgiu, estruturou-se e se desenvolveu originalmente na história.

Esta análise antecedente é fundamental por razões históricas e também lógicas, uma vez que não se compreenderá a evolução brasileira se não se fizer uma reflexão, ainda que rápida, sobre o largo contexto histórico que deu origem ao sistema capitalista, desde o processo das grandes navegações e descoberta das Américas, inclusive do Brasil, com a subsequente instalação, neste continente formado por três distintas regiões (norte, centro e sul), de um avassalador sistema produtivo e/ou extrativo de bens agrominerais, usualmente à base da monocultura no segmento agrário, situado em grandes propriedades rurais e largamente fundado na mais violenta modalidade de utilização do trabalho humano existente na história – o regime escravocrata.

Nesse quadro, este Capítulo I examinará, em primeiro lugar, a definição, a estrutura e a caracterização do Direito do Trabalho, campo jurídico novo, surgido apenas a partir da segunda metade do século XIX e décadas seguintes no interior da experiência histórica europeia ocidental. Esse novo campo jurídico irá se mostrar extremamente importante e progressista por lidar com a vida profissional da grande maioria das pessoas que atuam no sistema capitalista, ao regular, criando direitos e obrigações para os trabalhadores e empregadores, suas respectivas relações de trabalho, especialmente a relação de emprego (mas não necessariamente apenas esta). É necessário compreender o que significa Direito do Trabalho, como um ramo jurídico teleológico, finalístico, apontando a sua estrutura, complexidade e relevância, para se enfrentar o enorme desafio de perquirir por este campo jurídico em uma sociedade profundamente desigual e injusta, como a brasileira estruturada desde a colônia e o período imperial, ou seja, durante cerca de quatro séculos.

Logo em seguida, este capítulo passará à análise da estruturação e generalização do sistema capitalista na Europa Ocidental, com foco preponderante em sua primeira experiência histórica bem sucedida, a Inglaterra. Essa análise terá a preocupação de estudar a formação da classe trabalhadora no ambiente britânico, além de outros aspectos correlatos, todos influenciando os passos seguintes, dados apenas a partir do século XIX e início do século XX, para a formação e o desenvolvimento do Direito do Trabalho. Parte relevante da experiência britânica terá reflexos também em outros países europeus que ingressaram no capitalismo e na industrialização e, mais à frente, no Direito do Trabalho.

Ato contínuo, o Capítulo I estudará as fases mais relevantes percebidas na evolução do Direito do Trabalho na Inglaterra e em outros países europeus que conseguiram adentrar no sistema capitalista, especialmente em seu período inicial mais sofisticado, que se caracterizou pela estruturação do processo de industrialização.

Por fim, o Capítulo I retomará o conjunto de sua análise para destacar alguns traços peculiares na formação e no desenvolvimento do Direito do Trabalho na Europa Ocidental e em que medida tais aspectos têm de ser considerados, mesmo que criticamente, no estudo comparativo da formação e do desenvolvimento do Direito do Trabalho nas Américas, particularmente no Brasil.

II. DEFINIÇÃO, ESTRUTURA E CARACTERIZAÇÃO DO DIREITO DO TRABALHO

O Direito do Trabalho, em sua acepção mais simples e originária, envolve a regulação das relações laborais entre trabalhadores e empregadores ou, em algumas situações, os tomadores do trabalho desses obreiros, ainda que estes não se caracterizem como empregados (caso do trabalhador avulso, especialmente o portuário, por exemplo). Esse campo normativo objetiva estruturar, em favor das pessoas humanas trabalhadoras, um vasto complexo de princípios, regras e institutos jurídicos direcionados à proteção dessas pessoas.

Trata-se de campo jurídico bastante novo na História, dividindo-se, originalmente, em Direito Individual do Trabalho (DIT) e Direito Coletivo do Trabalho (DCT).

O Direito Individual do Trabalho se define como o complexo de princípios, regras e institutos jurídicos reguladores do contrato de trabalho e das relações individuais entre trabalhadores e empregadores, ou tomadores de serviços, se for o caso, objetivando elevar as condições de pactuação e gestão da força de trabalho na realidade social.

No DIT se regula o núcleo mais amplo de temáticas do Direito do Trabalho, como os sujeitos da relação empregatícia ou de trabalho, o contrato de trabalho e suas diversas modalidades, os inúmeros institutos que compõem o contrato trabalhista, como remuneração e salário, as parcelas não salariais, a duração do trabalho (com seus vários e relevantes componentes, como a jornada de trabalho, a duração semanal do trabalho, os intervalos trabalhistas, as horas extras, o trabalho noturno, os tempos à disposição, etc.). Também no Direito Individual do Trabalho se integram as regras sobre a formação, alteração e extinção do contrato de trabalho, assim como as regras sobre as situações de suspensão contratual e de simples interrupção da prestação de serviços. Outros institutos compõem ainda o DIT, tais como as garantias de emprego e a estabilidade (se houver), as indenizações inerentes ao contrato ou aplicáveis a ele, o FGTS (instituto peculiar da ordem jurídica brasileira), a par de vários outros institutos e componentes jurídicos.

Já o Direito Coletivo do Trabalho (DCT) se define como o complexo de princípios, regras e institutos jurídicos que regem as relações entre os seres coletivos trabalhistas e suas atuações correlatas, objetivando também elevar as condições de pactuação e gestão da força de trabalho na realidade social.

Os seres coletivos trabalhistas consistem nas organizações grupais estruturadas pelos trabalhadores para a defesa mais ampla e eficiente de seus interesses, como, principalmente, os sindicatos; pontue-se, contudo, que certas ordens jurídicas admitem fórmulas alternativas ou complementares de representação coletiva de trabalhadores, como comitês obreiros em empresas e/ou figuras afins. Existem também, é claro, no outro polo da relação coletiva, os seres coletivos empresariais, caracterizados pela empresa, em si (ela própria caracterizando-se, estruturalmente, como um ser coletivo), ou por entidade sindical representativa de determinado segmento de empresas.

No DCT se regulam institutos específicos, como as próprias entidades coletivas de trabalhadores e de empresas (se estas entidades coletivas empresariais existirem na respectiva ordem jurídica, uma vez que a própria empresa, em si, conforme dito, já constitui um ser coletivo relevante e independente). Citem-se ainda o largo instituto da negociação coletiva trabalhista, o importante instituto da greve, o instituto do processo judicial de dissídio coletivo e sua peculiar sentença normativa (instituto existente na realidade jurídica brasileira, porém não generalizado em diversas outras ordens jurídicas internacionais), os instrumentos de representação obreira nos estabelecimentos e empresas, entre outros aspectos.

Quanto mais avançadas se tornaram as ordens jurídicas e mais avançado o sistema constitucional dela regente - atingindo o ápice com o Constitucionalismo Humanista e Social arquitetado em países importantes da Europa Ocidental logo depois do término da Segunda Grande Guerra –, mais segmentações temáticas surgiram no campo do Direito do Trabalho, de maneira a facilitar a sua pesquisa e compreensão. São segmentações meramente didáticas, de modo a permitir o melhor estudo e compreensão desse importante campo jurídico, embora todas elas componham o largo universo do Direito do Trabalho. Trata-se, por exemplo, do Direito Internacional do Trabalho (este surgido com a criação da OIT, em 1919), do Direito Constitucional do Trabalho, do Direito Ambiental do Trabalho, entre outras segmentações.

O Direito do Trabalho é um campo jurídico eminentemente teleológico, finalístico, tendo surgido como instrumento de aperfeiçoamento das relações laborais, a partir da construção de um vasto sistema de proteções, garantias e direitos em favor da classe que vive do trabalho em relação aos respectivos empregadores ou tomadores de serviços.[1] Sua emergência coincide, historicamente,

1. A expressão "a classe que vive do trabalho" tem sido reiterada pelo célebre sociólogo brasileiro Ricardo Antunes, como meio de enfrentar com muita argúcia e amplitude o debate às vezes estéril sobre as limitações das antigas expressões como "proletariado" ou "operariado", ou até mesmo as mais recentes, como "empregado" ou "trabalhador", pois a classe que vive do trabalho abrange não apenas os empregados situados em qualquer setor da economia, como também os trabalhadores não empregados, realizando,

com a emergência do fenômeno democrático na experiência humana contemporânea, na medida em que, pela primeira vez, se estruturou um campo jurídico voltado para a proteção e a defesa de um largo setor de seres humanos com identidades significativas entre si em decorrência de estes comporem a classe que vive do trabalho, mas sendo despossuídos de riqueza e de poder na economia e sociedade históricas até então. Ora, ao longo de milênios de história, infelizmente o Direito tendeu a ser um instrumento de consagração e cristalização da desigualdade existente na vida socioeconômica, jamais se construindo, enquanto ramo jurídico específico e complexo, em favor da proteção de interesses de setores sociais despossuídos de riqueza e de poder. Evidentemente que regras esparsas nessa direção protetora podem ter existido circunstancialmente ou de modo disperso, isolado, porém jamais estruturando um campo jurídico amplo, complexo, sólido e efetivo. Daí que o Direito do Trabalho é integrante da própria história do fenômeno democrático, com a amplitude que este passou a ser conhecido, em certas experiências históricas, a partir dos últimos 100/150 anos. Nesse sentido contemporâneo e nessa dimensão mais efetiva, a Democracia somente passou a existir no período recente da História, sendo construída, paulatinamente, na Europa Ocidental a contar da segunda metade do século XIX, contando com os movimentos sociais trabalhistas, feministas e sufragistas como alguns de seus componentes mais importantes.[2]

---

ademais, aceno relevante àquelas pessoas humanas que, embora marginalizadas do sistema socioeconômico (como os desempregados, os "desalentados", os informais, etc.), também necessitam do trabalho remunerado e protegido para alcançarem razoável identidade pessoal, profissional, social e econômica, a par de garantirem razoável segurança e qualidade de vida para si e suas famílias. A respeito, mencionem-se, por exemplo, duas obras do renomado autor: ANTUNES, Ricardo. *Adeus ao trabalho? Ensaio sobre as metamorfoses e a centralidade do mundo do trabalho*. 16. ed. São Paulo: Cortez, 2015; ANTUNES, Ricardo. *Os sentidos do trabalho. Ensaio sobre a afirmação e a negação do trabalho*. 2. ed./3. reimpr. São Paulo: Boitempo, 2015.

2. Sobre o Direito como instrumento de exclusão e barbárie, no passado, e instrumento de civilização, a contar do constitucionalismo mais recente, a par da concepção contemporânea multidimensional de Democracia – as duas concepções claramente atadas –, consultar, ilustrativamente, DELGADO, Mauricio Godinho. Democracia, direitos fundamentais e inclusão social – o

Sem dúvida que o Direito do Trabalho, em seu itinerário histórico, sempre teve poderosos adversários, que buscavam (e buscam) criticar e enfraquecer, mediante narrativas e medidas antigas e novas, a sua estrutura e o seu prestígio institucionais, culturais, sociais, econômicos e jurídicos. Entretanto isso, felizmente, não tem sido bastante para fazer derruir as suas estruturas, nem descaracterizar as suas marcas civilizatórias mais relevantes.

III. A FORMAÇÃO E O DESENVOLVIMENTO DO DIREITO DO TRABALHO NA EUROPA OCIDENTAL: ESTRUTURAÇÃO E GENERALIZAÇÃO DO SISTEMA CAPITALISTA

Conforme bastante claro, o Direito do Trabalho é um ramo jurídico recente, estruturado na Europa Ocidental, a contar do século XIX e no transcorrer do século XX, em decorrência dos fatos econômicos, sociais, culturais e organizacionais propiciados pelo advento do sistema capitalista. Tais fatos e dinâmicas novas propiciaram a formação de grandes segmentos sociais de trabalhadores vinculados a esse novo sistema socioeconômico, submetidos a um moinho incessante de intensa exploração pelos seus empregadores ou tomadores de serviços. O processo capitalista deu origem a uma urbanização crescente da sociedade, com o surgimento de grandes cidades e regiões nitidamente direcionadas à nova lógica produtiva do capitalismo, gerando o surgimento de largos universos de pessoas humanas próximas e identificadas pelos mesmos problemas e dramas advindos da superexploração capitalista.

Ao longo do tempo, esse enorme universo de trabalhadores tendeu a gestar uma consciência de classe apta a lhe permitir estruturar formas novas de organização e de atuação, de modo a pressionar não apenas os seus empregadores e/ou tomadores de serviços, como também o próprio Estado, em busca da regulação

papel do Direito do Trabalho no Brasil. In: DELGADO, M. G.; DELGADO, G. N. *Constituição da República e direitos fundamentais* – dignidade da pessoa humana, justiça social e Direito do Trabalho. 4. ed. São Paulo: LTr, 2017, p. 75-93.

do mercado de trabalho, visando ao alcance de melhores condições laborais e de vida na economia e na sociedade.

Considerado o conjunto do processo, entretanto, vários séculos se passaram antes de se chegar à ambientação europeia típica do século XIX, a qual propiciou o surgimento do Direito do Trabalho. Em primeiro lugar, o sistema capitalista, em si, deu mostras de surgimento, no ambiente europeu, especialmente na Inglaterra - ainda que de modo incipiente –, a partir do século XVI, quando alguns fatores importantes passaram a se reunir naquela realidade histórica concreta. De um lado, um Estado centralizador que desestruturou o poder autárquico feudal da nobreza fundiária, criando uma verdadeira nação e um mercado nacional em torno de suas fronteiras. De outro lado, este mesmo Estado despontava como uma organização poderosa e altamente mercantilista, tornando-se garantidor, senão gestor, da apropriação de riquezas ao longo do planeta, especialmente nas colônias recém-conquistadas e estruturadas, inclusive nas Américas, de maneira a internalizar essas riquezas em favor de sua economia nacional. Na mesma época, passou a ocorrer a desagregação crescente da estrutura feudal, com a contínua derruição do sistema servil que lhe era característico - o que provocou a migração das populações rurais, antes submetidas à servidão, para as cidades antigas e novas em processo de crescimento, gerando larga força de trabalho livre, embora miserável, nesses ambientes urbanos. Por fim, o início da pactuação de arrendamentos de terras por empreendedores capitalistas, que passaram a se valer de uma fórmula crescente do uso do trabalho, distinta dos mecanismos servis, em direção àquilo que seria denominado, tempos depois, de assalariamento. Neste caso, ao menos no exemplo inglês, muito antes do surgimento da posteriormente chamada "grande indústria", ou da fábrica capitalista - o que só aconteceu realmente no século XVIII –, os produtores artesãos e manufatureiros passaram a ser contratados por empresários capitalistas para lhes entregar os lotes de produtos contratados, iniciando-se, assim, uma prática socioeconômica que seria muito importante no futuro sistema industrial.[3]

3. Essa compreensão mais ampla do sistema capitalista, situando-o a partir do século XVI, na Europa Ocidental, especialmente com a primazia histórica

Antes, pois, da efetiva revolução industrial deflagrada na Inglaterra a contar do século XVIII, foram se criando e alinhavando, por cerca de dois séculos ou mais, diversos elementos e características que seriam muito relevantes ao subsequente sistema capitalista industrial instituído pelas mudanças advindas da revolução tecnológica concentrada no século XVIII e primeira metade do século XIX na Inglaterra e, logo a seguir, em outros países europeus.

Com a revolução industrial e a estruturação da indústria capitalista, o novo sistema socioeconômico adquire as suas características mais marcantes e peculiares, tanto no que tange ao mecanismo tecnológico de produção (fundado no uso intensivo e crescente de máquinas), como no tocante à modalidade verticalizante e hierárquica de organização interna do estabelecimento e da empresa, bem assim pela agregação de grandes levas de

---

inglesa, sem prejuízo de enxergar a relevância e a centralidade da Revolução Industrial e do modelo da grande indústria em sua estruturação e desenvolvimento, a par de outros aspectos aqui indicados, é retirada de leituras feitas em conjugação dos seguintes autores e obras, entre outros: CATTANI, Antonio David (org.); HOLZMANN, Lorena (org.). *Dicionário de trabalho e tecnologia.* Porto Alegre: UFRGS, 2006; DE DECCA, Edgar; MENEGUELO, Cristina. *Fábricas e homens* – a Revolução Industrial e o cotidiano dos trabalhadores. 5. ed. São Paulo: Atual, 2009; DELGADO, Mauricio Godinho. *Capitalismo, trabalho e emprego* – entre o paradigma da destruição e os caminhos de reconstrução. 3. ed. São Paulo: LTr, 2017; DELGADO, Mauricio Godinho. *Curso de direito do trabalho.* 19. ed. São Paulo: LTr, 2020; DOBB, Maurice. *A evolução do capitalismo.* 9. ed. Rio de Janeiro: LTC, 2015; FREEMAN, Joshua B. *Mastodontes* – a história da fábrica e a construção do mundo moderno. São Paulo: Todavia, 2019; HARARI, Yuval Noah. *Sapiens* – uma breve história da humanidade. 36. ed. Porto Alegre: L&PM, 2018; HOBSBAWN, Eric. J. *A Era das Revoluções, 1789-1948.* 41. ed. Rio de Janeiro/São Paulo: Paz e Terra, 2019; HOBBSBAWN, Eric J. *Da Revolução Industrial inglesa ao Imperialismo.* 6. ed. Rio de Janeiro: GEN/Forense Universitária, 2016; HUNT, E. K.; LAUTZENHEISER, Mark. *História do pensamento econômico* – uma perspectiva crítica. 3. ed./10. tir. Rio de Janeiro: Elsevier, 2013; HUNT, E. K.; SHERMAN, Howard J. *História do pensamento econômico.* 26. ed./3. reimpr. Petrópolis: Vozes, 2017; INIKORI, Joseph E. *Africans and the Industrial Revolution in England* – a study in international trade and economic development. New York: Cambridge, 2009; REZENDE FILHO, Cyro de Barros. *História econômica geral.* 10. ed. São Paulo: Contexto, 2016; SWEEZY, Paul *et al. A transição do feudalismo para o capitalismo.* Rio de Janeiro: Paz e Terra, 2004; WILLIAMS, Eric. *Capitalismo e escravidão.* 1. ed./2. reimpr. São Paulo: Companhia das Letras, 2012.

trabalhadores em espaços produtivos sincronizados sob disciplina e direção empresariais. Esse modelo, típico da indústria capitalista nascente, irá se generalizar para outros segmentos empresariais do capitalismo, como o setor comercial, o setor bancário, etc., criando uma fórmula de organização do empreendimento capitalista mediante a qual o empresário alcança o máximo da energia e inteligência do trabalhador, mas preserva uma disciplina constante sobre o ambiente interno da organização empresarial e os respectivos trabalhadores. Isso, associado ao uso intensivo de tecnologias cada vez mais avançadas, tudo, em conjunto, irá propiciar ao novo sistema socioeconômico atingir níveis inimagináveis de produtividade em comparação a todos os sistemas econômicos e sociais anteriormente estruturados.[4]

Porém, a distribuição de riquezas, de saúde, bem-estar e justiça social eram ideias e propostas inconcebíveis para os setores dominantes capitalistas. Tais ideias, propostas e realidades somente despontariam, com força crescente, a partir do posterior surgimento do Direito do Trabalho e do ideário humanista e social em que ele se gestou e se desenvolveu.

O surgimento desse novo campo jurídico e seus institutos foi tão revolucionário que evidenciou para as classes populares a necessidade de ampliarem a sua organização para além do mundo do trabalho, estendendo tal ampliação para o mundo da política, com a criação de partidos políticos de origem e composição proletária, sejam os novos partidos socialistas, comunistas ou social-democratas europeus, sejam os novos partidos denominados trabalhistas então instituídos. O que os caracterizava eram a origem e a composição eminentemente populares, a presença de uma forte intelectualidade em seu interior, mesmo que oriunda da classe média, a pretensão de ampliação contínua de sua composição e influência para diversos campos populacionais, um programa de avanços trabalhistas, político-institucionais e, se não bastasse, de garantia e oferta cada vez mais abrangente,

4. Fica aqui renovada a remissão bibliográfica à nota de rodapé imediatamente anterior, indicando cerca de 15 obras que estudam aspectos diversos, mas correlacionados, da estrutura e do funcionamento do sistema capitalista.

pelo Estado, de direitos sociais ao conjunto da população. Tais partidos, mais à frente, já no século XX, teriam forte influência na estruturação e manutenção do vitorioso e pujante Estado de Bem-estar Social que iria caracterizar a Europa Ocidental depois da Segunda Grande Guerra.[5]

IV. A FORMAÇÃO E O DESENVOLVIMENTO DO DIREITO DO TRABALHO NA EUROPA OCIDENTAL: FASES RELEVANTES

O processo de formação e consolidação do Direito do Trabalho nos últimos dois séculos conheceu algumas fases que têm características distintas entre si. Na busca da compreensão mais satisfatória desse ramo jurídico especializado, é importante se perceber a diferenciação que a dinâmica de construção do universo trabalhista vivenciou na experiência dos países de capitalismo central[6].

No que diz respeito ao Direito do Trabalho dos principais países capitalistas ocidentais, os autores tendem a construir periodizações que guardam alguns pontos fundamentais em comum. Um desses marcos fundamentais está no *Manifesto Comunista*, de *Marx* e *Engels*, em 1848. Outro dos marcos que muitos autores tendem a enfatizar está, em contrapartida, na Encíclica Católica *Rerum Novarum*, de 1891. Um terceiro marco usualmente considerado

5. A respeito desse processo de construção, já no século XX, do Estado de Bem-estar Social na Europa Ocidental, em dinâmica profundamente atada aos movimentos trabalhistas, consultar, por exemplo, DELGADO, Mauricio Godinho; PORTO, Lorena Vasconcelos. O Estado de Bem-estar Social (*Welfare State*) no capitalismo contemporâneo. In: DELGADO, M. G. (org.); PORTO, L. V. (org.). *Welfare State* – os grandes desafios do Estado de Bem-estar Social. São Paulo: LTr, 2019, p. 23-49.

6. O presente item acerca da periodização histórica do Direito do Trabalho nos países de capitalismo central, especialmente situados na Europa Ocidental, se reporta à obra deste autor, *A natureza jurídica do poder empregatício*, em seu Capítulo III, "Democracia e Trabalho" (obra publicada sob o título *O poder empregatício*. São Paulo: LTr, 1996). O texto foi posteriormente publicado no Capítulo III ("Origem e Evolução do Direito do Trabalho") do livro *Curso de Direito do Trabalho*, desde a sua primeira edição, lançada em 2002, a qual tem sido renovada até os dias atuais.

relevante pelos autores reside no processo da Primeira Guerra Mundial e seus desdobramentos, como, por exemplo, a formação da OIT - Organização Internacional do Trabalho (1919) e a promulgação da Constituição Alemã de Weimar (1919). É também desse mesmo período a Constituição Mexicana (1917). As duas Constituições mencionadas foram, de fato, pioneiras na inserção em texto constitucional de normas nitidamente trabalhistas ou, pelo menos, pioneiras no processo jurídico fundamental de constitucionalização do Direito do Trabalho, que seria uma das marcas distintivas do século XX.

Há uma específica tipologia (dos autores *Granizo* e *Rothvoss*), bastante recorrente em manuais sobre Direito do Trabalho, que foi claramente delineada a partir desses marcos históricos acima apontados[7]. Esses dois autores percebem a existência de *quatro* fases principais na evolução do Direito do Trabalho: *formação, intensificação, consolidação* e *autonomia.*

A fase da *formação* estende-se de 1802 a 1848, tendo seu momento inicial no *Peel's Act,* do início do século XIX na Inglaterra, que trata basicamente de regras protetivas de crianças e adolescentes ("menores", na linguagem jurídica tradicional) e mulheres no mundo do trabalho. A segunda fase (da *intensificação*) situa-se entre 1848 e 1890, tendo como marcos iniciais o *Manifesto Comunista* de 1848 e, na França, os resultados da Revolução de 1848, como a instauração da liberdade de associação e a criação do Ministério do Trabalho. A terceira fase (da *consolidação*) se estende de 1890 a 1919. Seus marcos iniciais consistem tanto na Conferência de Berlim (1890), que reconheceu uma série de direitos trabalhistas, como na Encíclica Católica *Rerum Novarum* (1891), que também fez referência à necessidade de uma nova postura das classes dirigentes perante a chamada "questão social". A quarta e

7. GRANIZO, Martin L.; ROTHVOSS, M. Gonzalez. *Derecho social*. Madrid: Reus, 1935, p. 24-27. Citados, ilustrativamente, em MARANHÃO, Délio. *Direito do Trabalho*. Rio de Janeiro: Fundação Getulio Vargas, 1987, p. 14-16 e OLIVEIRA, José César de. Formação histórica do Direito do Trabalho. In: BARROS, Alice Monteiro de (coord.). *Curso de Direito do Trabalho* – estudos em homenagem a Célio Goyatá. 3. ed. São Paulo: LTr, 1997. vol. I, p. 70-75.

última fase, da *autonomia* do Direito do Trabalho, tem início em 1919, estendendo-se às décadas posteriores do século XX. Suas fronteiras iniciais estariam marcadas pela criação da OIT (1919) e pelas Constituições do México (1917) e da Alemanha (1919).

Não há dúvida de que a periodização de *Granizo* e *Rothvoss* é bastante descritiva de importantes eventos da História do Direito do Trabalho no ocidente europeu. Contudo, à semelhança de outras periodizações correntes, tem o inconveniente de não permitir uma compreensão mais sistemática sobre o padrão de organização do mercado de trabalho e de sua normatização jurídica nos países desenvolvidos ocidentais. É periodização descritiva, embora não explicativa da substância do Direito do Trabalho e dos modelos justrabalhistas aos quais se refere.

Por essa razão mantém-se aberto o espaço para a busca de uma periodização que permita o alcance de uma compreensão mais global, abrangente e sistemática da experiência justrabalhista dos países desenvolvidos centrais. Nessa linha, enxergamos *três* fases principais no desenvolvimento empírico-normativo do Direito do Trabalho, desde o século XIX até a plena institucionalização do Direito do Trabalho, ocorrida nas primeiras décadas do século XX, na Europa Ocidental. Mais de 60 anos depois da plena institucionalização do Direito do Trabalho, iria despontar no ocidente um processo de desestabilização e reforma dos padrões justrabalhistas então imperantes (processo que produzirá reflexos mais fortes no Brasil em torno da década de 1990, recrudescendo a partir de 2016/2017). Trata-se da fase de crise e transição do Direito do Trabalho.

Dessa maneira, a primeira fase é a das *manifestações incipientes ou esparsas*, que se estende do início do século XIX (1802), com o *Peel's Act* britânico, até 1848 (coincidindo, pois, com a fase de *formação*, lançada pelos autores já mencionados, *Granizo* e *Rothvoss*). A segunda fase consiste na *sistematização e consolidação do Direito do Trabalho*, que se estende de 1848 até 1919; aqui há a unificação de duas fases propostas por *Granizo* e *Rotvoss*, por não se considerar consistente a diferenciação feita pelos renomados autores europeus. A terceira fase é a da *institucionalização do*

Direito do Trabalho, que se inicia em 1919, avançando ao longo do século XX (período que coincide com a quarta fase apontada por *Granizo* e *Rothvoss*, que lhe confere a denominação de fase da "autonomia"). Sessenta anos depois, em torno de 1979/80, deflagra-se no Ocidente um processo de desestabilização e reforma dos padrões justrabalhistas até então imperantes (processo que produzirá, no Brasil, reflexos mais fortes em torno da década de 1990, recrudescendo, com severidade, a partir de 2016/2017). Trata-se da fase de *crise e transição do Direito do Trabalho*.[8]

1. Manifestações incipientes ou esparsas

A fase das *manifestações incipientes ou esparsas* inicia-se com a expedição do *Peel's Act* (1802), diploma legal britânico voltado a fixar certas restrições à utilização do trabalho de crianças e adolescentes no mundo laboral. Nessa fase de manifestações incipientes e esparsas, também despontaram regras protetoras (à base de restrições, é verdade) ao trabalho da mulher.

Tal fase se qualifica pela existência de leis dirigidas essencialmente a reduzir a violência brutal da superexploração empresarial sobre mulheres, adolescentes e crianças. No contexto da época, trata-se de diplomas legais de caráter humanitário, ainda de construção pontual e assistemática. Inicia-se, é claro, o debate sobre regras direcionadas à limitação da duração do trabalho e outras garantias trabalhistas, porém sem se alcançar vitórias significativas nos países europeus. No plano sindical, apenas na Inglaterra é que se aprovam normas mais democráticas em face do sindicalismo e suas organizações e iniciativas (no caso, os *Tolerations Acts*, de meados da década de 1820), embora prevalecesse no restante dos países europeus normas ainda muito severas contra o movimento

8. Esclareça-se que o célebre autor brasileiro, Evaristo de Moraes Filho, na obra *Tratado elementar de Direito do Trabalho*, em seu primeiro volume, publicado em 1960, aponta exatamente os três primeiros períodos iniciais do Direito do Trabalho percebidos nos países desenvolvidos, particularmente na Europa Ocidental, ou seja, "de 1802 a 1848"; "de 1848 a 1919"; de "1919 a nossos dias" (*Tratado elementar de Direito do Trabalho*. Rio de Janeiro: Freitas Bastos, 1960. vol. I, p. 81-90).

sindical (apenas após a primeira metade do século XIX é que esse quadro iria se alterar, a propósito). Em suma, o espectro normativo trabalhista dessa primeira fase ainda se mostra incipiente e disperso, sem a aptidão de configurar ainda a formação de um verdadeiro ramo jurídico complexo, diversificado, próprio e autônomo.

Trata-se também de um espectro estático de regras jurídicas, sem a presença significativa de uma dinâmica de construção de normas com forte indução operária. A diversidade normativa que no futuro caracterizaria o Direito do Trabalho não se faz ainda clara. Afinal, inexistia na época uma união operária com significativa capacidade de pressão e eficaz capacidade de atuação grupal no contexto das sociedades europeias, além de ainda prevalecer, em quase todos os países europeus, uma legislação severamente adversa ao sindicalismo e suas movimentações. É oportuno lembrar que a estratégia de atuação operária e socialista ainda está, neste momento histórico, permeada fortemente pelas concepções insurrecionais e/ou utópicas, incapazes de produzir uma pressão concentrada, transformadora e democratizante sobre a estrutura e dinâmica da sociedade civil e política.

Por todas essas razões, as leis trabalhistas, nessa época, ainda não deram consistência à formação de um ramo jurídico especializado, não se traduzindo, ainda, como um conjunto sistemático de princípios e regras jurídicas. Tais diplomas normativos consubstanciavam, fundamentalmente, esforços incipientes e dispersos no sentido da contenção das práticas excessivamente violentas de exploração da força de trabalho, inclusive a infantojuvenil e a feminina, pelo novo sistema econômico em crescimento.

2. Sistematização e consolidação

A segunda fase do Direito do Trabalho nos países europeus ocidentais se caracteriza pela *sistematização e consolidação* desse ramo jurídico especializado. Estende-se por sete décadas, desde o ano de 1848 até o ano de 1919, com o processo decorrente do final da Primeira Guerra Mundial, caracterizado pela criação da OIT e pela promulgação da Constituição de Weimar, eventos ocorridos em 1919. É importante, no término desta segunda fase do Direito do Trabalho, também o surgimento da Constituição do México, evento datado de 1917.

O marco inicial da fase de sistematização e consolidação do Direito do Trabalho situa-se não apenas no *Manifesto Comunista*, de 1848, como também no movimento de massas denominado *cartista*, acontecido na Grã-Bretanha da mesma época (1846-1848), a par de na Revolução de 1848, ocorrida na França. Este último processo revolucionário, a propósito, é substantivamente criativo. É que, de fato, ele traduz a primeira grande ação coletiva sistemática dos segmentos dominados na estrutura socioeconômica da época perante a ordem institucional vigorante – agindo os trabalhadores na qualidade de sujeito coletivo típico. Combinadamente a isso, desponta a circunstância de incorporar essa revolução um estuário de reivindicações nitidamente oriundas dos trabalhadores urbanos. Estes conseguem, no processo revolucionário, generalizar para o mundo do Direito uma série de reivindicações que lhe são próprias, transformando-as em preceitos da ordem jurídica ou instrumentos da sociedade política institucionalizada. São dessa época, na França, o reconhecimento do direito de associação e greve e a fixação da jornada de 10 horas; no plano político, tem-se a extensão do sufrágio universal. No que diz respeito à Grã-Bretanha, por outro lado, a jornada de trabalho seria reduzida a 10 horas em 1849, após o movimento reivindicatório de massas verificado no ano anterior (denominado *movimento cartista*).

O ano de 1848 é, de fato, marco decisivo para a compreensão da História do Direito do Trabalho. Isso, pela verdadeira mudança que produz no pensamento socialista, representada pela publicação do *Manifesto* de *Marx* e *Engels*, sepultando a hegemonia, no pensamento revolucionário, das vertentes insurrecionais ou utópicas. Do mesmo modo, pelo processo de revoluções e movimentos de massa experimentados naquele instante, indicando a reorientação estratégica das classes socialmente subordinadas. Estas passam a se voltar a uma linha de incisiva pressão coletiva sobre o polo adverso na relação empregatícia (o empresariado) e sobre a ordem institucional vigorante, de modo a insculpir, no universo das condições de contratação da força de trabalho e no universo jurídico mais amplo da sociedade, o vigor de sua palavra e de seus interesses coletivos.

Todo o processo seguinte a 1848 até a Primeira Guerra Mundial caracterizou-se por avanços e recuos entre a ação do movimento operário, do movimento sindical, do movimento socialista e, ao mesmo tempo, a estratégia de atuação do Estado. Processo em que a ação vinda de baixo e a atuação oriunda de cima se interagem reciprocamente, dinamicamente, dando origem a um ramo jurídico próprio que tanto incorpora a visão própria ao Estado quanto assimila um amplo espaço de atuação para a pressão operária vinda de baixo.

É fato relevante nesse período de sistematização e consolidação do Direito do Trabalho o crescente reconhecimento, em distintos países europeus, do direito de livre associação sindical dos trabalhadores. Citem-se, a título de exemplo, a descriminalização do associacionismo sindical na Alemanha, em 1869; a regulação do direito de livre associação sindical na Dinamarca em 1874; o surgimento de nova lei assecuratória da livre associação sindical na Grã-Bretanha, também em 1874 (que já fora pioneira nesta seara, décadas atrás, nos anos de 1820, com o reconhecimento do direito de associação sindical dos trabalhadores); a consolidação desse mesmo direito na França, em 1884; igualmente na Espanha e em Portugal, em 1887; na Itália, em 1889, também desponta a descriminalização das coalizões de trabalhadores[9].

9. A respeito, consultar o tópico "VII – Sindicato: Retrospectiva Histórica", no Capítulo III da obra deste autor, *Direito Coletivo do Trabalho*. 3. ed. São Paulo: LTr, 2008. Consultar também os seguintes autores: AVILÉS, Antonio Ojeda. *Derecho Sindical*. 7 ed. Madrid: Tecnos, 1995, p. 100-103; BRITO FILHO, José Cláudio Monteiro de. *Direito Sindical*: análise do modelo brasileiro de relações coletivas de trabalho à luz do direito estrangeiro comparado e da doutrina da OIT. 9. ed. São Paulo: LTr, 2021, p. 52-63; GOMES, Orlando; GOTTSCHALK, Élson. *Curso de Direito do Trabalho*. 5. ed. Rio de Janeiro: Forense, 1972, p. 474-475; NASCIMENTO, Amauri Mascaro. *Compêndio de Direito Sindical*. 2. ed. São Paulo: LTr, 2000, p. 40-42; RUSSOMANO, Mozart Victor. *Princípios Gerais de Direito Sindical*. 2. ed. Rio de Janeiro: Forense, 2000, p. 17; BAYLOS GRAU, Antonio. Sindicalismo y Derecho Sindical. 6. ed. Ver. Albacete: Bomarzo, 2016.

Também é fato relevante nesse período de cerca de sete décadas que segue de meados do século XIX até a segunda década do século XX o surgimento crescente de leis trabalhistas em diversos países europeus, ao lado do avanço sistemático do sindicalismo e da negociação coletiva na mesma época. Esse desenvolvimento se passa tanto em países de experiência mais democrática, como a França, quanto em países com experimentação autoritária, como a Alemanha unificada de *Otto von Bismarck* (1871-1890).

Outro fato importante nessa fase foi a Conferência de Berlim, ocorrida em 1890, reunindo 14 Estados. Embora não tivesse produzido resultados concretos imediatos, significou o primeiro reconhecimento formal e coletivo pelos principais Estados europeus da franca necessidade de se regular o mercado de trabalho, com a edição de normas trabalhistas diversificadas na realidade de cada país[10].

Acresça-se ser ainda marco destacado desse período de sistematização e consolidação do Direito do Trabalho o lançamento, em 1891, da Encíclica *Rerum Novarum*, editada pelo Papa Leão XIII. O documento traduz manifestação oficial da Igreja Católica, de notável influência na época, com respeito à *questão social*, exigindo do Estado e das classes dirigentes postura mais compreensiva sobre a necessidade de regulação das relações trabalhistas.

Integre-se nesse processo de avanço das legislações sociais (tanto a trabalhista como a previdenciária) a estruturação crescente, em diversos países europeus, de partidos políticos de composição e temário populares, sejam socialistas, comunistas, social-democratas ou, simplesmente, trabalhistas. Vários desses partidos foram criados na segunda metade do século XIX e alguns deles durante o início do século XX – considerados apenas os que preservam, até os dias atuais, influência relevante em seus respectivos países.

10. Informa Evaristo de Moraes Filho que a "Conferência de Berlim (1890) reuniu 14 países, e foram aí discutidas medidas sobre a duração do trabalho, descanso semanal, férias, voltadas todas elas para uma legislação de natureza internacional" (MORAES FILHO, Evaristo de. *Tratado elementar de Direito do Trabalho*. Rio de Janeiro: Freitas Bastos, 1960. vol. I, p. 86).

3. Institucionalização do Direito do Trabalho

A terceira fase de estruturação do Direito do Trabalho, na Europa Ocidental, inicia-se logo após a Primeira Guerra Mundial. Identifica-se como a fase da *institucionalização ou oficialização* do Direito do Trabalho.

Os marcos mais renomados do começo dessa fase, situados no ano de 1919, são a Constituição de Weimar, da Alemanha, que integrou, pioneiramente, regras previdenciárias e trabalhistas em seu interior, ao lado da criação da OIT, instituída para debater, redigir e divulgar ao mundo diplomas normativos e assemelhados sobre o novel Direito do Trabalho. Integra-se a estes dois marcos também a Constituição Mexicana de 1917, a qual igualmente se caracterizou por inserir direitos trabalhistas e previdenciários em seu conteúdo normativo. É parte igualmente do começo desse marco a Revolução Soviética de 1917, na medida em que esta lançou um importante alerta às classes dominantes capitalistas ocidentais sobre os riscos de se manterem incólumes políticas públicas antissociais, estritamente liberalistas, em seus Estados, sem qualquer consideração quanto às candentes necessidades da imensa classe que vive do trabalho.

Tal fase se define como o instante histórico em que o Direito do Trabalho ganha absoluta cidadania nos países de economia central. Esse Direito passa a ser um ramo jurídico absolutamente assimilado à estrutura e à dinâmica institucionalizadas da sociedade civil e do Estado. Estrutura-se a Organização Internacional do Trabalho; realiza-se a *constitucionalização do Direito do Trabalho*; finalmente, a legislação autônoma ou heterônoma trabalhista ganha larga consistência e autonomia no universo jurídico do século XX[11].

O dado fundamental é que o Direito do Trabalho se institucionaliza, oficializa-se, incorporando-se à matriz das ordens

11. Evaristo de Moraes Filho, conforme dito, escrevendo na década de 1960, também enfatiza três períodos essenciais no desenvolvimento do Direito do Trabalho nos países centrais: "de 1802 a 1848"; "de 1848 a 1919"; de "1919 a nossos dias" (*Tratado elementar de Direito do Trabalho*. Rio de Janeiro: Freitas Bastos, 1960. vol. I, p. 81-90).

jurídicas dos países desenvolvidos democráticos, após longo período de estruturação, sistematização e consolidação, em que se digladiaram e se adaptaram duas dinâmicas próprias e distintas. De um lado, a dinâmica de atuação coletiva por parte dos trabalhadores – dinâmica essa que permitia inclusive aos trabalhadores, mediante a negociação coletiva, a produção autônoma de normas jurídicas. De outro lado, a estratégia de atuação oriunda do Estado, conducente à produção heterônoma de normas jurídicas. Portanto, a oficialização e a institucionalização do Direito do Trabalho se construíram em linha de respeito a essas duas dinâmicas diferenciadas de formulação de normas jurídicas – a dinâmica negocial autônoma, concretizada no âmbito da sociedade civil, regra geral sob direção das entidades sindicais obreiras, ao lado da dinâmica estatal heterônoma, produzida no âmbito do aparelho de Estado.

Tal fase conheceria seu clímax nas décadas seguintes à Segunda Guerra Mundial, com o aprofundamento do processo de constitucionalização do Direito de Trabalho, dando origem a um terceiro paradigma do constitucionalismo, afirmado, no ocidente europeu, do ponto de vista concreto, pela clara hegemonia do *Estado de Bem-estar Social.*

De fato, as Constituições Democráticas pós-1945, da França, da Itália e da Alemanha em um primeiro momento (segunda metade da década de 1940), e depois, de Portugal e da Espanha (década de 1970), não só incorporariam normas justrabalhistas, mas, principalmente, diretrizes gerais de valorização do trabalho e do ser humano que labora empregaticiamente para outrem. A par disso, iriam arquitetar um conceito constitucional novo, do *Estado Democrático de Direito* (ou de Estado de Direito Democrático), estruturado mediante a ênfase na centralidade e dignidade da pessoa humana na ordem jurídica, além da natureza e dinâmica democráticas e inclusivas das respectivas sociedades políticas (o Estado e suas instituições) e sociedades civis (o reino das relações sociais e privadas). Mais do que isso: tais novas Constituições da Europa Ocidental iriam instituir ou incorporar *princípios jurídicos*, constitucionalizando-os e lhes conferindo natureza normativa, além de fixarem princípios gerais de clara influência na área trabalhista (como, por exemplo, os princípios da *dignidade da pessoa humana*, da *centralidade da pessoa humana na ordem jurídica e na vida socioeconômica*, da *inviolabilidade física e psíquica do ser humano*, da *valorização do trabalho e emprego*, da *subordinação da propriedade à sua função social* – ou socioambiental –, da *igualdade em sentido material*, além do princípio da *justiça social*).

Esse conjunto de inovações constitucionais, todas de impactante sentido progressista, social e humanista, dariam origem, a partir da Europa Ocidental e da segunda metade do século XX, a uma nova vertente do próprio Direito Constitucional, estruturada em torno do denominado Constitucionalismo Humanista e Social. Esse novo paradigma era não apenas muito diverso do paradigma liberalista originário do século XVIII, como também superava limitações e debilidades do Constitucionalismo Social deflagrado pelas Constituições da Alemanha, de 1919, e do México, de 1917. Tal nova matriz constitucional somente chegaria ao Brasil com a Constituição da República promulgada em 5 de outubro de 1988.

4. Crise e transição do Direito do Trabalho

A quarta fase do Direito do Trabalho no ocidente europeu, de sua *crise e transição*, abrange o final do século XX e primeiras décadas do século XXI. Fixamos seu marco inicial, nos países ocidentais desenvolvidos, nos anos de 1979/1980.

Uma conjugação de fatores verificou-se nessa época. De um lado, uma crise econômica iniciada alguns anos antes, entre 1973/74 (a chamada *crise do petróleo*), que não encontrou resposta eficaz e rápida por parte das forças políticas então dirigentes. A crise abalava a higidez do sistema econômico, fazendo crescer a inflação e acentuando a concorrência interempresarial e as taxas de desocupação no mercado de trabalho. A par disso, agravava o *déficit* fiscal do Estado, colocando em questão seu papel de provedor de políticas sociais intensas e generalizantes.[12]

12. Com a crise econômica – qualquer que seja o seu fator de deflagração –, reduz-se a atividade da economia, diminuindo, em consequência, a arrecadação tributária do Estado. Essa diminuição faz surgir, no plano imediato, o debate sobre o *déficit* público ou *déficit* fiscal do Estado.

De outro lado, um processo de profunda renovação tecnológica, capitaneado pela microeletrônica, robotização e microinformática. Tais avanços da tecnologia agravavam a redução dos postos de trabalho em diversos segmentos econômicos, em especial na indústria, chegando causar a ilusão de uma próxima *sociedade sem trabalho*. Além disso, criavam ou acentuavam formas de prestação laborativa (como o teletrabalho e o escritório em casa - *home-office*), que pareciam estranhas ao tradicional sistema de contratação e controle empregatícios.

Em acréscimo, essa renovação tecnológica, aplicada ao campo das comunicações, eliminava as antes impermeáveis barreiras do espaço e do tempo, extremando a competição capitalista no plano das diversas regiões do globo.

Em meio a esse quadro, ganha prestígio a reestruturação das estratégias e modelos clássicos de gestão empresarial, em torno dos quais se construíram as normas justrabalhistas. Advoga-se em favor da descentralização administrativa e da radical repartição de competências interempresariais, cindindo-se matrizes tradicionais de atuação do Direito do Trabalho. É o que se passa, por exemplo, com a *terceirização*, cuja dificuldade de enfrentamento pelo ramo justrabalhista sempre foi marcante.

Nesse contexto de crise econômica, tecnológica e organizacional, consolidou-se nos principais centros do sistema capitalista, mediante vitórias eleitorais circunstancialmente decisivas (Margaret Thatcher, na Grã-Bretanha, em 1979; Ronald Reagan, nos EUA, em 1980; Helmut Kohl, na Alemanha, em 1982), a hegemonia político-cultural de um pensamento desregulatório do Estado de Bem-estar Social - o ultraliberalismo. No centro dessa diretriz em prol da desregulação das políticas sociais e das regras jurídicas limitadoras do mercado econômico encontrava-se, por lógica decorrência, o Direito do Trabalho.

De fato, o ramo justrabalhista afirmou-se no período anterior como o mais clássico e abrangente instrumento de políticas sociais surgido no capitalismo, produzindo inquestionável intervenção normativa na economia, em favor, regra geral, de importante distribuição social dos ganhos do sistema econômico. Nesse contexto, a desregulamentação de suas regras ou, pelo menos, sua crescente flexibilização, tudo passou a compor foco destacado na matriz cultural ultraliberalista que se generalizou no Ocidente no último quartel do século XX.

Entretanto, passadas mais de três/quatro décadas do início da crise do ramo juslaborativo, não se tornaram consistentes as catastróficas predições de uma sociedade sem trabalho. Não se tornaram também consistentes as alardeadas predições de uma sociedade capitalista com intensas relações laborativas subordinadas e pessoais, mas sem algo como o Direito do Trabalho. Houve, sem dúvida, uma acentuada desregulação, informalização e desorganização do mercado de trabalho, inclusive nos países semiperiféricos ao capitalismo central (Brasil incluído, especialmente na década de 1990 e, mais recentemente, em 2016/2017 e tempos seguintes, com claro recrudescimento do impulso desregulamentador). Porém, o fato é que, onde quer que preponderasse esse impulso desregulamentador ou flexibilizatório, não se viram instituídas alternativas minimamente civilizadas de gestão trabalhista, em contraponto com o padrão juslaborativo clássico.

Na verdade, tornou-se ainda mais clara a necessidade histórica de um segmento jurídico com as características essenciais do Direito do Trabalho. Evidenciou-se inquestionável, em suma, que a existência de um sistema desigual de criação, circulação e apropriação de bens e riquezas, com um meio social fundado na diferenciação econômica entre seus componentes (como o capitalismo), mas que convive com a liberdade dos indivíduos e com o reconhecimento jurídico-cultural de um patamar mínimo para a convivência na realidade social (aspectos acentuados com a democracia), não pode mesmo desprezar ramo jurídico tão incrustado no âmago das relações sociais, como o justrabalhista.

No fundo, o que despontara, no início, para alguns, como crise para a ruptura final do ramo trabalhista, tem-se afirmado, cada dia mais, como essencialmente uma transição para um Direito do Trabalho renovado.[13]

13. Sobre a crise e transição do Direito do Trabalho na história recente, consultar DELGADO, Mauricio Godinho. *Capitalismo, trabalho e emprego* – entre o paradigma da destruição e os caminhos de reconstrução. 3. ed. São Paulo:

V. TRAÇOS PECULIARES DA FORMAÇÃO E DO DESENVOLVIMENTO DO DIREITO DO TRABALHO NA EUROPA OCIDENTAL

Alguns traços peculiares devem ser destacados no tocante ao processo de formação e desenvolvimento do Direito do Trabalho na Europa Ocidental.

A ênfase nesses traços permitirá a mais frutífera comparação entre o parâmetro europeu e o processo de formação e desenvolvimento do Direito do Trabalho nos países componentes das Américas, especialmente aqueles países que tiveram como características marcantes a presença de economias agrárias extrativistas ou monocultoras dominantes, ao lado de segmentos econômicos extrativos minerais também relevantes – tudo isso em contraponto às economias industriais que floresceram no ocidente europeu entre os finais do século XVIII e o início do século XX.

Some-se a esse aspecto a presença, nos países componentes das Américas, de uma estrutura econômica, social, institucional e cultural centenária baseada no sistema máximo de exploração e desrespeito à pessoa humana, ou seja, o regime escravocrata – fato que não aconteceu na Europa Ocidental durante os diversos séculos de construção e desenvolvimento do capitalismo.

Tome-se como primeiro traço peculiar da formação e do desenvolvimento do Direito do Trabalho na Europa Ocidental o processo de estruturação da classe trabalhadora que propiciou a formação e o desenvolvimento do sistema capitalista nos países europeus ocidentais. O parâmetro aqui considerado é a experiência inglesa, por ter sido a pioneira naquele continente a completar a plena transição para o capitalismo entre os séculos XVIII e XIX. Mas esse parâmetro britânico, neste específico aspecto, mostra-se muito próximo daquele inerente a outros países europeus.

A classe trabalhadora inglesa – e mesmo a europeia continental ocidental, de maneira geral –, antes do advento do sistema socioeconômico capitalista, estava submetida às regras e tradições

LTr, 2017. No Capítulo III da obra *Curso de Direito do Trabalho*, de Mauricio Godinho Delgado, em sua 19ª edição (São Paulo: LTr, 2020), consultar também o item V.5 ("5. A Reforma Trabalhista Brasileira de 2017: sentido jurídico").

do regime feudal, em particular da servidão, que vinculava os trabalhadores aos respectivos feudos dirigidos pela nobreza fundiária, sem possibilidade significativa de se desligarem desse regime de trabalho e das direções e extrações de excedentes efetuadas pelo respectivo senhor feudal em seu delimitado território. Evidentemente que não se tratava de um regime escravocrata, pois os trabalhadores não estavam sob propriedade dos senhores feudais, nem poderiam, de maneira geral, ser submetidos à violência física constante por parte dessa classe feudal dominante – ao contrário do que era inerente e cotidiano ao regime escravocrata.

As relações servis correspondiam, sim, a um sistema repressivo da força de trabalho, se aproximando, nesse aspecto, da modalidade mais violenta desse sistema, ou seja, a escravatura. Porém não tinham as exatas características despóticas inerentes à escravidão.

A escravidão, a propósito, já deixara de ser a regra geral nas relações de trabalho europeias ocidentais há vários séculos, sendo substituída pela sistemática das relações servis. Essa peculiaridade histórica não significa que os europeus ocidentais não deixassem de praticar a escravidão residualmente no território europeu; pior do que isso, não significa que eles não a continuassem praticando maciçamente fora do ambiente europeu ocidental específico – ao inverso, conforme se sabe, eles instituíram um sistema geral de exploração econômica e social escravocrata em praticamente todas as colônias situadas no continente americano, desde as colônias britânicas situadas mais ao sul da América do Norte, a par das colônias britânicas situadas nas Américas Central e do Sul, até as colônias da Espanha, situadas nas três Américas, a par da colônia de Portugal, situada na América do Sul. Nas colônias britânicas, espanholas e portuguesas, e subsequentemente nos países independentes aí surgidos, a escravidão de povos não europeus se transformou em uma marca estrutural e de longa duração na história desse continente, a contar do início da colonização europeia no continente, particularmente desde início do século XVI até o final do século XIX.

A escravidão atingiu inicialmente a população indígena e, logo a seguir, propagou-se para a população africana trazida aprisionada em navios escravagistas para as três grandes regiões das Américas. A escravidão de pessoas humanas negras iria perdurar por três ou mais séculos em inúmeras regiões ou países americanos, gerando uma estrutura e cultura de poder de segregação e de exclusão que muito demarcou a maior parte do continente americano.

Por outro lado, a ausência, como regra geral, no período histórico de advento do sistema capitalista, de um sistema geral escravagista no ocidente europeu seria um traço estrutural que demarcaria esse sistema na história daqueles países.

E, até mesmo o regime da servidão, conforme visto, começou a se desestruturar em torno dos séculos XV e XVI, aprofundando a sua derruição nas fases históricas subsequentes, com a migração crescente de partes relevantes dos antigos servos para as cidades do respectivo país. A par disso, conforme também destacado, no caso inglês, os empresários capitalistas começaram, já no século XVI, a contratar lotes de produtos elaborados por artesãos e manufatureiros, em suas oficinas domésticas e assemelhadas, iniciando uma tradição mais próxima ao futuro assalariamento do que à tradicional servidão. Se não bastasse, esses empreendedores capitalistas passaram também a arrendar terras da própria nobreza para ali realizarem fórmulas de produção para o mercado que ia se estruturando nas crescentes cidades inglesas. Mediante o pagamento da chamada "renda da terra" à nobreza fundiária, que cedia o controle sobre o processo produtivo aos novos contratantes, estes arrendatários capitalistas aceleravam também o processo de extinção da servidão em terras da Grã-Bretanha.

A formação acelerada, ao longo do tempo desde o século XVI, de uma população urbana livre das amarras da servidão, embora mantida em situação de miséria, localizada nas regiões urbanas inglesas, seria um fator relevante para o fornecimento de mão de obra barata em benefício do novo sistema industrial capitalista. E, embora o novo sistema econômico tenha surgido com as características de profunda exploração sobre essa classe trabalhadora assalariada, nos séculos XVIII e XIX, essas características não possuíam, internamente e em grande parte do ocidente europeu, a memória estrutural de um sistema escravocrata, ao mesmo tempo em que também se desconstruía paulatinamente a memória estrutural do sistema repressivo servil.

Tome-se como segundo traço de destaque a circunstância de a Inglaterra e outros países europeus (como a França, por exemplo) terem tido a presença de uma sólida organização estatal centralizadora, apta a realizar, em benefício das economias nacionais europeias recém-estruturadas, as políticas públicas do denominado "mercantilismo". Nesse quadro, nos tempos iniciais da transição do feudalismo para o capitalismo e das relações servis para as relações assalariadas, essas políticas mercantilistas foram capazes de capturar, ao longo do mundo então conhecido, os mais diversos produtos, matérias-primas e riquezas, mediante empresas sob proteção estatal, mesmo sendo privadas. Nesse contexto, as colônias americanas, bem como as regiões africanas, do Oriente Médio e do oriente longínquo, todas contribuíram, amplamente, muitas vezes em seu próprio prejuízo, para a crescente pujança econômica do novo sistema que se formava na Europa Ocidental, liderado inicialmente pela Inglaterra.

Aponte-se como terceiro traço de destaque o fato de os países europeus ocidentais, ao menos em parte significativa de seus membros, terem conseguido se inserir no processo de industrialização impulsionado pela primeira grande revolução tecnológica do capitalismo, despontada no século XVIII e começo do século XIX (a chamada Revolução Industrial). Com isso, tais países aceleraram a dinâmica da urbanização de suas sociedades, da formação de grandes regiões industriais, da estruturação de uma significativa classe trabalhadora urbana. Mesmo alguns dos países europeus ocidentais que chegaram um pouco tardiamente ao capitalismo industrial - como a Alemanha - perceberam a relevância estratégica do processo de industrialização, passando a estimulá-lo com sólidas e diversificadas políticas públicas, de maneira que suas economias pudessem saltar etapas, recuperando o tempo perdido.

Ora, conforme exposto, o processo de industrialização deflagra inúmeras consequências econômicas, sociais e culturais relevantes para a formação e o desenvolvimento do Direito do Trabalho. Cite-se, por exemplo, a crescente urbanização da sociedade, em detrimento das áreas rurais – onde o exercício do poder é muito mais intenso e a dispersão dos trabalhadores, mais comum. Fale-se também no estímulo à agregação de grandes massas de trabalhadores assalariados em uma mesma região citadina, o que facilita as possibilidades de realização de diálogos, reuniões e associações entre tais obreiros em torno de seus interesses comuns. Note-se igualmente a tendência das indústrias se estruturarem em torno da nova figura da **fábrica**, criação da primeira grande revolução tecnológica do capitalismo, deflagrada no século XVIII. Essa nova e relevante criação institucional, social e econômica iria permitir a intensificação, pelo empresário, do uso combinado de trabalhadores e máquinas (isto é, trabalhadores e tecnologia), a acentuação da produtividade do trabalho, o amplo exercício do poder empregatício, em suas diversas dimensões (diretiva, regulamentar, fiscalizatória e disciplinar), a melhor preservação das estratégias e segredos das empresas, entre outras vantagens para o empreendedor capitalista. Por outro lado, essa nova figura sociológica e organizacional iria permitir também a melhor percepção pelos trabalhadores de seus interesses de classe e da necessidade de encontro de fórmulas novas e eficientes de busca da conquista desses interesses.

Esses três importantes traços demarcam com muita força a geração e o desenvolvimento do sistema capitalista no ocidente europeu, sendo seguido, em período similar à Revolução Industrial, por nova característica importante, ou seja, a lógica, o pensamento e a ordem jurídica liberalista, em sua vertente originária. Essa então novíssima lógica das ordens ideológica e jurídica, ao mesmo tempo em que contribuiu para a aceleração do sistema socioeconômico capitalista, também contribuiu para a ampliação da classe trabalhadora urbana e, por consequência, para a construção de seus novos instrumentos de análise e de organização e pressão, objetivando a busca de conquistas de garantias e direitos trabalhistas e político-institucionais. É que a classe trabalhadora europeia avançou muito se valendo das contradições do liberalismo recém-implantado, gerador de condições objetivas mais favoráveis para a organização e a atuação coletiva dos trabalhadores do que, por exemplo, os regimes despóticos tradicionais.

CAPÍTULO II

Trabalho escravizado, trabalho livre e Direito do Trabalho no Brasil: uma análise do período colonial (1500-1822)

I. INTRODUÇÃO

O presente capítulo confere início à análise da fase de formação histórica do Direito do Trabalho no Brasil, a qual envolve o estudo do período colonial (objeto deste Capítulo II), o estudo do período monárquico (objeto do Capítulo III) e, por fim, a exame do primeiro período republicano, de 1889 até 1930 (objeto do Capítulo IV).

Para tanto, este Capítulo II se divide em alguns subitens. Em primeiro lugar, irá pôr em destaque as peculiaridades do sistema econômico, social e institucional de grande parte das Américas e, especialmente, do Brasil, com ênfase na estrutura produtiva e no universo do trabalho nessa região do globo terrestre e, em particular, no território brasileiro. Aqui, é claro, caberá se conferir bastante atenção ao regime escravizador de pessoas humanas instaurado no território da então colônia portuguesa, com as enormes consequências que isso provoca em toda a estrutura e contexto da economia, da sociedade e das instituições. Compreender esse fato constitui uma das chaves para melhor compreender toda a história brasileira, em especial a história do universo do trabalho e de sua regulação jurídica.

Em segundo lugar, este capítulo irá explicitar a periodização histórica do Direito do Trabalho no Brasil, enfatizando as suas distintas fases cardeais, de maneira a ofertar ao leitor uma visão do conjunto da trajetória histórica pertinente desde 1500. É óbvio que nem em todos os períodos estudados – como, por exemplo, o período colonial e o período monárquico – irá se encontrar um efetivo Direito do Trabalho no País; porém o estudo desses dois períodos mais remotos se mostra crucial para se compreender o conjunto dos problemas e desafios envolvidos na regulação do universo do trabalho em nossa história.

Por fim, o Capítulo II irá focar, dentro da fase de formação do Direito do Trabalho no Brasil, especificamente no período colonial, que se estendeu desde 1500 até 1822, ano em que se demarcou a independência do Brasil.

II. FORMAÇÃO DO DIREITO DO TRABALHO: PECULIARIDADES NAS AMÉRICAS E, ESPECIALMENTE, NO BRASIL

O Direito do Trabalho é um campo jurídico relativamente jovem, surgido na Europa Ocidental depois da formação do sistema capitalista, inclusive de sua pioneira Revolução Industrial, ocorrida, em primeiro lugar, na Inglaterra no século XVIII, e espraiada, mais à frente, no século XIX, pelo continente europeu ocidental. Esse ramo jurídico estruturou-se e se consolidou durante o século XIX, juntamente com o avanço do capitalismo e do fenômeno crescente da urbanização, maturando-se e se institucionalizando nas primeiras décadas do século XX – conforme já analisado no Capítulo I deste livro.

O Direito do Trabalho se organizou na Europa em torno da relação de emprego, matriz relevante para o funcionamento do sistema capitalista em suas fases iniciais, desde o século

XVIII até o século XX. Com clara tendência expansionista em suas fases iniciais e de institucionalização, o Direito do Trabalho passou a abranger também relações de trabalho algo distintas da empregatícia clássica, embora mantendo as suas características básicas no sentido de ser o primeiro campo jurídico surgido com a finalidade de construir e preservar uma proteção normativa em favor dos trabalhadores e trabalhadoras, considerado o seu processo de inserção no sistema capitalista, particularmente em face do empresariado e dos demais tomadores de serviços.

Nesse quadro, este campo jurídico especializado pode ser assim definido: trata-se de um complexo de princípios, regras e institutos jurídicos voltados a regular a relação de emprego e outras relações trabalhistas congêneres, fixando, no plano individual, garantias e direitos perante o empregador ou do tomador de serviços e, no plano coletivo, garantias e direitos direcionados à atuação coletiva dos trabalhadores e empregadores. Estruturando-se em torno de relações jurídicas, evidentemente que o Direito do Trabalho reconhece também direitos e prerrogativas dos empregadores e tomadores de serviços, além de prerrogativas de atuação das partes empresariais. Contudo, o seu foco principal é buscar compensar a força do poder econômico e/ou dos empregadores e tomadores de serviços em face dos trabalhadores, assegurando a estes um patamar de direitos e garantias historicamente tido como adequado e necessário. Nessa linha, foi o primeiro campo jurídico surgido na História da Humanidade direcionado a construir e preservar tutelas jurídicas individuais e coletivas em favor de segmentos sociais usualmente destituídos de poder e de riqueza – e continua a exercer esse importante papel na atualidade.

O Capítulo I deste livro reuniu diversos dados e reflexões sobre a formação e o desenvolvimento do Direito do Trabalho em seu berço original, o ocidente europeu.

Cabe, a partir desse capítulo, analisar a formação e o desenvolvimento do Direito do Trabalho no Brasil, ressaltando, de imediato, neste caso, a existência de importantes peculiaridades a serem examinadas no presente estudo.

Na verdade, existem significativas peculiaridades em vários países das três Américas – e que se mostram muito marcantes no Brasil – que irão influenciar a análise da formação e do desenvolvimento do Direito do Trabalho em nossa realidade. Tais peculiaridades serão aqui destacadas.

Inicie-se pelo processo de colonização europeia no continente americano. Tal processo terá enorme influência em vários aspectos da história brasileira, inclusive na subsequente formação de seu campo jurídico trabalhista.

Assim, analisando-se a colonização europeia aqui iniciada no começo do século XVI, sob domínio de distintos Estados imperialistas (Espanha, a precursora da colonização, nas três Américas; Portugal, também um dos países precursores na colonização, na América do Sul; Inglaterra e França, também nas três Américas; Holanda – Países Baixos –, nas regiões do centro e do sul do continente), fica claro que se estabeleceu, em diversas regiões das Américas, um modelo de economia e de sociedade baseado no trabalho escravizado. Ou seja, os países colonizadores estabeleceram um sistema repressivo de grande parte das pessoas humanas existentes nas respectivas sociedades, pessoas negras trazidas escravizadas da África, sendo esse sistema vinculado a realidades e lógicas econômicas do tipo agroexportador e monocultor, arquitetado em grandes fazendas rurais (também denominadas de *plantations*), e que se estendeu igualmente ao segmento extrativo mineral e, posteriormente, a outros setores da economia. Esse tipo de modelo socioeconômico de grande parte das Américas estava firmemente submetido aos óbvios interesses econômicos dos países e Estados colonizadores e imperialistas.

Realmente, estudos mais aprofundados demonstram que este fato – um regime escravocrata de amplo espectro – fez toda a diferença na evolução desses países, estabelecendo, de modo estrutural, uma distinção substantiva com relação à lógica de formação e desenvolvimento do Direito do Trabalho nos países europeus. Dessa maneira, mantido o foco na realidade histórica do Brasil, essas peculiaridades serão aqui ressaltadas.

Relembre-se que a formação do Direito do Trabalho na Europa Ocidental se fez em condições históricas e estruturais bastante distintas daquelas existentes em diversas regiões das três Américas - conforme analisado no Capítulo I, *retro*.

No ocidente europeu, como visto, a escravidão, no posto de forma *central* de estruturação do sistema socioeconômico, havia desaparecido nos séculos seguintes à queda do Império Romano - que aconteceu no século V d. C. –, sendo substituída pela sistemática das relações servis. Essa mudança no tipo de relação de produção *dominante* aconteceu, entre outros fatores, em face de as elites europeias ocidentais terem tido a necessidade de recuarem seus domínios para pequenas frações de territórios - os denominados feudos –, onde estruturaram defesas mais simples, compactas e eficientes contra as sucessivas e fatais invasões externas. A lógica anterior da escravatura, pela qual todas as frações das elites possuíam escravos, tornara-se irracional na nova realidade econômica, social e militar europeia, pois todos os indivíduos, inclusive os integrantes das elites, estavam submetidos aos riscos drásticos das invasões externas. Assim, em torno da economia rural do feudo passaram a se fixar os trabalhadores agrários, submetidos a um sistema de servidão. Esse sistema lhes suprimia a liberdade de desconexão perante o feudo, sem dúvida, trazendo-lhes também outros ônus e ofensas severas; porém lhes garantia, em princípio, a proteção militar do senhor feudal contra os fatais invasores externos.

Dessa maneira, quando traços do sistema capitalista começam a surgir na Europa Ocidental a partir do século XVI - mais de 1.000 anos depois –, estavam-se vivenciando realidade e cultura em que a escravidão já deixara de ser a regra geral nas relações de trabalho europeias ocidentais há vários séculos, sendo substituída pelo sistema das relações servis. Essa peculiaridade histórica não significa que os europeus ocidentais não deixassem de praticar a escravidão residualmente no território europeu ocidental; pior do que isso, não significa que eles não a continuassem praticando maciçamente fora do ambiente europeu ocidental específico - ao contrário, eles instituíram, como se sabe, um dos mais abrangentes, violentos e ignóbeis sistemas escravagistas ao longo de todas as três Américas, a partir do século XVI, o qual durou cerca de 400 anos. Porém a ausência da cultura interna da escravidão, por inúmeros séculos, no território europeu ocidental, é fato que tornou mais simples e menos traumática a conquista, pelos trabalhadores, do trabalho livre na Europa Ocidental e, subsequentemente, das condições para a estruturação do Direito do Trabalho.

A par disso, até mesmo o regime de servidão começou a se desestruturar em torno dos séculos XV e XVI no ocidente europeu, aprofundando a sua derruição nas fases históricas seguintes – o que propiciou a migração contínua e crescente de partes relevantes dos antigos servos para as cidades europeias em desenvolvimento.

Ou seja, a formação acelerada, ao longo do tempo desde o século XVI, de uma população urbana livre das amarras da escravidão (a qual já não prevalecia, como regra relevante, nos países europeus ocidentais há vários séculos, como dito) e da própria servidão, embora submetida esta população a uma situação de miséria nas cidades, foi um fator distintivo da formação e evolução do capitalismo na Europa Ocidental, bem como das relações de trabalho assalariadas e do próprio Direito do Trabalho ali surgidos – todos, de maneira geral, iniciados e desenvolvidos principalmente a partir das regiões urbanas.

Esse roteiro e essas condições não ocorreram, entretanto, nas três Américas, ao menos nas enormes regiões que foram submetidas ao sistema econômico e social das *plantations*, isto é, economias agrárias organizadas em torno da produção intensiva de bens agrícolas ou conexos, usualmente à base da monocultura em largas extensões territoriais, mediante uma estrutura violentíssima de utilização contínua da força de trabalho escravizada. Esse sistema escravizador igualmente foi utilizado, em algumas regiões, no extrativismo mineral (caso típico da economia da região das Minas Gerais na segunda metade do século XVIII), a par de se ter generalizado, regra geral, ao longo dos séculos, para o conjunto da sociedade, atingindo, praticamente, todos os nichos econômicos e sociais então existentes, inclusive o trabalho em residências (usualmente denominado doméstico) e diversas outras dimensões do trabalho urbano.[14]

Tal sistema específico da economia e da sociedade deu origem, no transcorrer de vários séculos, a uma consolidação, em inúmeros países ou regiões das três Américas, de uma estrutura econômica, social, institucional e cultural rígida e resistente baseada no sistema de exploração e desrespeito máximos à pessoa humana, ou seja, o regime escravocrata – fato que, conforme exposto, não aconteceu na Europa Ocidental internamente durante os diversos séculos de construção e desenvolvimento do capitalismo e, em seu interior, do Direito do Trabalho.

A escravidão nas Américas atingiu inicialmente a população indígena, tendo assim perseverado, em algumas regiões, até o século XVII. Contudo, desde a primeira metade do século XVI, o regime escravocrata propagou-se também para a população africana trazida aprisionada em navios escravagistas para as três grandes regiões das Américas. A escravidão de pessoas negras iria perdurar por três ou mais séculos em inúmeras regiões ou países americanos (em alguns deles, iniciou-se um pouco mais tarde, no começo do século XVII, como nas colônias britânicas na América do Norte).[15] Com isso, o regime escravocrata iria gerar estruturas e culturas de poder, de segregação e de exclusão que muito demarcaram grande parte continente americano.

---

14. Até mesmo o extrativismo mineral, em certas regiões – como no caso do Brasil – foi realizado, em grande medida, com base no trabalho escravizado. A respeito, consultar, por exemplo, GOMES, Laurentino. *Escravidão*. Vol. II – Da corrida do ouro em Minas Gerais até a chegada da corte de Dom João ao Brasil. Rio de Janeiro: Globo, 2021.
15. Consideradas apenas as 13 colônias britânicas originárias do nordeste e sudeste da América do Norte, o início do desembarque de pessoas negras trazidas escravizadas da África aconteceu no ano de 1619, na Virgínia (a respeito, por exemplo, HANNAH-JONES, Nikole. *The 1619 Project*: a new origen story. New York: One World, 2021). Contudo, diversas outras regiões que seriam incorporadas ao futuro país Estados Unidos da América, que conquistou a independência em 1776 – regiões inicialmente vinculadas ao Império Espanhol e, logo a seguir, ao futuro México –, conheceram a escravidão de pessoas africanas desde o início do século XVI.

O sistema escravizador das pessoas humanas negras espalhou-se pelas colônias da Inglaterra situadas nas três Américas (no caso da América do Norte, essencialmente nas colônias inglesas do sul). Espalhou-se também pelas colônias da Espanha situadas nas três Américas, pelas colônias francesas e holandesas situadas no centro e no sul das Américas, espalhando-se ainda pela vastíssima colônia de Portugal, situada na América do Sul, identificada como Brasil.

Além de todos os aspectos ignóbeis, imorais e violentos da escravidão, sua perversidade tende a perpassar todas as entranhas institucionais, culturais e cotidianas da sociedade, transformando as centenas de milhares de senhores de escravos em agentes plenipotenciários de poder em seus territórios de domínio, todos sufragados pela estrutura política e institucional mais ampla do país colonizador ou, após a independência ocorrida no século XIX, sufragados pelo Estado elitista e insensível surgido em face da maior parte da população. E essa característica estrutural irá perdurar por muito tempo, mesmo depois de abolida a escravidão no país ou região respectivos.

É o que se passou, claramente, com a grande maioria dos Estados do sul dos EUA, os quais, mais de 155 anos depois de extinta a escravatura nos anos 1860, ainda preservam, contemporaneamente, minucioso sistema social de exclusão, em várias dimensões, da população negra ali situada (somando-se agora também a exclusão da população latina). E esse sistema de exclusão se expressa não apenas no Direito do Trabalho (que, no sul dos EUA, mostra-se muito mais fluido e restrito do que em Estados do norte e oeste do mesmo país, onde não vigorou, regra geral, o regime escravocrata).

É o que também se percebe claramente no Brasil, com inúmeros dados sobejamente conhecidos que comprovam a permanência de uma lancinante exclusão da população negra, sejam pretos ou pardos, independentemente dos mais de 130 anos de término oficial da escravatura no País.[16]

16. Estão sendo utilizadas nesta obra as expressões "população negra" ou "pessoas negras" como identificação geral desse segmento populacional "conforme o

Daí que, na formação histórica do Direito do Trabalho nas Américas e, no Brasil em especial, torna-se imprescindível inserir nesse roteiro não só a severa peculiaridade da existência da escravidão, com as suas inúmeras e perversas consequências, bem como também as lutas e resistências da população negra escravizada. É que tais resistências e lutas, entre diversos outros aspectos, traduzem a busca da liberdade, da configuração do trabalho livre, da cidadania (que será importante também na construção das normas e princípios trabalhistas) e de conquistas decisivas para a criação de uma ambientação democrática no País. Todas essas resistências e lutas constituem parte integrante da História do Direito do Trabalho nas Américas, especialmente no Brasil, ainda que esse campo jurídico não tenha se formado nem no período colonial, nem sequer no período monárquico neste País.

Este autor, portanto, altera a sua análise anterior sobre a formação do Direito do Trabalho no Brasil, incorporando, nesta fase de formação, tanto o período da Colônia quanto o período do Império. Enfatize-se ser bastante claro que, nesses dois períodos – os quais, em conjunto, duraram cerca de quatro séculos –, ainda não havia se construído, no País, um complexo de princípios, regras e institutos direcionado à regência normativa das relações de trabalho, visando assegurar direitos e garantias aos trabalhadores. Obviamente que tal conquista ainda não havia sido alcançada; porém ela jamais existiria caso não se mencionassem as resistências e lutas da população negra no Brasil, sejam os negros escravizados, sejam os negros livres, contra a exploração, a violência e a opressão.[17]

---

quesito cor ou raça", bem como as expressões "pretos" e "pardos" como as diferenciações internas específicas desse segmento populacional brasileiro e das Américas, em harmonia com o disposto no Estatuto da Igualdade Racial (Lei n. 12.288, de 20 de julho de 2010), em seu art. 1º, parágrafo único, IV.

17. Essa nova compreensão sobre o período de formação do Direito do Trabalho brasileiro passou a ser incorporada também na novíssima edição, a 20ª, divulgada igualmente no início do ano de 2023, do seguinte livro: DELGADO, M. G. *Curso de Direito do Trabalho*. 20. ed. São Paulo: Juspodivm, 2023.

III. PERIODIZAÇÃO HISTÓRICA DO DIREITO DO TRABALHO BRASILEIRO – FASES EM DESTAQUE

A formação histórica do Direito do Trabalho no Brasil passa a enfocar o estudo, ainda que sintético, da fase de estruturação do sistema econômico e social que caracterizou o País em seus primeiros 430 anos de existência, a contar de 1500 d.C. até 1930. A perspectiva mais ampla de análise irá permitir a compreensão das características centrais do sistema econômico e social escravizador das pessoas humanas trazidas aprisionadas da África e aqui inseridas no modelo escravocrata que iria perdurar até as proximidades do término do século XIX.

Esse modelo escravagista, com a violência e o despotismo que lhe era inerente, foi organizado desde o início do século XVI pelo colonizador de Portugal, seguindo padrão muito semelhante ao da Espanha e, em parte, ao da Inglaterra, França e Holanda, tendo sido organizado nas Américas desde a incorporação deste continente a esses sistemas colonizadores europeus (na região das Antilhas, na América Central, a escravidão colonial britânica também se iniciou no próprio século XVI).

As características violentas e excludentes desse modelo e sua perduração por quase quatro séculos no Brasil influenciou e comprometeu significativamente o processo de conquista da própria liberdade pela grande maioria dos trabalhadores no País – maioria formada por pessoas negras –, além de ter comprometido a elaboração e a concretização de um roteiro adequado e rápido para o necessário processo de inclusão socioeconômica, institucional, cultural e jurídica dessa população excluída e discriminada na realidade brasileira.

De fato, a profundidade e a violência permanente que caracterizam um sistema socioeconômico dominante à base da escravização de pessoas humanas – sistema que se espalharia por diversos nichos da sociedade e da economia, independentemente de seu segmento original agroexportador – geram uma institucionalidade, uma cultura e uma prática tanto nas instituições estatais quanto nas instituições privadas severamente desiguais, excludentes, segregacionistas, preconceituosas e desrespeitosas da pessoa humana, especialmente daqueles que realizam o trabalho e, com muito mais intensidade, sobre aqueles que sofreram a escravidão ou que compõem o universo populacional dos brasileiros negros, pretos ou pardos. E tais características, em face do longo curso de sua inserção histórica no País, iriam se manter influentes muito tempo depois de abolida, de maneira oficial, a escravidão no Brasil. Nesse quadro, grande parte das políticas públicas, especialmente as direcionadas às pessoas humanas, ao trabalho e aos indivíduos que vivem da sua prestação laboral, sofreriam efeitos negativos nos mais de 130 anos subsequentes ao término oficial do sistema escravagista no País.

Colocadas essas premissas, cabe, porém, indagar: existiu, objetivamente, Direito do Trabalho no período da Colônia e, até mesmo, no período do Império no Brasil? É evidente que não existiu – pois não houve, nesses dois períodos de fortíssima exclusão socioeconômica da grande maioria da população brasileira um complexo de princípios, regras e institutos jurídicos voltados a elevar as condições de contratação e gestão da força de trabalho no sistema econômico e social, mediante a criação de normas e instituições favoráveis aos trabalhadores. Porém é parte do processo de construção de um campo jurídico avançado, como o Direito do Trabalho, o processo de lutas e resistências à escravização, a par de resistências e lutas contra a opressão e a exploração das pessoas humanas na esfera do sistema socioeconômico.

Daí a necessidade de se incorporar aos estudos da fase inicial do campo justrabalhista nacional todo o longo período de regime escravizador no território brasileiro, como pressuposto para a compreensão das lutas pela conquista da libertação do trabalhador escravizado e pela extinção de todo o sistema escravista, além da busca individual e coletiva por melhores condições de vida e de trabalho pela população brasileira, inclusive o exponencial universo de trabalhadores negros, pretos e pardos, componentes de nossa população.

A segunda fase segue de 1930 até meados dos anos 1980, com o término do regime autocrático militar-civil em março de 1985, preparando-se o País para o espírito democrático da Constituinte de 1987/88 e da nova Constituição a ser promulgada em 1988. Essa segunda fase é, de fato, muito importante, pois rompe com o caráter excludente da Primeira República, inaugurando um período de grandes avanços no Direito do Trabalho brasileiro, embora também com alguns problemas estruturais em sua conformação.

De todo modo, esta fase transcorrida dos anos 1930 até meados da década de 1980, consubstancia a *institucionalização do Direito do Trabalho no Brasil*, enquanto complexo de princípios, regras e institutos jurídicos que regulam a relação empregatícia de trabalho e outras relações normativamente especificadas, englobando, também, os institutos, regras e princípios jurídicos concernentes às relações coletivas entre trabalhadores e tomadores de serviços, em especial por meio de suas associações coletivas.

Essa segunda fase inicia-se, conforme dito, com a Revolução de outubro de 1930 e o transcorrer do Governo Vargas (1930-1945), quando enormes e substanciais transformações se realizaram no País, inclusive uma intensa política trabalhista, composta por um impressionante conjunto de normas de Direito Individual do Trabalho, Direito Coletivo do Trabalho e Direito Processual do Trabalho. Tal fase se estende até meados da década de 1980, com o término da ditadura militar-civil, que havia durado 21 anos, e com os preparativos para a construção de uma nova Constituição do Brasil. Como esse documento constitucional foi paradigmático e profundamente renovador, fixa-se na data de sua promulgação o início da terceira fase do Direito do Trabalho no País, ficando os anos começados em março de 1985 até outubro de 1988 como uma simples e curta etapa inicial integrante da nova fase de mudanças.

A terceira fase, portanto, é a da Transição Democrática do Direito do Trabalho Brasileiro, demarcada pelo advento da Constituição da República de 5 de outubro de 1988.

Trata-se, conforme se sabe, do texto constitucional que inseriu a ordem jurídica brasileira nos marcos do novo Constitucionalismo Humanista e Social, com o seu conceito amplo e inclusivo de Estado Democrático de Direito. Assim, a Constituição Cidadã fez surgir no País a oportunidade de aqui instalar e aperfeiçoar um real sistema democrático, superando aspectos ainda frágeis, contraditórios ou insuficientes do Direito do Trabalho brasileiro.

A par disso, a nova Constituição da República vedou taxativamente a existência de qualquer discriminação na ordem jurídica e na realidade pátrias, inclusive as resultantes de sexo ou gênero, raça ou cor, origem, orientação sexual, estado civil, deficiência e quaisquer outras. Na verdade, o texto constitucional não apenas trouxe mudanças chaves em diversos campos jurídicos brasileiros, como também abriu um caminho relevante de aperfeiçoamentos e conquistas para os anos subsequentes à data de sua promulgação.

Essas três fases serão examinadas a seguir no presente livro. Porém, em vista da abrangência dos temas e buscando maior eficiência expositiva, a primeira fase, concernente ao período de formação do Direito do Trabalho, será examinada em três capítulos separados, embora sequenciais: o de n. II, relativo ao período colonial (este capítulo em andamento); o de n. III, concernente ao período monárquico; e o de n. IV, relativo ao período da Primeira República.

Mais à frente, no Capítulo V deste livro, será analisada a fase da institucionalização do Direito do Trabalho, que seguirá desde o ano de 1930 (Revolução de 30) até meados da década de 1980 (fim da ditadura militar e redemocratização do Brasil). Assim, essa fase e seu respectivo Capítulo V tratarão de três épocas sucessivas da História do Brasil: a Segunda República (1930-1945), a Terceira República (1945-1964) e o regime militar-civil, que se estendeu desde abril de 1964 até março de 1985.

Logo em seguida, será analisada a fase da transição democrática do Direito do Trabalho brasileiro, a qual foi propiciada pelo advento da Constituição de 1988, no interior da chamada Quarta República. Essa importante fase será objeto de estudo no Capítulo VI deste livro.

Por fim, despontou, mais recentemente, uma lamentável fase de regressão na ordem jurídica e institucional brasileira, deflagrada desde o primeiro semestre de 2016 e se estendendo até dezembro de 2022, ultrapassando seis anos de duração. Será estudada no Capítulo VII da presente obra, tratando da crise democrática, institucional, econômica, social, cultural e trabalhista brasileira, com os desafios impostos ao Direito do Trabalho e à classe que vive do trabalho no País.[18]

IV. FASE DE FORMAÇÃO DO DIREITO DO TRABALHO NO BRASIL: O PAPEL DO PERÍODO COLONIAL (1500-1822)

A longa fase histórica, econômica, sociológica, cultural e institucional de formação do Direito do Trabalho no Brasil envolve o estudo de três grandes períodos, desde o desembarque das três caravelas lusitanas na Bahia, em 1500, no local batizado de Porto

18. Conforme já explicitado, a expressão "a classe que vive do trabalho" tem sido reiterada pelo célebre sociólogo brasileiro Ricardo Antunes, como meio de enfrentar com muita argúcia e amplitude o debate às vezes estéril sobre as limitações das antigas expressões como "proletariado" ou "operariado", ou até mesmo as mais recentes, como "empregado" ou "trabalhador", pois a classe que vive do trabalho abrange não apenas os empregados situados em qualquer setor da economia, como também os trabalhadores não empregados, realizando, ademais, aceno relevante àquelas pessoas humanas que, embora marginalizadas do sistema socioeconômico (como os desempregados, os "desalentados", os informais, etc.), também necessitam do trabalho remunerado e protegido para alcançarem razoável identidade pessoal, profissional, social e econômica, a par de garantirem razoável segurança e qualidade de vida para si e suas famílias. A respeito, mencionem-se, por exemplo, duas obras do renomado autor: ANTUNES, Ricardo. *Adeus ao trabalho? Ensaio sobre as metamorfoses e a centralidade do mundo do trabalho.* 16. ed. São Paulo: Cortez, 2015; ANTUNES, Ricardo. *Os sentidos do trabalho. Ensaio sobre a afirmação e a negação do trabalho.* 2. ed./3. reimpr. São Paulo: Boitempo, 2015.

Seguro, até o início da quarta década do século XX, quando se verificou a Revolução de outubro de 1930.

Os três pontos de destaque dessa longa fase histórica de formação do Direito do Trabalho no Brasil consistem em: 1) o período colonial, que se estendeu por mais de três séculos, desde 1500 até 1822; 2) o período monárquico, que avançou por cerca de sete décadas, desde 1822 até 1889; 3) finalmente, o período da Primeira República, que se estendeu por mais de 40 anos, desde novembro de 1889 até outubro de 1930, data da denominada Revolução de 30.

Nos pontos que interessam ao estudo da formação do Direito do Trabalho no Brasil, cabe enfatizar que o período colonial, em seus mais de três séculos de existência, se caracterizou pela forte predominância de um sistema escravizador de grande parte da força de trabalho existente na economia e sociedade brasileiras em todo esse extenso lapso temporal. Evidentemente que o século XVI foi o de ocupação inicial do território do Brasil, essencialmente nas regiões litorâneas, pelo colonizador português, somada às invasões estrangeiras europeias que passaram a ocorrer desde então ao longo da costa marítima nesse período.

Porém, claramente, o colonizador português fez a escolha de estruturar no País um sistema escravagista do trabalho humano, inicialmente à base da escravização dos indígenas – experiência que, no Brasil, não se tornou dominante, nem perdurou por todo o período histórico da Colônia. A contar dos anos de 1530/70, esse sistema colocou seu foco principal na escravização das pessoas negras aprisionadas no continente africano e trazidas, com absoluta violência e repressão, em navios para o litoral brasileiro, onde eram vendidas e distribuídas especialmente aos produtores rurais e de extração mineral.

O modelo de colonização por exploração escolhido, à base da extração de matérias-primas agrícolas e minerais, combinado com a cultura de produtos agrícolas de interesse dos mercados europeus (cana-de-açúcar; algodão; fumo; cacau; café, entre outros produtos), quer fossem aqui beneficiados ou não (como o caso da cana-de-açúcar e respectivos engenhos), com estrutura e funcionamento baseados primordialmente no trabalho escravizado e na grande propriedade rural, foi o padrão de organização da economia e da sociedade de todo o período da Colônia. Para tanto, centenas de milhares de pessoas africanas negras foram incessantemente trazidas aprisionadas ao longo das décadas e séculos, desde os anos 1530 até o final do período colonial (1822), atingindo milhões de seres humanos, de modo a transformar a colônia brasileira naquela que possuía o maior número de pessoas escravizadas em todo o novo continente. O tráfego negreiro, aliás, continuaria no País até a década de 1850, já em meados do período monárquico.

Evidentemente que, em uma situação de dominância do sistema escravizador – o qual supõe a presença de um regime de despotismo não apenas do Estado colonizador, mas também das próprias elites privadas internas escravagistas –, não é possível se falar, com consistência, na geração de um complexo normativo de princípios, regras e institutos protetores dos trabalhadores nessa realidade, ou seja, de um Direito do Trabalho. Além disso, semelhante ideia sequer havia surgido até mesmo na Europa Ocidental ou em qualquer outra parte do planeta, sendo grotesco falar-se em sua existência na sociedade despótica e escravocrata brasileira.

Entretanto, como o período colonial durou mais de três séculos, algumas modificações se produziram na realidade brasileira, independentemente das estratégias exploratórias do Estado colonizador. Entre as mudanças que têm correlação com o presente tema, citem-se: a) o crescimento da população branca ao longo do período, majoritariamente de origem portuguesa, formada por pessoas livres; b) o crescimento da população negra escravizada ao longo do mesmo período; c) o surgimento e contínuo crescimento também de importante segmento da população negra, abrangendo pretos e pardos, em situação jurídica de liberdade, à vista de reiterados processos de alforria ("manumissão") na realidade brasileira; d) a redução incessante da população indígena, não apenas em face da violência multidimensional contra ela dirigida desde 1500, como também pelo terrível contágio de doenças que lhes eram estranhas, considerados os contatos dos povos originários com os europeus e os africanos.

Some-se a isso o fato de a economia e a sociedade da época, com o passar do tempo, terem gerado dinâmicas claramente diversificadas, em contraponto ao modelo tradicional das grandes propriedades produtoras rurais, direcionadas ao mercado externo por meio do país colonizador (tais grandes propriedades rurais direcionadas ao mercado externo são igualmente denominadas *plantations*). Com isso foram se formando estruturas produtivas à base da pequena e média propriedade e produção agropecuárias, também do artesanato e das pequenas manufaturas, além de um crescente comércio citadino e, até mesmo, em áreas rurais mais povoadas, nestes casos focando-se em torno do plano interno do sistema econômico, ao invés de apenas no mais rico e prestigiado horizonte das exportações.

Independentemente dessas mudanças paulatinas que despontaram, o trabalho escravo se generalizou na economia, sociedade e regiões da Colônia, deixando de ser apanágio apenas dos interesses e dinâmicas das grandes propriedades agrárias e usinas exportadoras. Contudo, ao lado da força de trabalho escrava, despontava também a força de trabalho livre, composta não apenas pela população branca, mas também pela crescente população negra livre ou liberta, sejam pretos ou pardos, agregando-se ainda setores ameríndios. Na virada do século XVIII para o XIX, estimava-se que a população negra na Colônia, incluindo pessoas escravizadas e pessoas pretas e pardas livres, já ultrapassava a população branca, fazendo do Brasil o país com o maior volume de população de origem africana nas três Américas e também com o maior volume de pessoas negras livres em um único país americano.[19]

19. Consultar, ilustrativamente: ALVES, Raissa Roussenq. *Entre o silêncio e a negação* – trabalho escravo contemporâneo sob a ótica da população negra. Belo Horizonte: Letramento, 2019, p. 15-56; CALDEIRA, Jorge. *História da riqueza no Brasil*. Rio de Janeiro: Estação Brasil, 2017, p. 158-165; GOMES, Laurentino. *Escravidão*. Vol. I – Do primeiro leilão de cativos em Portugal até a morte de Zumbi dos Palmares. Rio de Janeiro: Globo, 2019, p. 260-262; GOMES, Laurentino. *Escravidão*. Vol. II – Da corrida do ouro em Minas Gerais até a chegada da corte de Dom João ao Brasil. Rio de Janeiro: Globo, 2021, p. 23-25; KLEIN, Herbert S.; VINSON III, Ben. *A escravidão africana na América Latina e Caribe*. Tradução de Laura Teixeira Motta. Brasília: UnB, 2015,

Durante todo o período colonial a população escravizada manifestou sua resistência e seu repúdio ao cativeiro e às condições violentas e indignas de vida e de trabalho. Inúmeros estudos demonstram essa constante e heroica luta pela liberdade e dignidade das pessoas humanas negras escravizadas.[20]

Tais resistências e lutas envolviam atuações individualizadas perante a autoridade estatal ou religiosa local (se e quando existissem), a par da atuação pela via da luta ou da fuga. No plano dos movimentos coletivos foi importante a criação de comunidades de escravos foragidos em distintos locais do país, denominadas *quilombos* na realidade brasileira. Segundo os autores Herbert KLEIN e Ben VINSON III, embora "todas as sociedades escravistas tivessem comunidades de fugitivos, o Brasil provavelmente abrigou os mais numerosos, mais duradouros e mais disseminados

p. 309-359; SANTOS, Ynaê Lopes dos. *Racismo brasileiro* – uma história da formação do país. São Paulo: Todavia, 2022.

20. ALVES, Raissa Roussenq. *Entre o silêncio e a negação* – trabalho escravo contemporâneo sob a ótica da população negra. Belo Horizonte: Letramento, 2019, p. 15-32; GOMES, Flávio dos Santos; LAURIANO, Jaime; SCHWARCZ, Lilia Moritz. *Enciclopédia negra*. São Paulo: Companhia das Letras, 2021; GOMES, Laurentino. *Escravidão*. Vol. I – Do primeiro leilão de cativos em Portugal até a morte de Zumbi dos Palmares. Rio de Janeiro: Globo, 2019; GOMES, Laurentino. *Escravidão*. Vol. II – Da corrida do ouro em Minas Gerais até a chegada da corte de Dom João ao Brasil. Rio de Janeiro: Globo, 2021; KLEIN, Herbert S.; VINSON III, Ben. *A escravidão africana na América Latina e Caribe*. Tradução de Laura Teixeira Motta. Brasília: UnB, 2015, p. 265-307; MATTOSO, Katia M. de Queirós. *Ser escravo no Brasil* – séculos XVI-XIX. Petrópolis: Vozes, 2016; MOURA, Clóvis. *Quilombos* – resistência ao escravismo. São Paulo: Expressão Popular, 2020; MOURA, Clóvis. *Rebeliões da senzala* – quilombos, insurreições, guerrilhas. 6. ed. São Paulo: Anita Garibaldi/Fund. Mauricio Grabois, 2021; NASCIMENTO, Abdias. *O genocídio do negro brasileiro* – processo de um racismo mascarado. 3. ed. São Paulo: Perspectivas, 2016; NASCIMENTO, Beatriz. *Uma história feita por mãos negras*. Organização de Alex Ratts. Rio de Janeiro: Zahar, 2021; REIS, José João; GOMES, Flávio dos Santos. *Liberdade por um fio* – história dos quilombos no Brasil. 6. reimpr. São Paulo: Companhia das Letras, 1996; REIS, José João; GOMES, Flávio dos Santos (org.). *Revoltas escravas no Brasil*. São Paulo: Companhia das Letras, 2021; SANTANA, Bianca (org.). *Vozes insurgentes de mulheres negras* – do século XVIII à primeira década do século XXI. Belo Horizonte: Mazza Ed./ Fund. Rosa Luxemburgo, 2021; SANTOS, Ynaê Lopes dos. *Racismo brasileiro* – uma história da formação do país. São Paulo: Todavia, 2022.

quilombos das Américas".[21] Um dos primeiros e mais longevos quilombos, com várias décadas de existência, foi o de Palmares, situado em Pernambuco, na atual fronteira com Alagoas; este quilombo somente foi vencido em 1795, com a destruição da comunidade negra livre e a subsequente morte imposta ao seu último líder, Zumbi dos Palmares, em 20 de novembro de 1795. Destaque-se também Minas Gerais, onde havia grande população escravizada, com a existência de cerca de 160 quilombos. Agregue-se que há informações de pesquisadores sobre a existência de tais heroicas comunidades livres em diversas regiões do País no período colonial.[22]

Somem-se a essas formas de resistências e lutas, a presença de revoltas pela tomada do poder, como os levantes negros na Bahia, entre 1807 e 1835; a insurreição da Balaiada, no Maranhão (1839); as guerrilhas; a participação de escravos em movimentos de caráter mais amplo, de modo a lhes conferir um conteúdo também antiescravagista.[23]

V. REFLEXÕES ADICIONAIS SOBRE O PERÍODO COLONIAL (1500-1822)

Os mais de três séculos de existência do período colonial, situado entre 1500 e 1822, permitem algumas reflexões adicionais importantes sobre a estrutura de poder no plano societário da época e sobre o próprio mundo do trabalho ali vivenciado.

Essas reflexões, contudo, não se esgotam naquela época insólita e inóspita, podendo agregar pontos para a melhor compreensão de alguns temas candentes séculos depois. Dessa maneira,

21. KLEIN, Herbert S.; VINSON III, Ben. *A escravidão africana na América Latina e Caribe*. Tradução de Laura Teixeira Motta. Brasília: UnB, 2015, p. 283.
22. KLEIN, Herbert S.; VINSON III, Ben. Ob. cit., p. 284-285. Também MOURA, Clóvis. *Rebeliões da senzala* – quilombos, insurreições, guerrilhas. 6. ed. São Paulo: Anita Garibaldi/Fund. Mauricio Grabois, 2021.
23. Nesta linha, MOURA, Clóvis. *Quilombos* – resistência ao escravismo. São Paulo: Expressão Popular, 2020. Também REIS, João José; GOMES, Flávio dos Santos (org.). *Revoltas escravas no Brasil*. São Paulo: Companhia das Letras, 2021.

apresentaremos três aspectos correlacionados que podem, inclusive, de algum modo, contribuir para a melhor compreensão da sociedade atual, em pleno século XXI.

O primeiro aspecto a ser enfatizado diz respeito ao significado da presença de um poder despótico no âmbito da realidade colonial, representado pela estrutura colonizadora da metrópole e seus representantes no plano interno da colônia portuguesa na América do Sul. Esse poder sem peias leva ao paroxismo a ideia de Direito como simples instrumento de coerção, dominação e exploração, exercitado pelas autoridades estatais, onde existissem, e pelos detentores dos poderes privados institucionalizados na ordem jurídica vigente, tais como o poder do proprietário sobre as respectivas pessoas escravizadas, o poder dos colonizadores portugueses e, mais à frente, o poder dos próprios senhores originários da colônia sobre os povos originários, a par do poder patriarcal sobre as mulheres.

Esse velho sentido do Direito como instrumento de opressão, dominação e violência induz à reflexão sobre a relevância de se estruturar, construir e manter, permanentemente, nos dias atuais, o Direito como instrumento de civilização, progresso, igualdade, solidariedade, bem-estar e justiça. As dubiedades e/ou regressões históricas, mesmo na atualidade, sobre a concepção do Direito, permitindo que, por meio de reformas legislativas ou institucionais, ele volte a se direcionar no sentido da desigualdade, da violência e da opressão, devem abrir um alerta a todos os componentes da sociedade – embora esse alerta tenda a sensibilizar muito pouco os setores imediatamente favorecidos pelo Direito como instrumento de opressão, dominação, desigualdade e violência.

Por estas razões, esta desponta como uma importante lição do período colonial brasileiro.[24]

24. A propósito do Direito como instrumento de desigualdade, violência e exclusão – faceta dominante nas ordens jurídicas históricas ao menos até finais do século XIX e início do século XX –, em contraponto à ideia do Direito como instrumento de igualdade, de paz, de civilidade e de inclusão, consulte-se o seguinte estudo: DELGADO, Mauricio Godinho. Direitos fundamentais e inclusão social – o papel do Direito do Trabalho no Brasil. In: DELGADO,

O segundo aspecto a ser destacado, umbilicalmente atado ao primeiro, concerne à diversidade e amplitude dos setores excluídos nessa sociedade de pura e simples exploração de riquezas e de ilimitado exercício de poder.

Cite-se a população indígena, submetida a diferentes níveis de eliminação, de violência e de exclusão. Cite-se também a população negra, submetida a diferentes níveis de violência e de exclusão. Cite-se, ademais, a população feminina, as mulheres de maneira geral, também submetidas a um poder patriarcal absolutista – ressalvadas algumas residuais exceções posicionadas no seio das lideranças colonizadoras e dos segmentos socioeconômicos que conseguiram, de algum modo, se destacar na estrutura e dinâmica da sociedade colonial.

Cite-se também, de maneira geral, a população trabalhadora, quer a escravizada, já referida, quer a liberta ou a originalmente livre, todas sem qualquer regra jurídica relevante de proteção, garantias e direitos.

Esse traço desumano da sociedade colonial lança também um sinal preocupante em direção às ideologias contemporâneas que pregam o império dos interesses e ritmos do mercado econômico capitalista, sem regras, princípios e institutos focados na proteção, inclusão e tutela dos seres humanos que vivem do trabalho.

O terceiro aspecto a ser ressaltado resulta da reunião dos dois outros já especificados, com a agregação de algumas reflexões complementares. Trata-se da introjeção, pela cultura dominante, de uma certa naturalidade em face da exploração, da desigualdade, da exclusão e da violência cotidianas. Embora tal aspecto se torne mais grave no período imperial – pois, afinal, nas sete décadas monárquicas, o País já se tornara um Estado independente, com instituições internas próprias –, o fato é que ele se estrutura nos 320 anos do período colonial, mantendo-se hígido nos próximos 70 anos monárquicos. Com isso, infelizmente se formou,

---

M. G.; DELGADO, G. N. *Constituição da República e direitos fundamentais* – dignidade da pessoa humana, justiça social e Direito do Trabalho. 4. ed. São Paulo: LTr, 2017, p. 75-93.

na história do País, um extenso período de aproximadamente quatro séculos de uma sociedade sem preocupação e interesse pela cidadania, pela igualdade, pela inclusão, pelo bem-estar, pela justiça social, pela harmonização do desenvolvimento econômico com o desenvolvimento social e por outros valores e princípios humanistas, sociais e democráticos relevantes.

Essa marca lamentavelmente irá se manter, em alguma medida, atuante até os dias contemporâneos da realidade brasileira. Afinal, o que explica, nestes últimos tempos, em determinadas searas, tanto desapreço pela questão trabalhista, uma vez que o Direito do Trabalho, nos séculos XX e XXI, apenas tem buscado fixar um razoável patamar de civilidade para a utilização do trabalho na vida social e econômica? Talvez a resposta não esteja somente no novo liberalismo (ou neoliberalismo ou ultraliberalismo), mas também nas severas e antissociais raízes coloniais, monárquicas e da Primeira República, as quais tanto têm influenciado a história brasileira subsequente.

CAPÍTULO III

Trabalho escravizado, trabalho livre e Direito do Trabalho no Brasil: uma análise do período monárquico (1822-1889)

I. INTRODUÇÃO

Conforme já exposto no Capítulo II desta obra, no qual se estudou o período da Colônia portuguesa no Brasil, o estudo da formação, consolidação e institucionalização do Direito do Trabalho na Europa Ocidental – berço originário desse campo jurídico – é importante, sim, para se compreender diversos aspectos sobre a economia, a sociedade, as instituições e os movimentos sociais europeus, a par do próprio sentido e dos objetivos do Direito do Trabalho naquela dinâmica histórica.

Entretanto, esse estudo é insuficiente, sem dúvida, uma vez que a realidade do continente americano, com os seus diversos países, e particularmente o Brasil, é muito diferente do padrão histórico europeu. E tais diferenças têm de ser cuidadosamente detectadas e postas à reflexão do pesquisador e analista.

De fato, há significativas peculiaridades nos países das três Américas que, passando pela colonização europeia iniciada no começo do século XVI, sob domínio de distintos Estados do Velho Continente (Inglaterra, Espanha e França, nas três Américas; Holanda, nas regiões do centro e do sul do novo continente; e Portugal, na América do Sul), aqui estabeleceram, em diversas regiões, um modelo de economia e de sociedade baseado no trabalho escravizado. Ou seja, estabeleceram um sistema repressivo de grande parte das pessoas humanas existentes nas respectivas sociedades, pessoas negras trazidas escravizadas da África, sendo esse sistema vinculado a realidades e lógicas econômicas do tipo agroexportador e monocultor, em grandes fazendas rurais (também denominadas de *plantations*), mas que se estendeu também ao segmento extrativo mineral e a outros setores da economia. Esse tipo de modelo socioeconômico de grande parte das Américas estava firmemente submetido aos óbvios interesses econômicos dos países e Estados colonizadores e imperialistas.

Note-se que Espanha e Portugal tiveram antecedência temporal na formação desse sistema de grandes propriedades rurais nas Américas, cultivadoras de produtos primários agrícolas, tais como cana-de-açúcar (e respectivos engenhos para o seu processamento), fumo, algodão, etc., mediante o uso intensivo de trabalhadores escravizados, especialmente de origem africana. A lógica desse sistema produtivo era abastecer o mercado externo, respeitados os parâmetros e direcionamentos fixados pelos países colonizadores. A Inglaterra entraria nesse tipo de colonização, à base de *plantations* e trabalho escravizado, um pouco mais à frente, em particular no tocante às suas colônias no sul das 13 colônias norte-americanas, embora na América Central tivesse iniciado a experiência ainda no século XVI.[25]

25. A respeito, BLACKBURN, Robin. *The making of new world slavery* – from the Baroque to the Modern – 1492-1800. UK: Verso, 2010. Igualmente, HANNAH-JONES, Nikole. *The 1619 Project*: a new origen story. New York: One World, 2021. Também WILLIAMS, Eric. *Capitalismo e escravidão*. São Paulo: Companhia das Letras, 2012.

De toda maneira, esse sistema escravizador, nos países em que durou por muito tempo - como o Brasil - e que não tiveram a aptidão de criar, em regiões e situações longínquas - como os EUA - outro sistema produtivo baseado no trabalho livre, embora subordinado -, acabou por penetrar praticamente em todo o conjunto da sociedade, ao invés de apenas nas *plantations*. Ele penetrou nas médias propriedades rurais, nas manufaturas e pequenas fábricas existentes, nas relações sociais em geral, atingindo toda a institucionalidade da sociedade política e da sociedade civil, envolvendo a sua cultura e suas relações sociais, econômicas e de poder.

Realmente, estudos mais aprofundados demonstram que este fato - um regime escravocrata de amplo espectro e de longa duração - fez toda a diferença na evolução desses países, estabelecendo, de modo estrutural, uma distinção substantiva com respeito à lógica de formação e desenvolvimento do Direito do Trabalho nos países europeus. Dessa maneira, mantido o foco na realidade histórica do Brasil, essas peculiaridades serão aqui ressaltadas.[26]

---

26. A estrutura econômica, social e cultural escravocrata e sua contínua influência na história brasileira, mesmo décadas após a abolição oficial da escravatura em 1988, é objeto de importantes estudos da Ciência Política, do Direito Constitucional, do Direito Internacional de Direitos Humanos, da História e da Sociologia no Brasil contemporâneo. Além da vasta bibliografia já especificada neste livro, citem-se também, por exemplo, os seguintes autores e obras: ALBUQUERQUE, Wlamyra R. de. *O jogo da dissimulação* – abolição e cidadania negra no Brasil. São Paulo: Companhia das Letras, 2009; ALMEIDA, Sílvio Luiz de. *Racismo estrutural*. São Paulo: Jandaíra, 2020; ALVES, Raissa Roussenq. *Entre o silêncio e a negação* – trabalho escravo contemporâneo sob a ótica da população negra. Belo Horizonte: Letramento, 2019; BERSANI, Humberto. *Racismo estrutural e direito à desestratificação* – um estudo a partir das relações de trabalho. Belo Horizonte: Casa do Direito, 2020; CARNEIRO, Sueli. *Escritos de uma vida*. São Paulo: Jandaíra, 2020; CARNEIRO, Sueli. *Racismo, sexismo e desigualdade no Brasil*. São Paulo: Selo Negro, 2021; CONFORTI, Luciana Paula. *Direito fundamental de não ser escravizado no Brasil*. Belo Horizonte: RTM, 2022; GOMES, Flávio dos Santos; LAURIANO, Jaime; SCHWARCZ, Lilia Moritz. *Enciclopédia negra*. São Paulo: Companhia das Letras, 2021; MACÊDO, Marluce de Lima. *Intelectuais negros, memória e educação antirracista* – uma leitura de Abdias Nascimento e Edilson Carneiro. Belo Horizonte: Dialética, 2021; MATTOSO, Katia M. de Queirós. *Ser escravo no Brasil* – séculos XVI-XIX. Petrópolis: Vozes, 2016; MIRÁGLIA, Lívia Mendes Moreira. *Trabalho escravo contemporâneo* – conceituação à luz do princípio

II. PECULIARIDADES DAS AMÉRICAS E, EM PARTICULAR, DO BRASIL, COM RESPEITO À FORMAÇÃO HISTÓRICA DO DIREITO DO TRABALHO

A formação do Direito do Trabalho na Europa Ocidental se fez em condições históricas e estruturais bastante distintas daquelas existentes em diversas regiões das três Américas.

No ocidente europeu, a escravidão, como forma *central* de estruturação do sistema socioeconômico, havia desaparecido nos séculos seguintes à queda do Império Romano (século V, d.C.), sendo substituída pela sistemática das relações servis. Essa mudança no tipo de relação de produção *dominante* aconteceu, entre outros fatores, em face de as elites europeias ocidentais terem tido a necessidade de recuarem seus domínios para pequenas frações de territórios – os denominados feudos –, onde estruturaram defesas mais simples, compactas e eficientes contra as sucessivas e fatais invasões externas. A lógica anterior da escravatura, pela qual todas as frações das elites possuíam escravos, tornara-se irracional na nova realidade econômica, social e militar europeia, pois todos os indivíduos, inclusive os integrantes das elites, estavam submetidos aos riscos drásticos das invasões externas.

---

da dignidade da pessoa humana. São Paulo: LTr, 2011 (2. ed., 2015); MOREIRA, Adilson José. *Tratado de direito antidiscriminatório*. São Paulo: Contracorrente, 2020; NASCIMENTO, Abdias. *O genocídio do negro brasileiro* – processo de um racismo mascarado. 3. ed. São Paulo: Perspectivas, 2016; NASCIMENTO, Beatriz. *Uma história feita por mãos negras* – relações raciais, quilombos e movimentos (org. Alex Rats). Rio de Janeiro: Zahar, 2021; OLIVEIRA, Maria Carolina Fernandes (org.); LOPES, Marianna Gomes Silva (org.); RODRIGUES, Tamíris Souza (org.). *Quanto vale a dignidade? Estudos contemporâneos sobre trabalho escravo*. Belo Horizonte: RTM, 2021; RIBEIRO, Cláudia (org.); CAMPOS, Marcelo (org.); Márcio Leitão (org.). *Resgates* – combate ao trabalho escravo contemporâneo no Brasil. Belo Horizonte: RTM, 2021; RIBEIRO, Djamila. *Pequeno manual antirracista*. São Paulo: Companhia das Letras, 2019; SANTANA, Bianca (org.). *Vozes insurgentes de mulheres negras* – do século XVIII à primeira década do século XXI. Belo Horizonte: Mazza Ed./ Fund. Rosa Luxemburgo, 2021; SANTOS, Ynaê Lopes dos. *Racismo brasileiro* – uma história da formação do país. São Paulo: Todavia, 2022; SCHWARCZ, Lilia Moritz; GOMES, Flávio dos Santos. *Dicionário da escravidão e liberdade*. São Paulo: Companhia das Letras, 2021; TEIXEIRA, Juliana Cristina. *Trabalho doméstico*. São Paulo: Jandira, 2021.

Assim, em torno da economia rural do feudo passaram a se fixar os trabalhadores agrários, submetidos a um sistema de servidão. Esse sistema lhes suprimia a liberdade de desconexão perante o feudo, sem dúvida, trazendo-lhes também outros ônus e ofensas severas; porém lhes garantia, em princípio, a proteção militar do senhor feudal contra os fatais invasores externos.

Agregue-se ainda que o desaparecimento (ou profundo refluxo) do comércio regular no ambiente europeu ocidental por longo período, desde os séculos IV e V, igualmente tornava irracional a presença de grandes propriedades rurais cultivadoras de produtos agrícolas e estruturadas com base na escravização de pessoas humanas, em face da ruína das rotas e práticas comerciais acontecidas na época.

Dessa maneira, quando traços do sistema capitalista começam a surgir na Europa Ocidental a partir do século XVI – mais de 1.000 anos depois –, estavam-se vivenciando realidade e cultura em que a escravidão já deixara de ser a regra geral nas relações de trabalho europeias ocidentais há vários séculos, sendo substituída pelo sistema das relações servis. Essa peculiaridade histórica não significa que os europeus ocidentais não deixassem de praticar a escravidão residualmente no território europeu ocidental; pior do que isso, não significa que eles não a continuassem praticando maciçamente fora do ambiente europeu ocidental específico – ao contrário, eles instituíram, como se sabe, um dos mais abrangentes, violentos e ignóbeis sistemas escravagistas ao longo de todas as três Américas, a partir do século XVI, o qual durou cerca de 400 anos. Porém a ausência da cultura interna da escravidão, por inúmeros séculos, no território europeu ocidental, é fato que tornou mais simples e menos traumática a conquista, pelos trabalhadores, do trabalho livre na Europa Ocidental e, subsequentemente, das condições para a estruturação do Direito do Trabalho.

A par disso, até mesmo o regime de servidão começou a se desestruturar em torno dos séculos XV e XVI no ocidente europeu, aprofundando a sua derruição nas fases históricas seguintes – o que propiciou a migração contínua e crescente de partes relevantes dos antigos servos para as cidades europeias em desenvolvimento.

Ou seja, a formação acelerada, ao longo do tempo desde o século XVI, de uma população urbana livre das amarras da escravidão (a qual já não prevalecia, como regra relevante, nos países europeus ocidentais há vários séculos, como dito) e da própria servidão, embora submetida esta população a uma situação de miséria nas cidades, foi um fator distintivo da formação e evolução do capitalismo na Europa Ocidental, bem como das relações de trabalho assalariadas e do próprio Direito do Trabalho ali surgidos – todos, de maneira geral, iniciados e desenvolvidos principalmente a partir das regiões urbanas.

Esse roteiro e condições não ocorreram, entretanto, nas três Américas, ao menos nas enormes regiões que foram submetidas ao sistema econômico e social das *plantations*, isto é, economias agrárias organizadas em torno da grande propriedade fundiária, com produção intensiva de bens agrícolas ou conexos, usualmente à base da monocultura em largas extensões territoriais, mediante uma estrutura violentíssima de utilização contínua da força de trabalho escravizada. Esse sistema escravizador igualmente foi utilizado, em algumas regiões, no extrativismo mineral (caso das regiões de Minas Gerais, Goiás e Mato Grosso, no Brasil), a par de se ter generalizado, em grande parte delas, para o conjunto da sociedade no transcorrer dos séculos, atingindo, praticamente, todos os nichos econômicos e sociais então existentes, inclusive o trabalho em residências (usualmente denominado doméstico) e diversas outras dimensões do trabalho urbano.

Tal sistema específico da economia e da sociedade deu origem, ao longo de vários séculos, a uma consolidação, em inúmeros países ou regiões das três Américas, de uma estrutura econômica, social, institucional e cultural rígida e resistente baseada no sistema de exploração e desrespeito máximos à pessoa humana, ou seja, o regime escravocrata – fato que, conforme exposto, não aconteceu na Europa Ocidental, internamente, durante os diversos séculos de construção e desenvolvimento do capitalismo.

A escravidão atingiu inicialmente a população indígena e, logo a seguir, propagou-se também para a população africana trazida aprisionada em navios escravagistas para as três grandes regiões das Américas. A escravidão de pessoas negras iria perdurar por três ou mais séculos em inúmeras regiões ou países americanos, gerando uma estrutura e cultura de poder, de segregação e de exclusão que muito demarcou a maior parte do continente americano.

O sistema escravizador das pessoas humanas negras espalhou--se pelas colônias da Inglaterra situadas nas três Américas (no caso da América do Norte, essencialmente nas colônias inglesas do sul). Espalhou-se também pelas colônias da Espanha situadas nas três Américas, pelas colônias francesas e holandesas situadas no centro e no sul das Américas, espalhando-se ainda pela vastíssima colônia de Portugal, situada na América do Sul, identificada como Brasil.

Além de todos os aspectos ignóbeis, imorais e violentos da escravidão, sua perversidade tende a perpassar todas as entranhas institucionais, culturais e cotidianas da sociedade, transformando as centenas de milhares de senhores de escravos em agentes plenipotenciários de poder em seus territórios de domínio, todos sufragados pela estrutura política e institucional mais ampla do país colonizador ou, após a independência ocorrida no século XIX, sufragados pelo Estado elitista e insensível surgido em face da maior parte da população. E essa característica estrutural irá perdurar por muito tempo, mesmo depois de abolida a escravidão no país ou região respectivos.

É o que se passou, claramente, com a grande maioria dos Estados do sul dos EUA, os quais, mais de 155 anos depois de extinta a escravatura, ainda preservam minucioso sistema social de exclusão, em várias dimensões, da população negra ali situada (somando-se agora também a exclusão da população latina). E esse sistema de exclusão se expressa não apenas no Direito do Trabalho (que, no sul dos EUA, mostra-se muito mais fluido e restrito do que em Estados do norte e oeste do mesmo país, onde não vigorou, regra geral, o sistema escravocrata).

É o que também se percebe claramente no Brasil, com inúmeros dados sobejamente conhecidos que comprovam a permanência de uma lancinante exclusão da população negra, sejam pretos ou pardos, independentemente dos mais de 130 anos de término oficial da escravatura no País.[27]

Daí que, na formação histórica do Direito do Trabalho nas Américas e, no Brasil em especial, torna-se imprescindível inserir nesse roteiro, ademais, as lutas e resistências da população negra escravizada, uma vez que tais resistências e lutas, entre inúmeros outros aspectos, traduzem a busca da liberdade, da configuração do trabalho livre, da cidadania (que será importante também na construção das normas e dos princípios trabalhistas) e de conquistas decisivas para a criação de uma ambientação democrática no País. Todas essas resistências e lutas constituem parte integrante da História do Direito do Trabalho nas Américas, especialmente no Brasil, ainda que esse campo jurídico não tenha se formado nem no período colonial, nem sequer no período monárquico neste País.

Além de tudo, conforme já explicitado no capítulo anterior, a profundidade e a violência permanente que caracterizam um sistema socioeconômico dominante à base da escravização de pessoas humanas – sistema que se espalharia por diversos nichos da sociedade e da economia, independentemente de seu segmento original agroexportador – geram uma institucionalidade, uma cultura e uma prática tanto nas instituições estatais como nas instituições privadas severamente desiguais, excludentes, segregacionistas, preconceituosas e desrespeitosas da pessoa humana, especialmente daqueles que realizam o trabalho e, com muito mais intensidade, sobre aqueles que sofreram a escravidão ou que compõem o universo populacional dos brasileiros negros, pretos

27. Conforme já esclarecido, neste livro estão sendo utilizadas as expressões "população negra" ou "pessoas negras" como identificação geral desse segmento populacional "conforme o quesito cor ou raça", bem como as expressões "pretos" e "pardos" como as diferenciações internas específicas desse segmento populacional brasileiro e das Américas, em harmonia com o disposto no Estatuto da Igualdade Racial (Lei n. 12.288, de 20 de julho de 2010), em seu art. 1º, parágrafo único, IV. Observe-se o sentido do texto legal: "IV – população negra: o conjunto de pessoas que se autodeclaram pretas e pardas, conforme o quesito cor ou raça usado pela Fundação Instituto Brasileiro de Geografia e Estatística (IBGE), ou que adotam autodefinição análoga".

ou pardos. E tais características, em face do longo curso de sua inserção histórica no País, iriam se manter influentes muito tempo depois de abolida, de maneira oficial, a escravidão no Brasil. Nesse quadro, grande parte das políticas públicas, especialmente as direcionadas às pessoas humanas, ao trabalho e aos indivíduos que vivem da sua prestação laboral, sofreriam efeitos negativos nos mais de 130 anos subsequentes ao término oficial do sistema escravagista no País.

Postas essas observações, fica enfatizado o registro de que este autor altera, portanto, a sua análise sobre a formação do Direito do Trabalho no Brasil, incorporando, nesta fase de formação, tanto o período da Colônia, como o período do Império. Reitere-se ser bastante claro que, nesses dois períodos históricos - os quais, em conjunto, duraram cerca de quatro séculos -, ainda não havia se construído, no País, um complexo de princípios, regras e institutos direcionado à regência normativa das relações de trabalho, visando a assegurar direitos e garantias aos trabalhadores. Obviamente que tal conquista ainda não havia sido alcançada; porém ela jamais existiria caso não se mencionassem as resistências e lutas da população negra no Brasil, sejam os negros escravizados, sejam os negros livres, contra a exploração, a violência e a opressão.

III. PERIODIZAÇÃO HISTÓRICA DO DIREITO DO TRABALHO BRASILEIRO – FASES EM DESTAQUE

A formação histórica do Direito do Trabalho no Brasil passa a enfocar o estudo, ainda que sintético, da fase de estruturação do sistema econômico, social e cultural que caracterizou o País em seus primeiros 430 anos de existência, a contar de 1500 d.C. até 1930. A perspectiva mais ampla de análise irá permitir a compreensão das características centrais do sistema econômico e social escravizador das pessoas humanas trazidas aprisionadas da África e aqui inseridas no modelo escravocrata que iria perdurar até as proximidades do término do século XIX.

Esse modelo escravagista, com a violência e o despotismo que lhe era inerente, foi organizado desde o início do século XVI pelo colonizador de Portugal, seguindo padrão muito semelhante ao da Espanha e, em parte, ao dos demais países colonizadores (França, Holanda e Inglaterra), tendo sido organizado nas Américas desde a incorporação deste continente a esses sistemas colonizadores europeus.

As características violentas e excludentes desse modelo e sua perduração por quase quatro séculos no Brasil influenciou e comprometeu significativamente o processo de conquista da própria liberdade pela grande maioria dos trabalhadores no País - maioria formada por pessoas negras -, além de ter comprometido a elaboração e concretização de um roteiro adequado e rápido para o necessário processo de inclusão socioeconômica, institucional, cultural e jurídica dessa população excluída e discriminada na realidade brasileira.

Pode-se brandir a simples, mas importante, indagação: afinal, existiu, objetivamente, Direito do Trabalho no período da Colônia e, até mesmo, no período do Império no Brasil? É evidente que não existiu - pois não surgiu, nesses dois períodos de fortíssima exclusão socioeconômica da grande maioria da população brasileira um complexo de princípios, regras e institutos jurídicos voltados a elevar as condições de contratação e gestão da força de trabalho no sistema econômico e social, mediante a criação de normas e instituições favoráveis aos trabalhadores. Porém é parte do processo de construção de um campo jurídico avançado, como o Direito do Trabalho, o processo de lutas e resistências à escravização, a par de resistências e lutas contra a opressão e exploração das pessoas humanas na esfera do sistema socioeconômico.

Daí a necessidade de se incorporar aos estudos da fase inicial do campo justrabalhista nacional todo o longo período de regime escravizador no território brasileiro, como pressuposto para a compreensão das lutas pela conquista da libertação do trabalhador escravizado e pela extinção de todo o sistema escravista, além da busca individual e coletiva por melhores condições de vida e de trabalho pela população brasileira, inclusive o exponencial universo de trabalhadores negros, pretos e pardos, componentes de nossa população.

IV. FASE DE FORMAÇÃO DO DIREITO DO TRABALHO NO BRASIL: O PAPEL DO PERÍODO MONÁRQUICO (1822-1889)

Os três pontos de destaque dessa longa fase histórica de formação do Direito do Trabalho no Brasil são, como já apontado neste livro: o período colonial, que se estende por mais de três séculos, desde 1500 até 1822; o período monárquico, que avança por cerca de sete décadas, desde 1822 até 1889; finalmente, o período da Primeira República, que se estende de 1889 até 1930, data da denominada Revolução de 1930.

Neste capítulo, o foco principal estará posto no período monárquico, também denominado período imperial.

1. Breve rememoração do período colonial (1500-1822)

Nos pontos que interessam ao estudo da formação do Direito do Trabalho no Brasil, cabe enfatizar que o período colonial, em seus mais de três séculos de existência, se caracterizou pela forte predominância de um sistema escravizador de grande parte da força de trabalho existente na economia e na sociedade brasileiras em todo esse lapso temporal. O colonizador português fez a escolha de estruturar no País um sistema escravagista do trabalho humano, inicialmente à base da escravização dos indígenas – experiência que, no Brasil, não se tornou dominante, nem perdurou por todo o período histórico da Colônia. A contar dos anos de 1530/70, esse sistema colocou seu foco principal na escravização das pessoas negras aprisionadas no continente africano e trazidas, com absoluta violência e repressão, em navios para o litoral brasileiro, onde eram vendidas e distribuídas especialmente aos produtores rurais e de extração mineral.

O modelo de colonização por exploração escolhido, à base da extração de matérias-primas agrícolas e minerais, combinada com a cultura de produtos agrícolas de interesse dos mercados europeus (cana-de-açúcar; algodão; fumo; cacau; café, entre outros produtos), quer fossem aqui beneficiados (como o caso da cana-de-açúcar e respectivos engenhos) ou não, mas usualmente com estrutura e funcionamento baseados primordialmente no trabalho escravizado, foi o padrão de organização da economia e sociedade de todo o período da Colônia. Para tanto, centenas de milhares de pessoas africanas negras foram incessantemente trazidas aprisionadas ao longo das décadas e séculos, desde os anos 1530 até o final do período colonial (1822), atingindo milhões de seres humanos, de modo a transformar a colônia brasileira naquela que possuía o maior número de escravos em todo o novo continente. O tráfego negreiro, aliás, continuaria no País até a década de 1850, já em meados do período monárquico.

Evidentemente que, em uma situação de dominância do sistema escravizador – o qual supõe a presença de um regime de despotismo não apenas do Estado colonizador, mas também das próprias elites privadas internas escravagistas –, não é possível se falar, com consistência, na geração de um complexo normativo de princípios, regras e institutos protetores dos trabalhadores nessa realidade, ou seja, de um Direito do Trabalho. Além disso, semelhante ideia sequer havia surgido até mesmo na Europa Ocidental ou em qualquer outra parte do planeta, sendo grotesco falar-se em sua existência na sociedade despótica e escravocrata brasileira.

Entretanto, como o período colonial durou mais de três séculos, algumas modificações se produziram na realidade brasileira, independentemente das estratégias exploratórias do Estado colonizador. Entre as mudanças que têm correlação com o presente tema, citem-se: (a) o crescimento da população branca ao longo do período, majoritariamente de origem portuguesa, formada por pessoas livres; (b) o crescimento da população negra escravizada ao longo do mesmo período; (c) o surgimento e contínuo crescimento também de importante segmento da população negra, abrangendo pretos e pardos, em situação jurídica de liberdade, à vista de reiterados processos de alforria ("manumissão") na realidade brasileira; (d) a redução incessante da população indígena, não apenas em face da violência multidimensional contra ela dirigida desde 1500, como também pelo terrível contágio de doenças que lhes eram estranhas, considerados os contatos com os europeus e os africanos.

Some-se a isso o fato de a economia e a sociedade da época, com o passar do tempo, terem gerado dinâmicas claramente diversificadas, em contraponto ao modelo tradicional das *plantations*. Com isso foram se formando estruturas produtivas à base da pequena e média propriedade e produção agropecuárias, também do artesanato e das pequenas manufaturas, além de um crescente comércio citadino e, até mesmo, em áreas rurais mais povoadas, focado primordialmente em direção ao plano interno do sistema econômico, ao invés de apenas no mais rico e prestigiado horizonte das exportações.

Em conjugação com essas mudanças, o trabalho escravo se generalizou na economia, sociedade e regiões da Colônia, deixando de ser apanágio apenas dos interesses e dinâmicas das grandes propriedades agrárias e usinas exportadoras. Contudo, ao lado da força de trabalho escrava, despontava também a força de trabalho livre, composta não apenas pela população branca, mas também pela crescente população negra livre ou liberta, sejam pretos ou pardos, agregando-se ainda setores ameríndios. Na virada do século XVIII para o XIX, estimava-se que a população negra na Colônia, incluindo pessoas escravizadas e pessoas pretas e pardas livres, já ultrapassava a população branca, fazendo do Brasil o país com o maior volume de população de origem africana nas três Américas e também com o maior volume de pessoas negras livres em um único país no novo continente.[28]

Durante todo o período colonial a população escravizada manifestou sua resistência e seu repúdio ao cativeiro e às condições violentas e indignas de vida e de trabalho. Inúmeros estudos demonstram essa constante e heroica luta pela liberdade e dignidade das pessoas humanas negras escravizadas.[29] Tais resistências

28. Consultar, ilustrativamente: CALDEIRA, Jorge. *História da riqueza no Brasil*. Rio de Janeiro: Estação Brasil, 2017, p. 158-165; GOMES, Laurentino. *Escravidão*. Vol. I – Do primeiro leilão de cativos em Portugal até a morte de Zumbi dos Palmares. Rio de Janeiro: Globo, 2019, p. 260-262; KLEIN, Herbert S.; VINSON III, Ben. *A escravidão africana na América Latina e Caribe*. Tradução de Laura Teixeira Motta. Brasília: UnB, 2015, p. 309-359.

29. ALBUQUERQUE, Wlamyra R. De. *O jogo da dissimulação* – abolição e cidadania negra no Brasil. São Paulo: Companhia das Letras, 2009; ALMEIDA, Sílvio Luiz

e lutas envolviam atuações individualizadas perante a autoridade estatal ou religiosa local (se e quando existissem), a par da atuação pela via da luta ou da fuga. No plano dos movimentos coletivos foi importante a criação de comunidades de escravos foragidos em distintos locais do país, denominadas quilombos no Brasil. Segundo os autores Herbert KLEIN e Ben VINSON III, embora "todas as sociedades escravistas tivessem comunidades de fugitivos, o Brasil provavelmente abrigou os mais numerosos, mais duradouros e mais disseminados quilombos das Américas".[30] Um dos primeiros e mais longevos, com várias décadas de existência, foi o de Palmares, situado em Pernambuco, na atual fronteira com Alagoas; este quilombo somente foi vencido em 1795, com a destruição da comunidade negra livre e a subsequente morte imposta ao seu líder, Zumbi dos Palmares, em 20 de novembro de 1795. Destaque-se também Minas Gerais, onde havia grande população escravizada, com a existência de cerca de 160 quilombos.

---

de. *Racismo estrutural.* São Paulo: Jandaíra, 2020; ALVES, Raissa Roussenq. *Entre o silêncio e a negação* – trabalho escravo contemporâneo sob a ótica da população negra. Belo Horizonte: Letramento, 2019, p. 15-56; GOMES, Flávio dos Santos; LAURIANO, Jaime; SCHWARCZ, Lilia Moritz. *Enciclopédia negra.* São Paulo: Companhia das Letras, 2021; GOMES, Laurentino. *Escravidão.* Vol. I – Do primeiro leilão de cativos em Portugal até a morte de Zumbi dos Palmares. Rio de Janeiro: Globo, 2019; KLEIN, Herbert S.; VINSON III, Ben. *A escravidão africana na América Latina e Caribe.* Tradução de Laura Teixeira Motta. Brasília: UnB, 2015; MATTOSO, Katia M. de Queirós. *Ser escravo no Brasil* – séculos XVI-XIX. Petrópolis: Vozes, 2016; MOURA, Clóvis. *Quilombos* – resistência ao escravismo. São Paulo: Expressão Popular, 2020; MOURA, Clóvis. *Rebeliões da senzala* – quilombos, insurreições, guerrilhas. 6. ed. São Paulo: Anita Garibaldi/Fund. Mauricio Grabois, 2021; NASCIMENTO, Abdias. *O genocídio do negro brasileiro* – processo de um racismo mascarado. 3. ed. São Paulo: Perspectivas, 2016; NASCIMENTO, Beatriz. *Uma história feita por mãos negras.* Organização de Alex Ratts. Rio de Janeiro: Zahar, 2021; REIS, José João; GOMES, Flávio dos Santos. *Liberdade por um fio* – história dos quilombos no Brasil. 6. reimpr. São Paulo: Companhia das Letras, 1996; REIS, José João; GOMES, Flávio dos Santos (org.). *Revoltas escravas no Brasil.* São Paulo: Companhia das Letras, 2021; SANTANA, Bianca (org.). *Vozes insurgentes de mulheres negras* – do século XVIII à primeira década do século XXI. Belo Horizonte: Mazza Ed./Fund. Rosa Luxemburgo, 2021; SANTOS, Ynaê Lopes dos. *Racismo brasileiro* – uma história da formação do país. São Paulo: Todavia, 2022.

30. KLEIN, Herbert S.; VINSON III, Ben. *A escravidão africana na América Latina e Caribe.* Tradução de Laura Teixeira Motta. Brasília: UnB, 2015, p. 283.

Agregue-se que há informações de pesquisadores sobre a existência de tais heroicas comunidades livres em diversas regiões do País no período colonial.[31]

Somem-se a essas formas de resistências e lutas, a presença de revoltas pela tomada do poder, como os levantes negros na Bahia, entre 1807 e 1835; a insurreição da Balaiada, no Maranhão (1839); as guerrilhas; a participação de escravos em movimentos de caráter mais amplo, de modo a lhes conferir um conteúdo também antiescravagista.[32]

2. O período monárquico (1822-1889)

Este segundo período histórico da fase de formação do Direito do Trabalho no Brasil situa-se entre a data da independência do País, 7 de setembro de 1822, e a data da Proclamação da República, 15 de novembro de 1889, abrangendo, pois, cerca de sete décadas de existência (67 anos).

É necessário considerar que, antes da independência (1822), o País passou por algumas mudanças importantes desde a chegada a família real ao Rio de Janeiro em 1808, escapando da invasão napoleônica. Foram injetados na economia da nova sede (ainda que provisória) do Império, Rio de Janeiro, grandes recursos em face da vinda de cerca de 15.000 cortesãos portugueses para a cidade brasileira.[33] Além disso, os impostos devidos à Coroa passaram a ser destinados, em grande medida, ao próprio Brasil, ao invés de serem remetidos a Portugal; afinal, a direção do Império transferiu-se para terras brasileiras. Também foi aqui instituído o Banco do Brasil.

---

31. KLEIN, Herbert S.; VINSON III, Ben. Ob. cit., p. 284-285. Também MOURA, Clóvis. *Rebeliões da senzala* – quilombos, insurreições, guerrilhas. 6. ed. São Paulo: Anita Garibaldi/Fund. Mauricio Grabois, 2021.
32. Nesta linha, MOURA, Clóvis. *Quilombos* – resistência ao escravismo. São Paulo: Expressão Popular, 2020. Também REIS, João José; GOMES, Flávio dos Santos (org.). *Revoltas escravas no Brasil*. São Paulo: Companhia das Letras, 2021.
33. CALDEIRA, Jorge. *História da riqueza no Brasil*. Rio de Janeiro: Estação Brasil, 2017, p. 195-209.

A par disso, alguns anos depois, em 1815, o *status* do País passou a Reino Unido de Portugal, Brasil e Algarves, deixando de ser, tecnicamente, simples colônia. Foram abertas relações comerciais com as "nações amigas" – o que significava, conforme tratados antigos de Portugal, a realização de comércio diretamente com a Inglaterra. Outras mudanças despontaram na época: cursos superiores de medicina e de direito começaram a ser autorizados no País (porém, não universidades); foi importada uma prensa tipográfica para o Brasil, iniciando-se a possibilidade de edição de livros internamente – o que era proibido na Colônia; porém, a censura monárquica e religiosa acompanhou a novidade, retirando-lhe boa parte de seu impacto positivo. Registre-se que, em 1800, estimava-se que somente 1% ou 2% dos brasileiros, inclusive os brancos, sabiam ler e escrever. Na mesma época, a taxa de alfabetização era de 55% na Inglaterra e, em algumas colônias norte-americanas, 70% entre a população branca.[34]

Por fim, infelizmente, não se alterou em nada o sistema socioeconômico vigorante desde o século XVI, mantendo-se incólume o regime escravizador que já caracterizava há mais de três séculos a realidade brasileira; ao inverso, a tradição escravagista se tornava cada vez mais entranhada no Estado e nas instituições e práticas da vida econômica e social.

Com o retorno de Dom João VI a Portugal em 1821 e a manutenção do príncipe Dom Pedro no País, foi, logo a seguir, declarada a independência do Brasil em 7 de setembro de 2022, iniciando-se o período monárquico independente.

A proclamação da independência, contudo, lamentavelmente não trouxe transformações significativas nos planos econômicos e sociais, em especial no mundo do trabalho. A verdade é que duas prioridades absolutas logo despontaram para o regime imperial dirigente do novo país, nação e Estado brasileiros: de um lado, a preservação da unidade nacional e territorial do Brasil, com o firme controle de seu enorme e unitário território; de outro lado, a manutenção do regime monárquico à base da família real

34. CALDEIRA, Jorge. *História da riqueza no Brasil*. Rio de Janeiro: Estação Brasil, 2017, p. 195-209.

de Orleans e Bragança, que as elites consideravam, na época, o instrumento ideal e mais eficiente para a consecução do primeiro objetivo, ou seja, o da unidade territorial do País.

O alcance desses dois objetivos passou a arquitetar algumas estratégias políticas, econômicas e sociais fortemente conservadoras; na verdade, quase paralisantes do avanço e renovação do conjunto da economia e sociedade brasileiras. Em primeiro plano, a consagração de plenos poderes às elites agrárias, sociais e políticas em suas respectivas regiões (isto é, nas províncias e nos municípios), sem qualquer espaço para a efetiva emergência de novas forças sociais e econômicas dissociadas desse pacto maior. Naturalmente que esse pacto político informal iria se plasmar, com minúcias, nas regras da nova Constituição a ser criada para reger o novo estado brasileiro - no caso, a Constituição de 1824.

Em segundo plano, a mais absoluta e disciplinada sujeição das políticas públicas a essa primeira estratégia desenhada, o que levou a algumas consequências muito negativas ao longo das décadas seguintes: o atávico laço político e cultural do Império com o sistema escravizador de pessoas humanas construído desde 300 anos atrás com suas respectivas elites dirigentes, tudo considerado em dimensões nacionais, regionais e municipais; a elaboração de uma política econômica de firme apoio ao setor agroexportador, sem interesse na diversificação da economia por intermédio da criação de nichos industrializantes no contexto do território brasileiro; uma contínua valorização da moeda nacional imperial, de modo a tornar artificialmente poderosas, do ponto de vista de poder aquisitivo, as elites econômicas existentes, quer para a compra de produtos importados, quer para a garantia de renda protegida visando à remessa de seus filhos aos estudos na Europa.

Ainda nesse segundo plano, cabe enfatizar, quanto ao período monárquico, a estruturação oficial de dificuldades burocráticas e jurídicas severas para a diversificação das atividades econômicas, passando todas as autorizações de criações de empresa pelo poder central imperial.

Em terceiro plano, a geração de uma centralização decisória, para temas considerados candentes e controversos, na figura pessoal do monarca, mediante o fatídico Poder Moderador, instituído pela Constituição de 1824, logo em seguida à independência do Brasil. Essa centralização decisória iria se completar por intermédio da vinculação formal e institucional da Igreja com o Estado e do Estado com a Igreja, o que propiciou a esta – firmemente leal ao poder monárquico central – controlar várias das inúmeras atividades administrativas que caberiam ao Estado Central no plano das províncias e também dos municípios. O poder político e administrativo conferido, nessa lógica institucional, aos Bispos e Párocos era potenciado, evidentemente, pelos preconceitos e privilégios garantidos ao pensamento religioso profundamente conservador da época (some-se a isso o fato de Bispos e Párocos, desde a Colônia, serem também, de maneira geral, senhores de pessoas escravizadas).

Todo esse conjunto institucional e cultural profundamente conservador, elitista e discriminatório iria conduzir à tendência de se manter uma situação econômica algo letárgica no período imperial. Isso se confirmaria, em sete décadas da Monarquia, em um medíocre crescimento da renda *per capita* no Brasil, considerado o censo de 1890, de modestos 4% (quatro porcento), ou seja, passando de US$ 670, em 1820, para somente US$ 704, em 1890.[35]

Passe-se à análise a alguns fatos e situações relevantes e diretamente vinculados à questão do trabalho, do sistema escravagista e da formação de um universo substancial de pessoas livres na economia e na sociedade brasileiras no período imperial. Todos esses fatos e situações destacados ostentam vínculos diretos ou indiretos com o tema da formação (ou não) do Direito do Trabalho no Brasil – considerado, neste capítulo, apenas o período monárquico, enfatize-se.

Iniciem-se os destaques com a Constituição de 1824. Conforme se sabe, após dissolvida, pelo Imperador Dom Pedro I, a Assembleia Constituinte recentemente convocada, a Constituição Imperial foi elaborada por um Conselho de Estado e outorgada

35. CALDEIRA, Jorge. *História da riqueza do Brasil*. Rio de Janeiro: Estação Brasil, 2017, p. 295.

pelo Imperador Dom Pedro I em 1824. A narrativa dominante que se passa, não apenas em antigos livros de História do Brasil, como em antigos e novos livros de Direito Constitucional Brasileiro, caminha no sentido de que a primeira constituição do Estado brasileiro teria tido um suposto e alegado matiz liberal, por aparente influência dos documentos constitucionais dos EUA e da França.

Porém essa narrativa está longe de corresponder à realidade efetiva da Constituição de 1824 não só em face da centralização do poder em torno do Monarca que ela consagrava, como também, se não bastasse, pelo largo e irrecorrível Poder Moderador que ela instituía sob total controle do rei. O texto constitucional também fixava uma cidadania muito restrita no âmbito pátrio: é que ele negava a cidadania aos escravos (ver silêncio do art. 6º) e, embora a assegurando aos "libertos", isto é, pretos e pardos alforriados (art. 6º, I), lhes retirava a legitimidade de votar nas eleições para Deputados, Senadores e Membros dos Conselhos de Província (art. 94, II). Tudo isso sem contar que as eleições eram indiretas, por meio de colégios eleitorais provinciais (denominado Eleitores de Províncias), eleitos nas Assembleias Paroquiais (art. 90). O voto, além disso, também tinha o requisito censitário, baseado na renda do indivíduo (arts. 91, V, e 94, I). Mais que isso, os membros do Senado eram vitalícios, sendo escolhidos pelo Imperador a partir de listas tríplices formadas nessas eleições (arts. 40 e 43).

A Constituição de 1824, matreiramente, preservou ainda, de modo tácito, pelo absoluto silêncio, o regime escravocrata na economia e na sociedade. Entretanto, com inegável hipocrisia, assegurava ampla liberdade ao trabalho (art. 179, XXIV), mas, como dito, não se referindo à escravização da população negra. Afirmava a garantia do Direito de Propriedade (em solenes iniciais maiúsculas), "em toda a sua plenitude" (art. 179, XXII). Abolia as Corporações de Ofícios, seus Juízes, Escrivães e Mestres (art. 179, XXV), embora estas não fossem características da economia e sociedade brasileiras da época. Abolia também "os açoites, a tortura, a marca a ferro quente, e todas as mais penas cruéis" (art. 179, XIX), embora seu uso se mantivesse usual para as pessoas escravizadas nas sete décadas de existência do Império. Garantia a instrução primária e gratuita a todos os cidadãos (art. 179, XXXII), embora, ao final dos 67 anos de história monárquica, o analfabetismo do total da população do País atingisse o constrangedor índice de 87%. Referia-se aos Colégios e Universidades (art. 179, XXXIII), embora o Império não tenha instituído, em suas sete décadas de vida, até 1889, nenhuma universidade no País. Por fim, o texto também não instituía qualquer traço de regra jurídica social em seu interior.

Passe-se a um segundo destaque: em novembro de 1831, o governo monárquico, atendendo à pressão da Inglaterra, ratificou por lei um tratado internacional por ele firmado alguns anos atrás; com isso, dispôs sobre a extinção do tráfego de escravos para o Brasil, concedendo a liberdade aos africanos aprisionados que fossem, desde então, desembarcados no País. Entretanto, ardilosamente, não cumpriu, nem fez cumprir, tal determinação normativa, sufragando todos os mais diversos artifícios utilizados pelas elites na cotidiana burla da nova legislação. Dava seguimento, assim, a elite brasileira a uma tradição surgida já com alguns dispositivos da Constituição de 1924 (por exemplo, o art. 179 e seus incisos XXIX, XXIV, XXXII e XXXIII), ou seja, a criação de normas jurídicas importantes, porém sem qualquer intenção verdadeira de as fazer cumprir.[36]

Como terceiro destaque, fale-se sobre as relações de trabalho livres eventualmente existentes na área rural – as quais não eram preponderantes, conforme visto –, especialmente as estabelecidas entre produtores rurais e imigrantes europeus aqui chegados, ao menos na primeira metade do período imperial. Ora, no tocante a essas relações, prevaleciam regras fundadas supostamente no Direito Civil, à base do princípio da autonomia da vontade, regendo relações de parceria agrícola e/ou pecuária, mas em claro desequilíbrio em favor do proprietário rural, gerando uma sistemática de endividamento crônico do trabalhador parceiro. Pior do que isso: se se tratasse de trabalhador negro, preto ou

36. A respeito, GOMES, Laurentino. *Escravidão* – Da independência do Brasil à Lei Áurea. Rio de Janeiro: Globo, 2022, p. 100-121.

pardo, porém livre ou liberto, essa tradição de desequilíbrio se agravava, podendo desaguar até mesmo na re-escravização da pessoa trabalhadora. Relembre-se que o escravismo permeava todas as relações sociais e econômicas da época, há vários séculos, tornando o fazendeiro nacional de origem europeia ou dessa descendência uma figura desacostumada a relações de trabalho respeitosas e dignas no interior de sua propriedade. Não há como aproximar isso a um suposto Direito do Trabalho no período imperial brasileiro.

Destaque-se, em quarto lugar, também o surgimento do Código Comercial brasileiro, em 1850. Este novo diploma legal desponta com algumas regras regendo os vínculos civis e comerciais de prepostos e representantes comerciais com os comerciantes; tais regras, no futuro, já no século XX, seriam importadas pelo Direito do Trabalho, quando este fosse estruturado na ordem jurídica brasileira. Trata-se de regras sobre aviso prévio, justa causa e indenização por ruptura injusta de contrato a termo, por exemplo. Tais regras, no interior do Direito Comercial, continuam a existir até hoje, em relações civis e comerciais efetivamente autônomas. Portanto isso também não significa que o Código Comercial criou certo Direito do Trabalho na realidade brasileira.

A propósito, como dito, o Direito do Trabalho, ao ser estruturado no século XX no Brasil, iria importar vários institutos do Direito Civil (contrato; sujeitos contratuais; duração dos contratos; suspensão dos contratos; extinção dos contratos, etc.), sem que isso significasse que, onde houvesse um determinado Direito Civil, existisse também, automaticamente, Direito do Trabalho. Do mesmo modo, os poucos institutos importados do antigo Direito Comercial não significam, pois, que havia Direito do Trabalho no período monárquico brasileiro, dado que a natureza, os princípios, as características e o foco do Direito do Trabalho são profundamente diversos daqueles inerentes tanto ao Direito Civil como ao Direito Comercial. Esses dois antigos ramos jurídicos, insista-se, regem as respectivas relações com base no suposto da autonomia da vontade – o que significa, em uma sociedade estruturalmente desigual, a estrita vontade da parte econômica e socialmente mais poderosa.

Destaque-se, em quinto lugar, uma sequência de diplomas legais importantes no que tange ao assunto do regime escravizador em terras brasileiras. De fato, a partir de 1850, começam a surgir diplomas legais que irão alterar as regras de composição e atuação da força do trabalho no País, conduzindo, paulatinamente, à extinção da escravização de pessoas humanas. Foi, porém, um roteiro legal muito lento, fazendo com que o País fosse um dos últimos das Américas a abolir o regime escravocrata. Em 1850, de todo modo, desponta a Lei Euzébio de Queiroz, que proíbe – agora efetivamente – o tráfego de pessoas escravizadas nos portos marítimos brasileiros. Com essa nova lei, termina, em princípio, o fluxo de chegada de novas levas de pessoas escravizadas para o País.

Mais de 20 anos depois, em 1871, surge a Lei do Ventre Livre, pela qual as crianças negras nascidas de mãe escravizada seriam consideradas livres. Tal diploma previa uma indenização em favor do proprietário escravagista.

Cerca de 14 anos depois, em 1885, desponta a Lei Saraiva Cotegipe (Lei dos Sexagenários), que libertou os escravos idosos, com mais de 60 anos (*sic*!) e, ainda assim, determinando que cumprissem para o seu senhor três anos adicionais de trabalho.

Finalmente, em 13 de maio de 1888, emergiu a Lei Áurea, assinada pela Princesa Isabel, que extinguiu oficialmente o regime de escravização de pessoas humanas negras no Brasil. O Império, contudo, não previu no diploma legal de 13 de maio de 1888, nem em qualquer outro diploma legal, nenhuma política pública de inserção da população negra na órbita econômica, social, educacional, cultural ou institucional, de modo a compensar essa parte dos brasileiros pela violência institucional e privada a que foram submetidos ao longo da história. A omissão e o cinismo das elites e do Estado, neste campo, prevalecerão até o final da existência da Monarquia.

Destaque-se ainda sobre o assunto algo muito relevante. É que, além das lutas e movimentos realizados pela população escravizada, vindos desde a Colônia (e referenciados no subitem **1**, anterior), houve também movimentos sociais no período imperial similares à greve, aptos a demonstrarem que se aperfeiçoava, na época, uma consciência da necessidade da união e da atuação coletivas dos trabalhadores em defesa de seus interesses. Um dos mais instigantes movimentos pesquisados consistiu na Greve dos Ganhadores na Bahia, ocorrida em 1857, muito bem descrita pelo historiador João José Reis. Essa paralisação abrangeu trabalhadores negros libertos e cativos, todos envolvidos no sistema de transporte de coisas e pessoas na cidade de Salvador (sistema de transporte que havia também em outras cidades grandes, como o Rio de Janeiro). O movimento paredista, vitorioso em parte, voltava-se contra excessos e custos na regulação desse transporte feito por pessoas no âmbito urbano, reduzindo os ganhos diários desses trabalhadores.[37]

Há registro também da "primeira greve de trabalhadores/as assalariados/as no Brasil", segundo Carlindo Rodrigues de Oliveira, ocorrida em 1858 no Rio de Janeiro, envolvendo cerca de 60 tipógrafos/as e/ou gráficos/as que imprimiam três importantes jornais da Capital do Império. O movimento grevista pioneiro já fora detectado pela clássica obra de Foot Hardman e Victor Leonardi, publicada originalmente em 1982.[38]

Enfatize-se ainda que, em alguns sindicatos surgidos no final do século XIX e início do século XX (ainda que sem este específico epíteto), como os da categoria estivadora, situados em portos marítimos, havia também a importante participação de trabalhadores negros.

Contudo, em todo o período imperial, não despontou uma diversidade de leis trabalhistas a ponto de poder se afirmar, objetivamente, que se construiu um ramo jurídico complexo e autônomo nessa fase histórica, direcionado a assegurar amplas

37. Obra seminal sobre esse importante movimento paredista consta em REIS, João José. *Ganhadores* – a greve negra de 1857 na Bahia. São Paulo: Companhia das Letras, 2019.

38. OLIVEIRA, Carlindo Rodrigues. *Greve e negociação coletiva no Brasil (1978-2018)*: grandes ciclos, configurações diversas. São Paulo: Dialética, 2022, p. 35-36. Igualmente HARDMAN, Foot; LEONARDI, Victor. *História da indústria e do trabalho no Brasil* (das origens aos anos 20). 2. ed. São Paulo: Ática, 1991, p. 102-103.

garantias e direitos à classe trabalhadora, seja negra, mesmo a liberta, seja branca. Igualmente também não ocorreu, nessa fase histórica, a criação de um amplo e diversificado movimento sindical, apto a gerar regras jurídicas por intermédio da negociação coletiva trabalhista.

Ora, torna-se desnecessário lembrar que a maioria da população brasileira trabalhadora estava submetida a um regime de poder rigoroso na época monárquica, quer em decorrência de ações e omissões do Estado, em diversas de suas facetas,[39] quer por meio do poder incontrastável que a ordem jurídica estatal e os costumes e preconceitos da época concediam à elite dominante. Nesse quadro, embora houvesse, obviamente, gradações distintas de exploração e violência sobre os trabalhadores – sendo sempre muito maior sobre as pessoas escravizadas –, a verdade é que os negros libertos recebiam também um tratamento hostil, o qual não era estranho até mesmo, em certos casos, relativamente aos trabalhadores brancos pobres envolvidos no processo produtivo. Os autores Marcelo Mac Cord e Robério S. Souza, por exemplo, afirmam, quanto a distintos exemplos pesquisados, a presença de um quadro de "precariedade da situação desses trabalhadores".[40] O brasilianista e Professor da Unicamp, Robert W. Slenes, também percebe um tratamento severo dos fazendeiros do interior da província de São Paulo com respeito aos seus respectivos

39. O autor Robert Slenes, referindo-se à "situação das pessoas livres sem recursos numa sociedade escravista", aponta que no Brasil do século XIX, "tais pessoas eram constantemente pressionadas a se enquadrar no mesmo campo privado de força e favor em que estavam os escravos" (SLENES, Robert W. Senhores e subalternos no Oeste Paulista. In: ALENCASTRO, Luiz Felipe de. *História da vida privada no Brasil*: Império – a corte e a modernidade nacional. São Paulo: Companhia das Letras, 2019, p. 214). Agrega o autor que, no Império, "os delegados de polícia tinham amplos poderes para vigiar e expulsar pessoas de seus distritos, e sobretudo para recrutá-las" (SLENES, R. W. Ob. cit., p. 214). Ou seja, as pessoas brancas pobres, bem como os negros libertos usualmente eram forçados, nesse período histórico, a "se agregar" ao domicílio de um homem poderoso" (SLENES, R. W. Ob. cit., p. 215).

40. MAC CORD, Marcelo; SOUZA, Robério S. Trabalhadores livres e escravos. In: SCHWARCZ, Lilia Moritz; GOMES, Flávio dos Santos. *Dicionário da escravidão e liberdade* – 50 textos críticos. 3. reimpr. São Paulo: Companhia das Letras, 2018, p. 415.

trabalhadores livres, mesmo imigrantes europeus, sob influência de sua entranhada cultura escravagista.[41]

A propósito, a escravidão por dívida surge, em princípio, no século XIX no Brasil, de modo a reter, mediante coação, a mão de obra nas fazendas brasileiras de determinadas regiões, inclusive algumas parcelas de imigrantes europeus. É bem verdade que, com relação à população negra liberta ou livre, o risco e a violência eram usualmente muito maiores, uma vez que tendiam a submetê-la, em alguns casos, a uma manifestamente ilegal situação de re-escravização.[42]

Essa situação agressiva, ao menos em certas regiões do país, com respeito aos imigrantes europeus (jamais em padrão e níveis equivalentes ou próximos aos impostos à população negra escravizada, enfatize-se), tenderia a minorar apenas nos anos finais do Império, quando o regime escravocrata caminhava para o seu término oficial e o processo imigratório europeu se avultava em direção ao Brasil.[43]

Os autores Marcelo Mac Cord e Robério S. Souza, por sua vez, demonstram, a partir de vários exemplos empresariais nessa fase, envolvendo pequenas fábricas, oficinas, canteiros de obras,

---

41. SLENES, Robert W. Senhores e subalternos no Oeste Paulista. In: ALENCASTRO, Luiz Felipe de. *História da vida privada no Brasil*: Império – a corte e a modernidade nacional. São Paulo: Companhia das Letras, 2019, p. 214-215. Robert Slenes menciona, inclusive, importante livro de outro brasilianista, Warrem Dean, sobre o município paulista de Rio Claro, em que era tendência dos fazendeiros "dar aos trabalhadores imigrantes o mesmo trato que concediam aos escravos" (SLENES, R. W. Ob. cit., p. 215). O livro mencionado pelo autor é o seguinte: DEAN, Warren. *Rio Claro*: um sistema brasileiro de grande lavoura, 1820-1920. São Paulo: Paz e Terra, 1997.
42. A prática da reescravização das pessoas negras livres ou libertas era comum na sociedade monárquica. A historiadora Hebe Mattos, por exemplo, em estudo sobre essa época, se refere, até os anos 1870, a uma "prática, até então contumaz, da reescravização" (MATTOS, Hebe. Laços de família e direitos no final da escravidão. In: ALENCASTRO, Luiz Felipe de. *História da vida privada no Brasil*: Império – a corte e a modernidade nacional. São Paulo: Companhia das Letras, 2019, p. 274).
43. SLENES, Robert W. Senhores e subalternos no Oeste Paulista. In: ALENCASTRO, Luiz Felipe de. *História da vida privada no Brasil*: Império – a corte e a modernidade nacional. São Paulo: Companhia das Letras, 2019, p. 214-218.

construção e funcionamento de ferrovias (embora a legislação imperial proibisse, segundo os autores, a utilização de trabalhadores escravizados no segmento ferroviário, tal proibição era manifestamente descumprida), não só a convivência dos vários tipos de trabalhadores em um mesmo empreendimento, como também um alto grau de exploração sobre tais obreiros. A regra era a presença de jornadas exaustivas e condições muito precárias de trabalho sobre as pessoas envolvidas.[44]

Se não bastasse, o sistema econômico vigorante no período imperial era muito ineficiente, travado, tendo atingido, em sete décadas de existência, por exemplo, modestos 4% (quatro por cento) de crescimento na renda *per capita* dos brasileiros, desde 1820 até 1890 (isto é, de US$ 670 até US$ 704 nesses 70 anos).[45]

V. REFLEXÕES ADICIONAIS SOBRE O PERÍODO MONÁRQUICO (1822-1889)

Algumas reflexões adicionais podem ser agregadas sobre o período monárquico, as quais irão contribuir para a melhor compreensão das especificidades da evolução histórica, econômica, social, institucional e jurídica brasileira, a par do mundo do trabalho vivenciado em nosso território, economia e sociedade.

Tome-se, por exemplo, o término oficial do regime escravagista no País, que foi demarcado pelo diploma legal de 13 de maio de 1888, conhecido como Lei Áurea. Na data dessa lei, o número de pessoas humanas libertadas atingiu 750 mil, cerca

44. MAC CORD, Marcelo; SOUZA, Robério S. Trabalhadores livres e escravos. In: SCHWARCZ, Lilia Moritz; GOMES, Flávio dos Santos. *Dicionário da escravidão e liberdade* – 50 textos críticos. 3. reimpr. São Paulo: Companhia das Letras, 2018, p. 410-415. Os autores, referindo-se à Fábrica de Ferro São João de Ipanema, "situada numa grande área de terras na região de Sorocaba, em São Paulo", apresentava "jornadas de doze horas diárias". Descrevendo o empreendimento, informam que lá, "indivíduos livres, escravizados e africanos livres extraíam madeira, produziam carvão, pastoreavam, forjavam e serviam em oficinas". Ob. cit., p. 413.

45. CALDEIRA, Jorge. *História da riqueza do Brasil*. Rio de Janeiro: Estação Brasil, 2017, p. 295.

de 5% do total da população do País, conforme se pode estimar pelo Censo de 1890[46]. Pontue-se, a partir dessa estatística nacional oficial, que cerca de 40% da população do País, em 1888, já era composta por pessoas negras livres, considerados os pretos e os pardos, na linguagem oficial do Censo – o que significaria em torno de 5.700 milhões de indivíduos.[47]

De todo modo, em 1888, data do término do processo legislativo de libertação, a população negra livre, incluindo pretos e pardos, já era muito superior ao segmento que foi efetivamente libertado em maio de 1988. Nessa época, essa população era também superior à população branca, mesmo considerando o avanço do processo de imigração europeia, que fora oficialmente incentivado a contar dos anos 1870. A essa dinâmica de diminuição paulatina do número efetivo de pessoas escravizadas no País nesse período final do Império, desde a Lei Euzébio de Queiroz (1850) e as leis subsequentes já referenciadas, devem-se somar as libertações alcançadas por mecanismos de compras ou concessões de alforrias ("manumissão"), que cresceram nas décadas subsequentes aos anos 1850, a par de diversas outras iniciativas libertadoras resultantes do fortalecimento do movimento abolicionista no País, capitaneado por importantes lideranças, como Luís Gama, Antonio Bento Castro, Quintano Lacerda, André Rebouças, José do Patrocínio, Castro Alves, Joaquim Nabuco, entre outras múltiplas pessoas e organizações da sociedade civil.[48]

---

46. CALDEIRA, Jorge. Ob. cit., p. 285.
47. Nesta linha, CALDEIRA, Jorge. Ob. cit., p. 290 e 285. Como dito, estão sendo utilizadas neste livro as expressões "população negra" ou "pessoas negras" como identificação geral desse segmento populacional "conforme o quesito cor ou raça" (inciso IV do art. 1º da Lei n. 12.228, de 2010), bem como as expressões "pretos" e "pardos" como as diferenciações internas específicas desse mesmo segmento populacional brasileiro e das Américas, em harmonia com o disposto no Estatuto da Igualdade Racial (Lei n. 12.288, de 20 de julho de 2010), em seu art. 1º, parágrafo único, IV. Eis o texto normativo: "IV – população negra: o conjunto de pessoas que se autodeclaram pretas e pardas, conforme o quesito cor ou raça usado pela Fundação Instituto Brasileiro de Geografia e Estatística (IBGE), ou que adotam autodefinição análoga".
48. GOMES, Laurentino. *Escravidão* – da independência do Brasil à Lei Áurea. Rio de Janeiro: Globo, 2022, p. 367-417. Embora o poeta Castro Alves tenha

Ao lado desses homens abolicionistas referidos, negros e brancos, indiquem-se algumas das relevantes mulheres, negras e brancas, que ostentaram importante papel nas lutas pela afirmação e emancipação da população negra brasileira, considerados os séculos XVI até XIX da história do País. Em rol meramente ilustrativo, mencionem-se Luiza Mahin (mãe de Luis Gama), Acotirene, Aqualtune, Maria Firmina dos Reis, Esperança Garcia, Maria Tomásia Figueira Lima, Eva Maria de Bonsucesso, Tereza de Benguela e Adelina Charuteira.[49]

De outro lado, a presença de uma população bastante significativa de trabalhadores livres, residentes majoritariamente no campo, mas também nas cidades, formada por negros e brancos,

---

falecido muito jovem, com 24 anos, em 1871, sua obra memorável foi muito importante para o movimento abolicionista no Segundo Império.

49. As referências às mulheres negras com papel importante na afirmação e libertação da população negra, em cada uma de suas distintas realidades históricas, podem ser aferidas em obras impressas diversas. Citem-se, ilustrativamente: LAURIANO, Jaime; SCHWARCZ, Lilia Moritz. *Enciclopédia negra*. São Paulo: Companhia das Letras, 2021; MATTOSO, Kátia M. de Queirós. *Ser escravo no Brasil* – séculos XVI-XIX. Petrópolis: Vozes, 2016; NASCIMENTO, Beatriz. *Uma história feita por mãos negras* – relações raciais, quilombos e movimentos. Organização de Alex Ratz. Rio de Janeiro: Zahar, 2021; SANTANA, Bianca (org.). *Vozes insurgentes de mulheres negras* – do século XVIII à primeira década do século XXI. Belo Horizonte: Mazza Ed./Fund. Rosa Luxemburgo, 2021; SCHAWARCZ, Lilia Moritz; GOMES, Flávio dos Santos. *Dicionário da escravidão e liberdade*. São Paulo: Companhia das Letras, 2021; SLENES, Robert W. *Na senzala, uma flor* – esperanças e recordações na formação da família escrava. 2. ed. Campinas: Unicamp, 2011. Tais referências podem ser extraídas também dos seguintes textos inseridos em sítios eletrônicos da internet: 01) 17 mulheres negras brasileiras que lutaram contra escravidão. In: https://catracalivre.com.br/cidadania/17-mulheres-negras-brasileiras-que-lutaram-contra-escravidao; 02) Confira a história de seis mulheres negras protagonistas da abolição da escravidão. In: https://br.noticias.yahoo.com/confira-a-historia-de-seis-mulheres-negras-protagonistas-da-abolicao-da-escravidao-080029450.html; 03) FREITAS, Camila. 5 mulheres negras que foram fundamentais para o fim da escravidão. In: https://www.uol.com.br/ecoa/amp-stories/5-muheres-negras-que-foram-fundamentais-para-a-libertacao-dos-escravos/; 04) PIRES, Camila. Construindo liberdade: lutas antiescravista e abolicionistas por mulheres negras no Brasil do século XIX. In: https://ojs.ufgd.edu.br/index.php/historiaemreflexao/article/view/12254; 05) O ativismo das mulheres negras escravizadas no Brasil colonial e pós-colonial. In: https://www.scielo.br/j/rbeur/a/fCbpyXCkGTFgKnjJgwnfwdN/.

com prevalência numérica do segmento de pessoas negras livres. No Censo de 1890, por exemplo, constam os seguintes relevantes dados: 44% de pessoas brancas, 32% de pessoas pardas e 14% de pessoas pretas. O universo de pessoas negras (pretas e pardas) atingia 6.578 milhões de pessoas, cerca de 46% do total da população. Havia também cerca de 1.280 milhão de pessoas indígenas, significando 9% da população do País.[50] Segundo Jorge Caldeira, a "composição multiétnica da sociedade guardava certa proporção com aquela de 1819", totalizando, em 1890, em torno 14,3 milhões de habitantes.[51]

Pontue-se aqui que, no Império, as leis de proibição do tráfego negreiro e de libertação paulatina das pessoas humanas escravizadas não foram seguidas por nenhuma política pública de inclusão socioeconômica, educacional, cultural, política e institucional da população negra no País, sejam pretos ou pardos. Ainda que se tratasse de uma política pública lenta, mas que fosse, ao menos, contínua e crescente na direção inclusiva multidimensional dos brasileiros negros (direção inclusiva educacional, laborativa, social, política, institucional etc.); nada disso, porém, foi realizado, evidenciando a falta de visão estratégica e de um mínimo de humanismo das elites dominantes do Brasil monárquico.

Em terceiro lugar, o crescimento do processo de imigração de origem europeia, formada, entre outros, por contingentes de portugueses, espanhóis, italianos e alemães. Esse crescimento imigratório data dos anos 1870, instigado inicialmente pela pressão dos produtores rurais de café, continuando intenso nas décadas iniciais do século XX. A partir da Proclamação da República, entretanto, o País passaria a receber imigrantes também de outras origens. Citem-se as pessoas de etnia árabe, oriundas da Síria, do Líbano, da Turquia, etc. Citem-se também as pessoas judias, embora em número menos significativo. Por fim, a imigração de

50. CALDEIRA, Jorge. Ob. cit., p. 290 e p. 285.

51. CALDEIRA, Jorge. Ob. cit., p. 292-293. Completa o autor a presença da peculiaridade, nesse País, de uma mesma "língua falada e entendida em todo o território por uma população fortemente analfabeta". Ob. cit., p. 292.

pessoas vindas do Japão se iniciaria em 1908 (navio *Kasato Maru*), atingindo altos índices na década de 1920 e 1930.[52]

O processo imigratório dessa fase (duas décadas finais do Império e as cinco décadas iniciais da República – de 1870 até 1940 –, até a interrupção provocada pela Segunda Grande Guerra) confirmaria uma presença múltipla de raças e etnias na formação do povo brasileiro, considerados os povos indígenas, a população negra (pretos e pardos) e a população branca – a que se acrescentariam as etnias provindas do Oriente Médio e do Japão. Entretanto, é preciso enfatizar que, desde o final do período monárquico até a presente data (2022), a população negra tem composto a maior parte dos trabalhadores livres do País, seguida pela população branca, de origem europeia; nesse quadro comparativo, a população de origem indígena, após séculos de morticínio em decorrência de guerras, expedições violentas e/ou doenças, perdeu densidade demográfica no conjunto da população do País. E os demais imigrantes citados (árabes, judeus e japoneses), embora muito importantes, não constituem ainda percentual elevado da população brasileira.[53]

Em quarto lugar, um processo incipiente de industrialização, iniciado nos anos finais da Monarquia e que iria se expandir nas primeiras décadas da fase republicana. Esse processo industrializante inicial espalhava-se por diversas regiões brasileiras, incluindo cidades do nordeste (citem-se, por exemplo, os estados de Pernambuco e da Bahia), do sudeste (Rio de Janeiro, Minas Gerais e São Paulo, em particular) e do sul do País (com destaque para

52. LESSER, Jeffrey. *A invenção da brasilidade* – identidade nacional, etnicidade e políticas de imigração. São Paulo: Unesp, 2015, p. 43-46, 99-106, 165-203, 205-235 e tabela da p. 242. Com a Segunda Grande Guerra, o fluxo imigratório seria praticamente interrompido, retornando logo após o armistício. Porém a imigração japonesa somente retomaria seu ritmo, segundo o autor, a contar de 1953. Esclareça-se que não é objetivo deste texto tratar do processo imigratório mais recente do Brasil.

53. LESSER, Jeffrey. Loc. cit. Igualmente, RIBEIRO, Darcy. *O povo brasileiro* – a formação e o sentido do Brasil. 3. ed./7. reimpr. São Paulo: Global, 2021. Não é objetivo deste livro pesquisar o processo imigratório estrangeiro mais recente ocorrido na realidade brasileira.

o Rio Grande do Sul, incentivado pelos recursos decorrentes da produção pecuária e de seus derivados, além dos recursos oriundos de parte da imigração europeia). Porém, será na Primeira República que esse processo irá ganhar mais densidade, diversidade e aceleração em distintas regiões do País, embora com maior força no estado de São Paulo. De maneira geral, contudo, tal processo foi estimulado pelos investimentos mais fartos propiciados pela economia agroexportadora de café, que se espalhava por diversos estados (antes de 1989, províncias), como Rio de Janeiro, Minas Gerais e São Paulo. Nesse fluxo histórico, despontará um inequívoco protagonismo industrial paulista, o qual terá continuidade mesmo nas duas fases republicanas subsequentes, de 1930 a 1945 e de 1945 a 1964.

Dê-se sequência a estas reflexões complementares, aduzindo (ou enfatizando) alguns nódulos institucionais bastante graves do período do Império. De um lado, a vinculação institucional do Estado com a Igreja, criando travas, monopólios, privilégios, discriminações oficializadas, atrasos culturais e institucionais lamentáveis na História do País. De outro lado, o rigorismo conservador, burocrático e normativo da ordem jurídica monárquica, que inviabilizava, ao lado de outros aspectos, qualquer significativo avanço na economia e na sociedade. Em terceiro lugar, o apreço inusitado das instituições dirigentes dessa época pela ignorância, o obscurantismo e a exclusão, marcas características dos períodos da Colônia e do Império, atestadas, entre inúmeros fatores, pelo fato de que nenhuma universidade ter sido criada no País desde 1500 até o início dos anos 1900, ao passo que os índices de alfabetização do povo brasileiro, detectados pelo Censo de 1890, atingiam somente cerca de 13% do total da população – ou seja, 400 anos de absolutos obscurantismo, ignorância e exclusão. Por fim, o grotesco Poder Moderador imperial, que gerava um senso de asfixia política e burocrática estatal em praticamente todos os aspectos e dimensões da sociedade e regiões brasileiras.

Completem-se, por fim, estas reflexões complementares com a percepção de que a longa manutenção de um entranhado e generalizado regime escravocrata na economia e na sociedade brasileiras, perpassando todos os segmentos da realidade do País

– regime que durou desde a primeira metade do século XVI até finais do século XIX, durando, portanto, cerca de 350 anos –, criou um racismo e uma sistemática de exclusões profundamente institucionalizadas, introjetadas na ordem jurídica, nas instituições públicas e privadas, na cultura supostamente mais sofisticada e também na cultura cotidiana das instituições, das empresas e das pessoas. Trata-se do racismo institucional e/ou do racismo estrutural, bem pesquisado e compreendido por importantes autores brasileiros.[54]

Esse racismo institucional e esse racismo estrutural, somados à reiterada falta de visão estratégica e de nação e País das elites brasileiras, mostram-se responsáveis, em seu conjunto, pela continuidade de grande parte do processo de exclusão multidimensional da população negra de brasileiras e brasileiros ao longo de toda a história do Brasil.

Isso não significa, porém, que o processo histórico não tenha criado janelas de oportunidades de superação de parte dessa tendência histórica perversa de exclusão. Tais janelas mais

---

54. Citem-se, por ordem alfabética, por exemplo, os seguintes autores e obras: ALMEIDA, Sílvio Luiz de. *Racismo estrutural*. São Paulo: Jandaíra, 2020; ALVES, Raissa Roussenq. *Entre o silêncio e a negação* – trabalho escravo contemporâneo sob a ótica da população negra. Belo Horizonte: Letramento, 2019; BERSANI, Humberto. *Racismo estrutural e direito à desestratificação* – um estudo a partir das relações de trabalho. Belo Horizonte: Casa do Direito, 2020; CARNEIRO, Sueli. *Escritos de uma vida*. São Paulo: Jandaíra, 2020; CARNEIRO, Sueli. *Racismo, sexismo e desigualdade no Brasil*. São Paulo: Selo Negro, 2021; CONFORTI, Luciana Paula. *Direito fundamental de não ser escravizado no Brasil*. Belo Horizonte: RTM, 2022; MATTOSO, Katia M. de Queirós. *Ser escravo no Brasil* – séculos XVI-XIX. Petrópolis: Vozes, 2016; MOREIRA, Adilson José. *Tratado de Direito antidiscriminatório*. São Paulo: Contracorrente, 2020; NASCIMENTO, Abdias. *O genocídio do negro brasileiro* – processo de um racismo mascarado. 3. ed. São Paulo: Perspectivas, 2016; RIBEIRO, Djamila. *Pequeno manual antirracista*. São Paulo: Companhia das Letras, 2019; SANTANA, Bianca (org.). *Vozes insurgentes de mulheres negras* – do século XVIII à primeira década do século XXI. Belo Horizonte: Mazza Ed./ Fund. Rosa Luxemburgo, 2021; SANTOS, Ynaê Lopes dos. *Racismo brasileiro* – uma história da formação do país. São Paulo: Todavia, 2022; SCHWARCZ, Lilia Moritz; GOMES, Flávio dos Santos. *Dicionário da escravidão e liberdade*. São Paulo: Companhia das Letras, 2021; TEIXEIRA, Juliana Cristina. *Trabalho doméstico*. São Paulo: Jandira, 2021.

favoráveis serão apontadas ao longo dos próximos capítulos do presente livro.

Porém, de todo modo, é necessário que fique bem claro que, somente a contar da Constituição de 1988, é que os temas do combate às diversas formas de discriminação, inclusive a racial, e da geração de políticas públicas inclusivas em favor das pessoas discriminadas, inclusive as integrantes da população negra brasileira, passaram a ganhar presença mais firme e coerente na ordem jurídica e nas políticas públicas do Brasil. É o que será estudado especialmente no penúltimo capítulo deste livro (Capítulo VI), que trata dos novos avanços no processo de desenvolvimento, democratização e inclusão do Direito do Trabalho no Brasil ao longo da IV Republica e da Constituição de 1988 (fase histórica de outubro de 1988 até maio de 2016).

CAPÍTULO IV

Trabalho livre e Direito do Trabalho no Brasil: uma análise do período da Primeira República (1889-1930)

I. INTRODUÇÃO

A Primeira República, que se estendeu de 1889 até 1930, configurou o primeiro período histórico de prazo relativamente largo em que não houve, oficialmente, regime escravocrata no País. Em tese, inaugura, portanto, a fase de prevalência do trabalho livre no sistema capitalista brasileiro. Também em tese essa nova fase deveria abrir espaço mais amplo para o advento de uma ordem jurídica mais inclusiva, de caráter social e trabalhista, estruturando um conjunto de direitos e garantias para a classe que vive do trabalho no País.

Não foi exatamente o que aconteceu no Brasil, embora importantes avanços tenham ocorrido nesse lapso histórico, ao menos em comparação com as duas fases anteriores, o período imperial e, antes dele, o período da colônia.

Para a melhor compreensão do período histórico da Primeira República, o qual conclui a fase de formação do Direito do Trabalho no País, este Capítulo IV perpassará, inicialmente, por alguns aspectos cruciais de nossa história, desde o século XVI.

Assim, de um lado, examinará as peculiaridades das Américas e, em particular, do Brasil com respeito à formação histórica do Direito do Trabalho.

De outro lado, registrará, uma vez mais, as especificidades da fase inicial desse campo jurídico no contexto da periodização histórica do Direito do Trabalho brasileiro.

Por fim, entrará no estudo específico do período da Primeira República, que se estende de 1889 até 1930.

Nesse estudo específico, tratará, em primeiro plano, do momento de transição entre a Monarquia e a República recém-inaugurada, com os pontos centrais a ele peculiares.

Em segundo plano, examinará os avanços e os problemas ocorridos nesse período republicano inaugural de quatro décadas, transcorrido entre a Proclamação da República e a Revolução de 1930.

Imediatamente após passará à análise dos elementos em destaque de um possível Direito do Trabalho surgido nos 41 anos da Primeira República.

Por fim, este Capítulo IV irá discorrer sobre algumas lições que a Primeira República pode ensejar ao analista criterioso no tocante ao estudo e à compreensão do Direito do Trabalho e suas vicissitudes.

II. PECULIARIDADES DAS AMÉRICAS E, EM PARTICULAR, DO BRASIL, COM RESPEITO À FORMAÇÃO HISTÓRICA DO DIREITO DO TRABALHO

Conforme já exposto no Capítulo I deste livro, a formação, consolidação e institucionalização do Direito do Trabalho na Europa Ocidental se fez em condições históricas e estruturais bastante distintas daquelas existentes em diversas regiões das três Américas.

Como ressaltado no Capítulo I, chama a atenção, entre outros diversos aspectos analisados, o fato de o regime escravizador de pessoas humanas ter perdido importância no ambiente interno dos principais países do ocidente europeu – com ênfase, por exemplo, em países como Inglaterra, França, Holanda (Países Baixos), a par de outros –, já há vários séculos antes do advento do sistema capitalista, da Revolução Industrial e, inclusive, da organização coletiva dos trabalhadores europeus assalariados e, mais à frente, do Direito do Trabalho.

Relações escravagistas no ambiente interno europeu ocidental, nessa época, eram efetivamente residuais, embora estivessem presentes como parte da estratégia de atuação externa dos países imperialistas da Europa Ocidental ao longo do mundo.

Mesmo as relações de servidão – regime de utilização do trabalho humano que passou a celeremente substituir, após a queda do Império Romano no ocidente no século V d.C., o regime escravagista antigo –, entraram em desagregação crescente a partir dos séculos XV e XVI em diversos países do ocidente europeu, por distintas razões e fatores.

Ora, essa peculiaridade que se apresentou na história de vários países ocidentais europeus que iriam vivenciar o novo sistema capitalista em ascensão, principalmente a contar dos séculos XVIII e XIX, foi decisiva para que se formasse rapidamente, em termos históricos, naqueles países, uma larga classe trabalhadora composta por pessoas efetivamente livres, embora subordinadas, e de maneira geral situadas em larga distância de despóticos regimes escravizadores de pessoas humanas.

Afinal, o regime escravizador de pessoas humanas supõe não apenas um Estado despótico para lhe conferir segurança, como também a transferência do despotismo inclusive para as elites privadas, criando, em consequência, uma estrutura de violência institucionalizada que irá permear todos os pilares da sociedade e das instituições estatais, inclusive com efeitos por longos períodos temporais.

O inverso dessa peculiaridade europeia ocidental ocorreu, entretanto, nas três Américas, a partir do século XVI, logo após a deflagração das grandes navegações e o início da ocupação do continente americano pelos países europeus imperialistas e/

ou colonizadores. Esses países, relativamente a grande parte do continente americano, decidiram instalar aqui regimes escravizadores de pessoas humanas como fórmula de estruturação de um sistema produtivo à base da grande propriedade rural direcionada ao cultivo de produtos agrícolas de interesse dos respectivos países colonizadores. Esses produtos seriam direcionados aos destinos escolhidos pelos países colonizadores e imperialistas, sendo transportados seja em sua matriz original, *in natura*, seja em alguma medida já beneficiados, tal como aconteceu com a cana-de-açúcar e os correspondentes engenhos aqui construídos, que produziam o açúcar mascavo ou outros derivados de interesse exportador.

No instante em que foram descobertos grandes veios de metais e pedras preciosas em várias regiões americanas, em grande parte delas – como aconteceu com o Brasil no século XVIII – também foram aqui instalados regimes escravagistas de pessoas humanas para a realização da coleta e beneficiamento dos produtos minerais pretendidos.

Com o passar dos séculos – relembre-se que os regimes escravizadores de pessoas humanas duraram vários séculos nas Américas –, tais regimes despóticos e ignóbeis se estenderam a todos os nichos da sociedade, independentemente de se tratar de grandes propriedades rurais ou áreas de extração mineral.

Ora, como o regime escravagista supõe a presença de organizações estatais despóticas na respectiva região e/ou Estado – ao menos no tocante ao grande universo de pessoas escravizadas –, despotismo que é também autorizado em favor das elites privadas com respeito à população submetida à escravatura, tais sistemas e culturas de poder extremamente verticalizados e desiguais passam a perpassar toda a sociedade, tornando muito mais difíceis e desafiantes a criação e o respeito a direitos e garantias sociais, particularmente aqueles vinculados ao conjunto da classe que vive do trabalho. Nesse tipo de sociedade e de contexto estrutural, o próprio trabalho, bem como a pessoa trabalhadora, ambos passam a ser vistos pelas elites com desprezo, desrespeito e menoscabo.

E é o que aconteceu – e, infelizmente, ainda acontece – na história e na realidade brasileiras. Iniciado o processo de extinção oficial da escravidão em 1851, com a Lei Euzébio de Queiroz, editando-se diplomas legais subsequentes até a Lei de 13 de maio de 1888, em nenhum momento do Estado brasileiro e de suas elites houve a preocupação em gerar uma política pública de inclusão educacional, institucional, profissional, social e econômica das pessoas libertadas ou descendentes de escravos. Essa grosseira omissão das políticas públicas dava a mostra da introjeção, nas elites do País, da discriminação, do preconceito e do espírito de exclusão social e racial com respeito à população negra, tudo evidenciando o quanto o regime e o espírito escravagistas passaram a dominar não apenas o presente como também o próprio futuro da nação.

A mesma omissão iria se repetir na Primeira República, embora ela não tivesse convivido nem um dia com o regime escravocrata, uma vez que este foi extinto oficialmente cerca de um ano antes da derrubada da Monarquia e respectiva proclamação da República. Embora a nova forma de governo fosse muito mais avançada do que a prevalecente no período imediatamente anterior, tendo realizado mudanças importantes nas políticas públicas do País, não tomou qualquer medida substantiva no sentido da inclusão multidimensional da população negra na realidade brasileira.

III. PERIODIZAÇÃO HISTÓRICA DO DIREITO DO TRABALHO BRASILEIRO – FASE DE FORMAÇÃO EM DESTAQUE

Conforme já exposto nos dois capítulos antecedentes – que trataram, pela ordem, do período colonial e do período monárquico –, a formação histórica do Direito do Trabalho no Brasil passa a enfocar o estudo, ainda que sintético, da fase de estruturação do sistema econômico e social que caracterizou o País em seus primeiros 430 anos de existência, a contar de 1500 d.C. até 1930.

Essa perspectiva mais ampla de análise irá permitir a compreensão das características centrais do sistema econômico e social escravizador das pessoas humanas trazidas aprisionadas da África e aqui inseridas no modelo escravocrata que iria perdurar até as proximidades do término do século XIX.

Esse modelo escravagista, com a violência e o despotismo que lhe era inerente, foi organizado desde o início do século XVI pelo colonizador de Portugal, seguindo padrão muito semelhante ao da Espanha e, em parte, ao da Inglaterra, França e Holanda, tendo sido organizado nas Américas desde a incorporação deste continente a esses sistemas colonizadores europeus.

As características violentas e excludentes desse modelo e sua perduração por quase quatro séculos no Brasil influenciou e comprometeu significativamente o processo de conquista da própria liberdade pela grande maioria dos trabalhadores no País – maioria formada por pessoas negras –, além de ter comprometido a elaboração e a concretização de um roteiro adequado e rápido para o necessário processo de inclusão socioeconômica, institucional, cultural e jurídica dessa população excluída e discriminada na realidade brasileira.

Embora os estudos feitos nos dois capítulos precedentes tenham comprovado que não houve, de fato, Direito do Trabalho nem na Colônia nem no Império, tais estudos se mostram fundamentais para se compreenderem as características perversas do sistema econômico, social, institucional, jurídico e cultural criado nesses quatro séculos iniciais da história brasileira. Eles se mostram fundamentais também para evidenciar as enormes dificuldades características do Brasil no que tange à estruturação de um campo social do Direito, direcionado a elevar as condições laborais e de vida da classe que realiza e vive do trabalho na sociedade capitalista.

Esses estudos igualmente se mostram muito importantes para comprovar o processo de lutas e resistências à escravização no País, além das resistências e lutas contra a opressão e a exploração das pessoas humanas na esfera do sistema econômico arquitetado em parte significativa das Américas e com forte presença na história brasileira.

Esses condicionantes históricos, de caráter manifestamente estrutural, iriam também influenciar nas dificuldades e nos impasses vivenciados na Primeira República no tocante à denominada questão social, uma vez que, mesmo ultrapassada a fase histórica da escravatura, o Estado nacional e suas elites não se tocaram quanto à criação de políticas públicas de inclusão social, econômica, profissional, educacional e trabalhista, seja no que tange aos trabalhadores de raça e etnia branca, seja no que diz respeito, e com muito maior gravidade, aos trabalhadores de etnia e raça negra.

Lamentavelmente, as cruéis marcas do passado continuariam a ter injustificável influência no presente e no futuro.

Daí que a fase de formação do Direito do Trabalho no Brasil exige a análise tanto do período colonial quanto do período monárquico e, ainda assim, do próprio período da Primeira República.

IV. FASE DE FORMAÇÃO DO DIREITO DO TRABALHO NO BRASIL: O PERÍODO DA PRIMEIRA REPÚBLICA (1889-1930)

Os três pontos de destaque dessa longa fase histórica de formação do Direito do Trabalho no Brasil são, como visto: o período colonial, que se estende por mais de três séculos, desde 1500 até 1822; o período monárquico, que avança por cerca de sete décadas, desde 1822 até 1889; finalmente, o período da Primeira República, que se estende por cerca de 41 anos, desde novembro de 1889 até outubro de 1930, data da conhecida Revolução de 30.

O período colonial, vivenciado entre 1500 e 1822, foi estudado no Capítulo II deste livro. Embora nele não exista, efetivamente, Direito do Trabalho no País, o fato é que a compreensão desse período é essencial para o entendimento mais amplo e profundo sobre o processo de formação desse campo jurídico social especializado no Brasil.

Já o período monárquico, vivenciado entre 1822 e 1889, foi objeto de análise no Capítulo III desta obra. Igualmente nesse período não existia, na realidade, Direito do Trabalho no País; entretanto, a compreensão do período monárquico é também essencial para o entendimento mais amplo e profundo sobre o processo de formação do Direito do Trabalho no Brasil.

Nesse contexto, resta examinar o período referente à Primeira República, transcorrido da data da proclamação republicana (15 de novembro de 1889) até a data da Revolução de 30 (outubro de 1930). É o que passará a ser feito desde agora.

1. Transição da Monarquia para a República

Nesse quadro, a proclamação da República, ocorrida em 15 de novembro de 1989, encontra uma sociedade ainda com os traços dominantes do período monárquico recém-terminado, embora com algumas diferenças de relevo, surgidas a partir dos anos 1870 e acentuadas desde então. Surgem também diferenças deflagradas mediante mudanças legais e institucionais feitas pelos novos governantes republicanos.

Consideradas as estruturas, as características e as dinâmicas provindas do período imperial, registre-se, de uma parte, o término oficial do regime escravagista, consumado com o diploma legal de 13 de maio de 1888. Na data desta lei, o número de pessoas humanas libertadas atingiu 750 mil, cerca de 5% do total da população do País, conforme se pode estimar pelo Censo de 1890[55]. Agregue-se, segundo essa estatística nacional, que cerca de 40% da população do País, em 1888, já era composta por pessoas negras livres, considerados os pretos e os pardos, na linguagem oficial do Censo – o que significaria em torno de 5.700 milhões de pessoas.[56]

De todo modo, em 1888, data do término do processo legislativo de libertação, a população negra livre, incluindo pretos e pardos, já era muito superior ao segmento que foi efetivamente libertado em maio de 1988. Nessa época, essa população era também superior à população branca, mesmo considerando o avanço do processo de imigração europeia, que fora oficialmente incentivado a contar dos anos 1870. A essa dinâmica de diminuição paulatina do número efetivo de escravos no País, nesse

55. CALDEIRA, Jorge. Ob. cit., p. 285.

56. CALDEIRA, Jorge. Ob. cit., p. 290 e 285.

período final do Império, desde a Lei Euzébio de Queiroz (1850) e as leis subsequentes já referenciadas, devem-se somar as libertações alcançadas por mecanismos de compras ou concessões de alforrias ("manumissão"), que cresceram nas décadas subsequentes aos anos 1850, as par de diversas outras iniciativas libertadoras resultantes do fortalecimento do movimento abolicionista no País, capitaneado por importantes lideranças, como Luís Gama, Antonio Bento Castro, André Rebouças, José do Patrocínio, Castro Alves, entre outras múltiplas pessoas e organizações da sociedade civil.[57]

Ao lado desses homens negros e brancos, apresentem-se também relevantes lideranças femininas, mulheres negras e brancas influentes no processo de afirmação e libertação da população negra no Brasil: Luiza Mahin, Maria Firmina dos Reis, Esperança Garcia, Maria Tomásia Figueira Lima, Adelina Charuteira, Nísia Floresta e Tereza de Benguela, entre outras mulheres.[58]

---

57. GOMES, Laurentino. *Escravidão* – da independência do Brasil à Lei Áurea. Rio de Janeiro: Globo, 2022, p. 367-417. Embora o poeta Castro Alves tenha falecido muito jovem, com 24 anos, em 1871, sua obra memorável foi muito importante para o movimento abolicionista no Segundo Império.

58. As referências às mulheres negras com papel importante na afirmação e libertação da população negra, em cada uma de suas distintas realidades históricas, pode ser aferida em obras impressas diversas. Citem-se, ilustrativamente: LAURIANO, Jaime; SCHWARCZ, Lilia Moritz. *Enciclopédia negra.* São Paulo: Companhia das Letras, 2021; MATTOSO, Kátia M. de Queirós. *Ser escravo no Brasil* – séculos XVI-XIX. Petrópolis: Vozes, 2016; NASCIMENTO, Beatriz. *Uma história feita por mãos negras* – relações raciais, quilombos e movimentos. Organização de Alex Ratz. Rio de Janeiro: Zahar, 2021; SANTANA, Bianca (org.). *Vozes insurgentes de mulheres negras* – do século XVIII à primeira década do século XXI. Belo Horizonte: Mazza Ed./Fund. Rosa Luxemburgo, 2021; SCHAWARCZ, Lilia Moritz; GOMES, Flávio dos Santos. *Dicionário da escravidão e liberdade.* São Paulo: Companhia das Letras, 2021; SLENES, Robert W. *Na senzala, uma flor* – esperanças e recordações na formação da família escrava. 2. ed. Campinas: Unicamp, 2011. Tais referências podem ser extraídas também dos seguintes textos inseridos em sítios eletrônicos da internet: 01) 17 mulheres negras brasileiras que lutaram contra escravidão. In: https://catracalivre.com.br/cidadania/17-mulheres-negras-brasileiras-que-lutaram-contra-escravidao; 02) Confira a história de seis mulheres negras protagonistas da abolição da escravidão. In: https://br.noticias.yahoo.com/confira-a-historia-de-seis-mulheres-negras-protagonistas-da-abolicao-da-escravidao-080029450.html; 03) FREITAS, Camila. 5 mulheres negras que foram fundamentais para o fim da escravidão. In: https://www.uol.com.br/ecoa/amp-stories/5-muheres-negras-que-foram-fundamentais-para-a-

De outra parte, a presença de uma população bastante significativa de trabalhadores livres, residentes no campo ou nas cidades, formada por negros e brancos, com prevalência numérica do segmento de pessoas negras livres. No Censo de 1890, por exemplo, constam os seguintes relevantes dados: do total da população, 44% eram pessoas brancas, 32% pessoas pardas e 14% pessoas pretas. O universo de pessoas negras (pretas e pardas) atingia 6.578 milhões de pessoas, cerca de 46% do total da população. Havia também cerca de 1.280 milhão de pessoas indígenas, significando 9% da população do País.[59] Segundo Jorge Caldeira, a "composição multiétnica da sociedade guardava certa proporção com aquela de 1819, totalizando, em 1890, 14,3 milhões de habitantes".[60]

Em terceiro lugar, o crescimento do processo de imigração de origem europeia, formada, entre outros, por contingentes de portugueses, espanhóis, italianos e alemães. Esse crescimento imigratório data dos anos 1870, instigado inicialmente pela pressão dos produtores rurais de café, continuando intenso nas três décadas iniciais do século XX. A partir da Proclamação da República, o País passaria a receber imigrantes de outras origens. Citem-se as pessoas de etnia árabe, oriundas da Síria, do Líbano, da Turquia, etc. Citem-se também as pessoas judias, embora em número menos significativo. Por fim, a imigração de pessoas vindas do Japão se iniciaria em 1908 (navio *Kasato Maru*), atingindo altos índices nas décadas de 1920 e 1930.[61]

-libertacao-dos-escravos/; 04) PIRES, Camila. Construindo liberdade: lutas antiescravista e abolicionistas por mulheres negras no Brasil do século XIX. In: https://ojs.ufgd.edu.br/index.php/historiaemreflexao/article/view/12254; 05) O ativismo das mulheres negras escravizadas no Brasil colonial e pós-colonial. In: https://www.scielo.br/j/rbeur/a/fCbpyXCkGTFgKnjJgwnfwdN/.

59. CALDEIRA, Jorge. Ob. cit., p. 290 e p. 285.

60. CALDEIRA, Jorge. Ob. cit., p. 292-293.

61. LESSER, Jeffrey. *A invenção da brasilidade* – identidade nacional, etnicidade e políticas de imigração. São Paulo: Unesp, 2015, p. 43-46, 99-106, 165-203, 205-235 e tabela da p. 242. Com a Segunda Grande Guerra, o fluxo imigratório seria praticamente interrompido, retornando logo após o armistício. Porém a imigração japonesa somente retomaria seu ritmo, segundo Jeffey Lesser, a contar de 1953. Esclareça-se, de toda maneira, que não é objetivo deste estudo tratar do processo imigratório mais recente do Brasil.

O processo imigratório dessa fase de aproximadamente 70 anos (três décadas finais do Império e as quatro décadas iniciais da República, até a interrupção decorrente da Segunda Grande Guerra) confirmaria uma presença múltipla de raças e etnias na formação do povo brasileiro, considerados os povos indígenas, a população negra (pretos e pardos) e a população branca – a que se acrescentariam as etnias provindas do Oriente Médio e do Japão. Entretanto, desde o final do período monárquico até a presente data (2022), a população negra tem composto a maior parte dos trabalhadores livres do País, seguida pela população branca; nesse quadro comparativo, a população de origem indígena, após séculos de morticínio em decorrência de guerras, expedições violentas e/ou doenças, perdeu densidade demográfica no conjunto da população do País. E os demais imigrantes citados (árabes, judeus e japoneses), embora muito importantes, não constituem ainda percentual elevado da população brasileira.[62]

Em quarto lugar, um processo incipiente de industrialização, iniciado nos anos finais da Monarquia e que iria se expandir nas primeiras décadas da fase republicana. Esse processo industrializante inicial espalhava-se por diversas regiões brasileiras, incluindo cidades do nordeste, do sudeste e do sul do País. Porém, na Primeira República iria ganhar mais densidade, diversidade e aceleração no estado de São Paulo, estimulado pelos investimentos mais fartos propiciados pela economia agroexportadora de café. Esse protagonismo industrial paulista continuaria mesmo nas duas fases republicanas subsequentes, de 1930 a 1945 e de 1945 a 1964.

2. Avanços e problemas no Período Republicano Inaugural

Consideradas as estruturas, as características e as dinâmicas deflagradas pelo novo governo republicano, a partir de 15 de novembro de 1889, há que se enfatizarem, porém, alguns importantes avanços.

62. LESSER, Jeffrey. Loc. cit. Igualmente, RIBEIRO, Darcy. *O povo brasileiro* – a formação e o sentido do Brasil. 3. ed./7. reimpr. São Paulo: Global, 2021.

De um lado, a separação do Estado em face da Igreja, extinguindo alguns monopólios que esta ostentava em todo o território nacional e que inviabilizavam a oxigenação da sociedade, da economia e da cultura brasileiras.

Em segundo lugar, a facilitação formal e burocrática para a criação de empresas no País, em contraponto com as severas restrições instituídas no período monárquico.

Em terceiro lugar, a extinção do Poder Moderador, permitindo menor asfixia da burocracia estatal central em todos os aspectos da sociedade e da federação brasileiras (sequer havia federação no período monárquico, esclareça-se).

Porém são inegáveis os pontos omissos ou negativos da nova estrutura governamental republicana. Citem-se os elevados índices de analfabetismo mesmo durante a Primeira República, ou seja, saindo de 17,4% de alfabetizados, pelo Censo de 1890[63], passando para 28,8% em 1920 e 39,8% em 1940 – o que permitiria estimar cerca de 33% em 1930.[64]

Aponte-se também, à semelhança do período imperial precedente, a ausência de políticas públicas específicas de inclusão socioeconômica, educacional, institucional e cultural da população negra, que já formava a maioria dos habitantes no País. Agregue-se, neste aspecto, que a determinação do Ministro Rui Barbosa, em 1890, no começo do novo governo republicano, no sentido de incinerar toda a documentação oficial relativa à escravidão no País dá a mostra do nível de desprezo quanto ao assunto pelas elites republicanas recém-alçadas ao poder.[65] Embora os pesquisadores tenham descoberto, posteriormente, outras importantes fontes documentais para informações e estudos sobre o longo período escravocrata no Brasil – tais como registros paroquiais, testamentos e inventários, cartas de alforrias, arquivos policiais,

63. CALDEIRA, Jorge. Ob. cit., p. 291.

64. CALDEIRA, Jorge. Ob. cit., p. 514.

65. GOMES, Laurentino. *Escravidão* – da independência do Brasil à Lei Áurea. Rio de Janeiro: Globo, 2022, p. 17 e 529. Desprezo também manifesto nas sete décadas do Império, lamentavelmente.

arquivos e processos judiciários, registros e recenseamentos oficiais, escritos, cartas e textos particulares, etc. –, o fato é que a simples determinação oficial federal da nova república já indicava o profundo desapreço que os novos governantes apresentavam diante do candente assunto.[66]

Nesse quadro de desinteresse oficial pelas políticas econômicas e sociais de inclusão social das populações anteriormente excluídas - neste caso, especialmente os negros e os demais pobres do País –, inclusive políticas educacionais, sociais e trabalhistas, os governos republicanos fizeram escolha similar à realizada pelo período imperial, isto é, deixar ao inteiro alvedrio dos fazendeiros nacionais o manejo da fórmula de contratação e gestão da força de trabalho no campo brasileiro, local onde residia mais de 60% da população pátria. Essa omissão estatal significaria permitir, implicitamente, a superexploração da força de trabalho atuante no campo, inclusive, se fosse o caso - dependendo da região e do gestor - a reiteração, em bases um pouco distintas, do próprio trabalho em modalidades análogas à da escravidão.

Some-se a esses pontos de destaque das novas políticas e orientações da nova fase republicana, a manutenção, em boa parte dos governos da República Velha, da política cambial irresponsável provinda do Império, construída em aberto favorecimento das elites oligárquicas e em desfavor do incentivo ao rápido desenvolvimento industrial da economia.

A Primeira República, logo após a sua instalação em 15 de novembro de 1889, promulga um novo documento constitucional, suplantando largamente aquele oriundo do período monárquico. A Constituição de 1891 era relativamente próxima ao documento constitucional norte-americano aprovado no final do século XVIII, inclusive se valendo de denominação similar, República dos Estados Unidos do Brasil.

66. A historiadora Kátia de Queirós Mattoso revela a relevância da descoberta desse novo veio de documentos sobre o período escravocrata no Brasil, independentemente da diretriz do Ministro das Finanças do primeiro governo republicano brasileiro. MATTOSO, Kátia de Q. *Ser escravo no Brasil – séculos XVI-XIX*. Petrópolis: Vozes, 2016, p. 12-13.

De matiz liberal tradicional, a Constituição de 1891 iria se mostrar de muito maior qualidade do que a Carta Constitucional de 1824. O simples fato de superar a Monarquia em favor da República já lhe garantiria alguns importantes avanços teóricos e práticos como, por exemplo, a extirpação do Poder Moderador (arts. 1º e 15, combinados); o reconhecimento da independência e do equilíbrio entre os poderes do Estado, a saber, o Legislativo, o Executivo e o Judiciário (art. 15); a eleição direta de todos os componentes do Congresso Nacional, tanto da Câmara dos Deputados, como do Senado, extirpando-se os mandatos vitalícios dos Senadores e a sua eleição indireta (art. 28, *caput*, e art. 30): a eleição direta do Chefe do Poder Executivo, quer o Presidente da República, quer o Vice-Presidente da República (art. 41, *caput* e § 1º; arts. 42, 43 e 47); o estabelecimento de uma federação no Brasil, ao invés de um Estado Unitário em país de dimensões continentais (arts. 1º e 2º); a transformação das antigas províncias em Estados, vinculados por "união perpétua e indissolúvel" (art. 1º).

Entretanto, os 41 primeiros anos da história republicana iriam demonstrar que a falta de efetividade de importantes regras constitucionais e legais continuaria a ser uma marca institucional brasileira, provinda das tradições do período imperial. É que as eleições gerais na Primeira República se tornariam famosas pela fraude eleitoral renitente, ajustando-se entre as elites nacionais, regionais e municipais os ocupantes do poder político nas diversas esferas, usualmente mediante o voto controlado pelas elites municipais em harmonia com o uso frequente da manipulação das atas eleitorais – mecanismos largamente comprovados por estudiosos desse período histórico.[67]

67. Entre diversos estudos, cite-se, por exemplo, a seguinte e destacada obra: LEAL, Victor Nunes. *Coronelismo, enxada e voto* – o município e o regime representativo no Brasil. 7. ed./7. reimpr. São Paulo: Companhia das Letras, 2012 (a 1ª edição original da obra é de 1948). Em outro livro, o escritor Fernando de Morais, ao lavrar a biografia do empresário e jornalista Assis Chateaubriand, narra que o líder brasileiro Epitácio Pessoa foi ungido candidato à Presidência da República quando estava em Paris, na delegação brasileira participante do Tratado de Versalhes, sendo dispensado por seus pares de voltar ao Brasil para participar da campanha eleitoral; mesmo assim, teve vitória tranquila

O mesmo aconteceria com os preceitos constitucionais que asseguravam a liberdade de reunião e de associação (art. 72, § 8º) e a liberdade "de manifestação do pensamento pela imprensa ou pela tribuna" (art. 72, § 12). Embora as normas assegurassem, por decorrência, também a liberdade sindical, em sua amplitude – a qual chegou a ser reconhecida, inclusive, na Primeira República, por decisão do Supremo Tribunal Federal –, o fato é que as atividades sindicais e grevistas sempre foram largamente reprimidas durante essa fase política da história brasileira.[68]

De todo modo, no plano previdenciário e trabalhista, a Constituição de 1891 não incorporava dispositivos específicos sobre esses campos jurídicos, mantendo-se firme dentro de uma tradição liberal conservadora nesse campo temático. Aliás, a competência privativa para "legislar sobre o trabalho" somente seria reconhecida à União pela Emenda Constitucional de 1926, quase no encerrar dessa fase histórica republicana (novo inciso 28 do art. 34).

3. A estruturação do Direito do Trabalho: elementos em destaque

Considerados os avanços e os problemas detectados nas quatro décadas da Primeira República (1889-1930), o fato é que nesse período histórico passam a se destacar diversos elementos indicativos de que se inicia a estruturação, no País, de um ramo jurídico específico voltado ao mundo do trabalho, qualificado pelo objetivo de arquitetar uma proteção diferenciada em favor das pessoas humanas trabalhadoras integrantes do universo laboral.

---

no pleito nacional. Conforme MORAIS, Fernando de. *Chatô – o rei do Brasil*. 3. ed./13. reimpr. São Paulo: Companhia das Letras, 2006, p. 102-105.

68. Essa contradição entre o discurso liberal e a prática repressiva contra os movimentos sociais, especialmente os trabalhistas, é bem apontada por estudiosos da Primeira República. Nessa linha, por exemplo, SIQUEIRA, Gustavo Silveira; AZEVEDO, Fatima Gabriela Soares de. Estado de direito no Brasil: um debate sobre a Primeira República e o direito de greve. In: SCALQUETTE, Ana Cláudia Silva; SIQUEIRA NETO, José Francisco (coord.). *60 desafios do Direito – política, democracia e direito*. São Paulo: Atlas, 2013. vol. 3, p. 168-178.

Esse campo jurídico novo não se completa, nem se institucionaliza, nesses tempos de Primeira República, porém em seus 41 anos de existência despontam, realmente, óbvias *manifestações incipientes ou esparsas* de regras, institutos e, até mesmo, princípios justrabalhistas. Há um processo nítido de emergência e, até mesmo, certo amadurecimento da questão trabalhista na sociedade.

Diversos fatores têm de ser considerados nesse contexto. De um lado, a pujança do setor agroexportador de café, em distintas regiões do País (especialmente São Paulo, Minas Gerais, Rio de Janeiro e Paraná), apto a gerar novos investimentos empresariais em distintas regiões brasileiras, inclusive no âmbito da indústria e das cidades. De outro lado, o crescimento significativo das regiões urbanas, em diversas partes do Brasil, alargando e generalizando a classe trabalhadora urbana. Nessa linha, a continuidade da imigração europeia, trazendo ideias novas sobre organização operária, sindicalismo, anarquismo, estratégias de atuação dos trabalhadores, etc. – ideias já bem sedimentadas no ocidente europeu.[69] Também nesse quadro, os impactos políticos e culturais tanto do novo Constitucionalismo Social despontado em 1917, no México, e em 1919, na Alemanha, como também da criação da Organização Internacional do Trabalho pelo Tratado de Versalhes, em 1919. Some-se a tudo isso, o profundo impacto em todo o ocidente capitalista trazido pela revolução soviética, ocorrida em 1917. Agregue-se, ademais, internamente, a sinalização gerada para as elites conservadoras pela criação do Partido Comunista Brasileiro no ano de 1922. Mencionem-se ainda diversos movimentos trabalhistas que surgem nessa fase, como a primeira greve geral trabalhista do País, ocorrida no Rio de Janeiro, em 1903, também a grande greve paulista de 1907, bem assim a conjuntura grevista de 1917 a 1920, sem contar outros movimentos surgidos na mesma direção trabalhista. Ora, somados todos esses fatores, eles irão

69. Diz o autor Jeffrey Lesser: "... estudo realizado em São Paulo e no Rio de Janeiro mostrou que, entre 1890 e 1920, mais de 65% dos líderes trabalhistas eram nascidos na Europa, sendo a maioria deles, como não seria de surpreender, de ascendência italiana, espanhola e portuguesa". Ob. cit., p. 120-121.

estimular o debate reformista no âmbito de uma sociedade e de uma economia ainda profundamente insensíveis e excludentes[70].

A propósito, eis alguns exemplos de nichos econômicos e sociais em que, nessa época, as relações empregatícias se tornam mais generalizadas e intensas, ao mesmo tempo em que o movimento trabalhista igualmente se torna mais dinâmico e estruturado: portos marítimos brasileiros; o setor de ferrovias, em processo de plena expansão; o setor bancário; o setor industrial nascente e em crescimento; outros setores citadinos de prestação de serviços (atividades varejistas e atacadistas; atividades gráficas e de comunicação; serviços de educação e de saúde; atividades de alfaiataria, sapataria e congêneres; etc.)[71].

---

70. A referência à greve geral de 1903, no Rio de Janeiro, que durou cerca de 26 dias, está lançada pela historiadora Marcela Goldmacher. Segundo a autora, o movimento foi iniciado em fábricas de tecelagem, com a subsequente adesão de outras categorias obreiras na então capital da República (chapeleiros, sapateiros, alfaiates, marceneiros, trabalhadores de pedreiras, de fábrica de velas, etc.). GOLDMACHER, Marcela. As associações operárias e a "greve geral" de 1903. *In* GOLDMACHER, Marcela; MATTOS, Marcelo Badaró; TERRA, Paulo Cruz. *Faces do Trabalho*: escravizados e livres. Niterói: EdUFF, 2010, p. 143-165. Já a grande greve paulista de 1907, abrangendo as cidades de São Paulo, Santos, Ribeirão Preto e Campinas, bem como a ativa conjuntura grevista dos anos de 1917 a 1920, ambas estão referenciadas pelo historiador FAUSTO, Boris. *Trabalho Urbano e Conflito Social* (1890-1920). São Paulo: Difel, 1976, p. 146-150 e 157-217.

71. No setor de serviços, o segmento portuário – obviamente excluída a cidade mediterrânea de São Paulo – tradicionalmente também sempre teve importância na organização do movimento operário. A esse respeito ilustrativamente expõe o historiador Bóris Fausto: "As docas de Santos reuniram o primeiro grupo importante de trabalhadores em todo o Estado, cujas lutas se iniciaram em fins do século e permaneceram constantes no correr dos anos" (FAUSTO, Bóris. *Trabalho urbano e conflito social (1890-1920)*. São Paulo: Difel, 1976, p. 13). O mesmo autor comenta: "O setor serviços (ferrovias e portos) é estrategicamente o mais relevante, dele dependendo o funcionamento básico da economia agroexportadora, assim como o que representa o maior grau de concentração de trabalhadores" (ob. cit., p. 122). Em sua clássica obra, por sua vez, Foot Hardman e Victor Leonardi apresentam uma visão mais nacional (ao invés de apenas estadual) dos avanços industriais (e suas limitações) em diversas regiões brasileiras (HARDMAN, Foot; LEONARDI, Victor. *História da indústria e do trabalho no Brasil (das origens aos anos 20)*. 2. ed. São Paulo: Ática, 1991, p. 121-168). Na obra de GOLDMACHER, Marcela; MATTOS, Marcelo Badaró; TERRA, Paulo Cruz. *Faces do Trabalho:* escravizados

É característica desse período, contudo, a presença de um movimento operário ainda sem profunda e constante capacidade de organização e pressão, quer pela incipiência de seu surgimento e dimensão no quadro econômico-social da época, quer pela forte influência anarquista hegemônica no segmento mais mobilizado de suas lideranças próprias. Não se pode minimizar também a virulência generalizada do aparelho repressivo do Estado contrariamente a quaisquer movimentos sociais reivindicatórios oriundos das classes populares. Nesse contexto, as manifestações autonomistas e de negociação coletiva privada vivenciadas no novo plano da economia e da sociedade não têm ainda a suficiente consistência para estruturarem um conjunto diversificado e duradouro de práticas e resultados normativos, oscilando em ciclos esparsos de avanços e refluxos[72].

Paralelamente a essa incipiência na atuação coletiva dos trabalhadores, também ainda não se percebe uma dinâmica legislativa intensa e contínua por parte do Estado em face da chamada *questão social*. É que preponderava no Estado brasileiro uma concepção liberal não intervencionista clássica, inibidora da atuação normativa heterônoma no mercado de trabalho. A esse liberalismo tosco se associa um férreo pacto de descentralização política regional – típico da Primeira República –, que mais ainda iria restringir a possibilidade de surgimento de uma legislação heterônoma federal trabalhista significativa[73].

---

e livres. Niterói: EdUFF, 2010, há diversos estudos sobre o movimento sindical em regiões distintas, especialmente no Rio de Janeiro.

72. Conforme exposto, os pesquisadores dessa época apontam, por exemplo, a greve pelas oito horas de trabalho, abrangendo São Paulo, Santos, Ribeirão Preto e Campinas, em 1907, e a conjuntura de intensos movimentos trabalhistas passada de 1917 a 1920 como alguns dos pontos mais significativos da atuação coletiva obreira nessa fase inicial do Direito do Trabalho. A respeito, ver FAUSTO, Bóris. Ob. cit., p. 146-150 e 157-217.

73. Apenas com a reforma constitucional de 1926 é que passaria à União a competência privativa para legislar sobre Direito do Trabalho (novo inciso 28 do art. 34 da Constituição de 1891). Sobre esse pacto oligárquico antissocial, consultar, por exemplo: LEAL, Victor Nunes. *Coronelismo, enxada e voto* – o município e o regime representativo no Brasil. 7. ed. São Paulo: Companhia das Letras, 2012 (edição original: 1948).

Some-se a tudo uma concepção antidemocrática, fortemente repressiva, com que os poderes estaduais e o federal encaravam os movimentos sociais, não tendo qualquer contemplação equidistante com respeito às atuações sindicais e grevistas organizadas pelos trabalhadores em todas as décadas da Primeira República.

Nesse quadro, o período se destaca pelo surgimento ainda assistemático e disperso de alguns diplomas ou normas justrabalhistas, associados a outros diplomas que tocam tangencialmente na chamada *questão social*. Ilustrativamente, pode-se citar a seguinte legislação: Decreto n. 439, de 31 de maio de 1890, estabelecendo as "bases para organização da assistência à infância desvalida"; Decreto n. 843, de 11 de outubro de 1890, concedendo vantagens ao "Banco dos Operários"; Decreto n. 1.313, de 17 de janeiro de 1891, regulamentando o trabalho do menor[74]. Nesse primeiro conjunto destaca-se, ainda, o Decreto n. 1.162, de 12 de dezembro de 1890, que derrogou a tipificação da greve como ilícito penal, mantendo como crime apenas os atos de violência praticados no desenrolar do movimento[75]. Luiz Werneck Vianna aponta ainda como determinações legais desse período a concessão de férias de 15 dias aos ferroviários da Estrada de Ferro Central do Brasil, acrescida, em seguida, de aposentadoria (Decreto n. 221, de 26 de fevereiro de 1890), que logo se estenderá a todos os ferroviários (Decreto n. 565, de 12 de julho de 1890)[76].

Já transposto o século XIX, surge o Decreto Legislativo n. 1.150, de 5 de janeiro de 1904, concedendo facilidades para o

---

74. A respeito desses três diplomas federais, ver VIANNA, Luiz Werneck. *Liberalismo e sindicato no Brasil*. Rio de Janeiro: Paz e Terra, 1989, p. 45 (a primeira edição desta importante obra é de 1976). Werneck Vianna aponta que o decreto concernente aos menores, embora publicado no *Diário Oficial*, jamais entrou em vigor. Por outro lado, o Decreto n. 1.162, de 1890, que derrogou a tipificação da greve, em si, como ilícito penal é também analisado por SIQUEIRA, Gustavo Silveira; AZEVEDO, Fatima Gabriela Soares de. Estado de Direito no Brasil: um debate sobre a Primeira República e o direito de greve. In: SCALQUETTE, Ana Cláudia Silva; SIQUEIRA NETO, José Francisco (coord.). *60 desafios do Direito* – política, democracia e direito. São Paulo: Atlas, 2013. vol. 3, p. 168-178.

75. VIANNA, Luiz Werneck. Ob. cit., p. 46.

76. Conforme VIANNA, Luiz Werneck. Ob. cit., p. 46.

pagamento de dívidas de trabalhadores rurais, benefício posteriormente estendido aos trabalhadores urbanos (Decreto Legislativo n. 1.607, de 29 de dezembro de 1906). O Decreto Legislativo n. 1.637, de 5 de janeiro de 1907, por sua vez, facultava a criação de sindicatos profissionais e sociedades cooperativas[77]. Em 1919, surge a legislação acidentária do trabalho (Lei n. 3.724, de 15 de janeiro de 1919), acolhendo o princípio do risco profissional, embora com inúmeras limitações[78]. Em 1923, surge a Lei Elói Chaves (n. 4.682, de 24 de janeiro de 1923), instituindo a Caixa de Aposentadorias e Pensões para os ferroviários. Tais benefícios foram estendidos, posteriormente, aos trabalhadores vinculados às empresas portuárias e marítimas pela Lei n. 5.109, de 20 de dezembro de 1926[79].

Ainda em 1923, institui-se o Conselho Nacional do Trabalho (Decreto n. 16.027, de 30 de abril de 1923), órgão administrativo consultivo federal que se aponta como embrião remoto de um futuro Tribunal Superior do Trabalho - embora o CNT, repita-se, fosse um órgão meramente consultivo. Em 26 de setembro de 1924, edita-se o Decreto n. 4.859, declarando feriado nacional o dia 1º de maio - medida simbólica relevante. Em 1925, concedem-se férias (15 dias anuais) aos empregados de estabelecimentos comerciais, industriais e bancários (Lei n. 4.982, de 24 de dezembro de 1925). Em 12 de outubro de 1927, é promulgado o Código de Menores (Decreto n. 17.934-A), estabelecendo a idade mínima de 12 anos para o trabalho, a proibição do trabalho noturno e em minas aos menores, além de outros preceitos. Em 1928, o trabalho dos artistas é objeto de regulamentação (Decreto n. 5.492, de 16 de julho de 1928). Finalmente, em 1929, altera-se a Lei de Falências, conferindo-se estatuto de privilegiados aos créditos de

---

77. FAUSTO, Bóris. *Trabalho urbano e conflito social (1890-1920)*. São Paulo: Difel, 1976, p. 223-224.
78. FAUSTO, Bóris. Ob. cit., p. 233.
79. MORAES FILHO, Evaristo de. *Tratado elementar de Direito do Trabalho*. Rio de Janeiro: Freitas Bastos, 1960. vol. I, p. 313.

"prepostos, empregados e operários" (Decreto n. 5.746, de 9 de dezembro de 1929)[80].

Há ainda uma significativa legislação estadual de São Paulo sobre a área justrabalhista. Em 27 de dezembro de 1911, promulga-se a Lei n. 1.299-A, instituidora do "patronato agrícola, com a incumbência específica de resolver, por meios suasórios, quaisquer dúvidas surgidas entre os operários agrícolas e seus patronos"[81]. Em 14 de novembro de 1911, pelo Decreto n. 2.141, tratando do Regulamento do Serviço Sanitário do Estado, lançaram-se "dispositivos sobre condições de higiene nas fábricas, proibindo-se também a atividade dos menores de 10 anos e o serviço noturno dos menores de 18; no mesmo ano, criou-se o Departamento Estadual do Trabalho (Decreto n. 2.071, de 05.07.1911), encarregado do estudo, informação e publicação das condições de trabalho no Estado"[82]. Em 10 de outubro de 1922, finalmente, a Lei n. 1.869 criou os tribunais rurais naquele Estado[83].

É muito importante aquilatar que essa legislação trabalhista e acidentária inicial, embora ainda um tanto assistemática, já traduz, é claro, uma mudança de padrão com respeito ao conjunto jurídico característico do período imperial imediatamente anterior (1822-1889). Nessa medida, houve uma importante evolução entre um período e outro. Porém isso não permite concluir que já exista um Direito do Trabalho no País plenamente estruturado, enquanto complexo de princípios, regras e institutos jurídicos voltados a elevar as condições de contratação e gestão da força de trabalho no sistema econômico e social, mediante a criação de normas e instituições favoráveis aos trabalhadores.

80. A respeito, ver MAGANO, Octavio Bueno. *Manual de Direito do Trabalho (Parte Geral)*. 4. ed. São Paulo: LTr, 1991, p. 40-42. Também MORAES FILHO, Evaristo de. Ob. cit., p. 314.
81. MAGANO, O. B. Ob. cit., p. 36-39.
82. FAUSTO, Bóris. Ob. cit., p. 224.
83. MAGANO, O. B. Ob. cit., p. 41.

V. ALGUMAS LIÇÕES ADICIONAIS, A PARTIR DA PRIMEIRA REPÚBLICA, RELATIVAMENTE AO DIREITO DO TRABALHO (1889-1930)

Algumas lições adicionais podem ser inferidas dessas quatro décadas de período republicano inicial vivenciado, estendendo-se desde 1889 até 1930, no tocante à questão trabalhista ou, de maneira mais ampla, à denominada questão social.

A primeira lição diz respeito ao chamado *liberalismo*, na qualidade de alegada filosofia inspiradora da construção e regência da sociedade política e da sociedade civil brasileiras nessa época, com foco particularmente em suas relações com a questão social ou trabalhista.

Ora, desde a Proclamação da República, a incorporação das ideias liberais originárias, provindas do paradigma do Estado Liberal de Direito surgido na Inglaterra na segunda metade do século XVII e nos EUA e França na segunda metade do século XVIII, foi brandida pela nova forma de governo no Brasil. Várias dessas ideias realmente se apresentaram na Constituição de 1891, conforme já demonstrado no item IV.2 deste Capítulo IV.

O que importa nesta análise, contudo, é enfatizar a questão social e trabalhista, com a postura da Primeira República e seu liberalismo perante ela. E, nessa perspectiva, conforme já apontado neste texto, não se nega que os preceitos constitucionais de 1891 que asseguravam a liberdade de reunião e de associação (art. 72, § 8º) e a liberdade "de manifestação do pensamento pela imprensa ou pela tribuna" (art. 72, § 12) pudessem ser lidos como assecuratórios também da liberdade sindical (leitura que chegou a ser feita na época, em processo judicial sob julgamento, pelo Supremo Tribunal Federal). Porém a verdade é que as atividades sindicais e grevistas sempre foram largamente reprimidas durante esses 41 anos iniciais da fase republicana da história brasileira.[84]

84. É o que comprovam estudos realizados sobre o referido período histórico, de 1889 a 1930. Os autores Gustavo Siqueira e Fátima Azevedo, por exemplo, evidenciam essa contradição entre o discurso filosófico e jurídico liberal e a intensa prática repressiva contra os movimentos sociais, especialmente os

Some-se a isso a circunstância, inerente ao liberalismo originário, de a Constituição de 1891 não ter incorporado dispositivos específicos sobre os campos jurídicos trabalhistas e previdenciários, mantendo-se firme dentro de uma tradição liberal conservadora nesse aspecto temático. Conforme esclarecido, afinal, a competência privativa para "legislar sobre o trabalho" somente seria reconhecida à União pela Emenda Constitucional de 1926, quase no encerrar dessa fase histórica republicana inicial (novo inciso 28 do art. 34 da CF/1891).

Outro aspecto a confirmar essa grosseira omissão estatal, inerente à tradicional insensibilidade liberalista – ambas presentes em todos os governos da Primeira República –, está no fato de o Brasil, nos 11 anos de existência da OIT, entre 1919 e outubro de 1930, não ter ratificado nenhuma convenção internacional da nova entidade multilateral, embora o País tenha participado da Conferência de Versalhes, de 1919, na qual foi instituída a Organização Internacional do Trabalho (sem contar que o presidente da delegação brasileira era o ex-Ministro do STF, Epitácio Pessoa, que se tornou Presidente da República para o mandato entre julho de 1919 e novembro de 1922 – tendo, portanto, toda a ciência sobre a importância pioneira da OIT). Esclareça-se que, entre 1919 e 1930, foram aprovadas cerca de 30 convenções internacionais pela jovem Organização Internacional do Trabalho, sem que nenhuma delas fosse objeto de ratificação pelo Brasil.

Claro, pode-se argumentar que a Primeira República se tratou da experiência liberalista inicial na história brasileira, o que seria bastante para justificar erros, distorções e omissões no que concerne à questão social.

Entretanto, a verdade é que essa primeira experiência de influência liberalista mostrou-se, sob qualquer enfoque, fortemente antissocial – aspecto que iria marcar todas as demais fases

---

trabalhistas. A saber, SIQUEIRA, Gustavo Silveira; AZEVEDO, Fatima Gabriela Soares de. Estado de Direito no Brasil: um debate sobre a Primeira República e o direito de greve. In: SCALQUETTE, Ana Cláudia Silva; SIQUEIRA NETO, José Francisco (coord.). *60 desafios do Direito* – política, democracia e direito. São Paulo: Atlas, 2013. vol. 3, p. 168-178.

de dominância da ideologia liberalista, mesmo quando, tempos depois, se transformaria no neoliberalismo ou ultraliberalismo contemporâneo. Infelizmente, no Brasil, o liberalismo construiu e preservou um forte viés antissocial, demonstrando enorme resistência às ideias sociais.

A segunda lição concerne à omissão manifesta no que tange à inclusão econômica, social, educacional, jurídica, institucional e cultural dos largos segmentos da população negra no sistema socioeconômico e institucional do País. Também a Primeira República, bem como todo o período imperial, foram incapazes de estruturar políticas públicas multidimensionais de inclusão das pessoas pretas e pardas, bem como das pessoas pobres em geral, sejam trabalhadores e trabalhadoras ou integrantes de outros segmentos sociais. A marca da exclusão - embora em menor grau do que no período monárquico - também mancharia o lapso histórico de quatro décadas da Primeira República.

A terceira lição diz respeito à também manifesta omissão no tocante ao trabalho das mulheres, que não mereceu qualquer política pública de inclusão e proteção específicas nessa fase inicial republicana.

A quarta lição diz respeito à sedimentação de uma prática institucional provinda também do período monárquico, ou seja, a tendência de as políticas e atuação estatais se omitirem no tocante à concretização de regras constitucionais e legais relevantes para o desenvolvimento social, econômico, institucional, jurídico e cultural do País. Lamentavelmente, o olhar de paisagem institucional, oriundo do período monárquico, ganhou novos exemplos nas quatro décadas de existência da Primeira República no Brasil.

CAPÍTULO V

A fase de institucionalização do Direito do Trabalho no Brasil: da Segunda República (1930-1945) até meados dos anos 1980

I. INTRODUÇÃO

Passada a primeira e bastante longa fase de formação do Direito do Trabalho, caracterizada por dois períodos de profunda espoliação e violência contra os trabalhadores escravizados, a par de profunda e generalizada ausência de proteção normativa e institucional quanto aos trabalhadores livres – períodos caracterizados tanto pela época colonial, de 1500 até 1822, quanto pela época monárquica, de 1822 até 1889 –, ingressou-se na segunda fase de formação do Direito do Trabalho, típica da Primeira República, ocorrida entre 1889 até 1930.

Nessa segunda fase de formação do Direito do Trabalho, no interior da Primeira República, surgem, evidentemente, manifestações incipientes e esparsas do novo campo jurídico trabalhista, tanto na esfera da organização e da atuação coletivas dos trabalhadores, como na esfera da criação de diplomas jurídicos trabalhistas, porém ainda com normas claramente dispersas de Direito do Trabalho. Portanto, mesmo nesta última época da formação do Direito do Trabalho, nas quatro décadas iniciais da

República no Brasil, embora tenham ocorrido avanços em comparação com as épocas imediatamente precedentes – a Monarquia e a Colônia –, o fato é que, do ponto de vista objetivo, não se pode falar ainda na consolidação e institucionalização do Direito do Trabalho. É que não se formou ainda, nesse período histórico de quatro décadas, um ramo jurídico complexo e diversificado dirigido a regular as relações de trabalho, principalmente a relação de emprego, criando direitos, garantias e proteções especiais em favor da classe trabalhadora, seja no que tange à regência dos contratos de trabalho, seja no que toca à garantia de estruturação das entidades coletivas representativas dos trabalhadores, como também nos diversos mecanismos concernentes à sua atuação no mundo laborativo.

A fase de institucionalização do Direito do Trabalho somente acontece a partir da Revolução de 1930 e do governo que ali se instala na República, pois somente a partir de então é que surge um campo jurídico amplo e complexo, formado por princípios, institutos e regras de natureza trabalhista, criando, efetivamente, uma proteção jurídica especial em favor da classe que vive do trabalho – embora esta proteção, conforme se sabe e já informado neste livro, tenha sido muito menor do que deveria (e poderia) ser. Reconhece-se, sim, nesta obra, que muitos trabalhadores e trabalhadoras ficaram de fora dessa proteção, porém ela, pelo menos, começou a existir de maneira estruturada e sistêmica no País, tendendo, logo a seguir, nas épocas subsequentes – ainda que em ritmo lento – a se ampliar na ordem jurídica e na realidade brasileiras.

Daí que se firma, a partir de 1930, a fase de institucionalização do Direito do Trabalho no País. Acrescente-se, a propósito: institucionalização não apenas do Direito do Trabalho, mas também do Direito Processual do Trabalho, a par de diversas instituições estatais que sequer existiam na fase anterior – como a Justiça do Trabalho, o Ministério do Trabalho e a Auditoria Fiscal Trabalhista (algumas destas instituições ainda com denominações distintas das que prevalecem mais recentemente). Isso tudo somado à criação de um segmento do Ministério Público da União inovadoramente direcionado às questões trabalhistas (órgão que, décadas depois, iria assumir novas atribuições nessa área temática, todas importantíssimas e muito progressistas, a partir da Constituição de 1988).

É o que será estudado neste Capítulo V da presente obra.

Esta fase de institucionalização do Direito do Trabalho ostenta dois períodos áureos, o da Segunda República, situado entre outubro de 1930 e 1945, e o da Terceira República, este situado entre 1945 e abril de 1964. Esta fase ostenta também um período regressivo, da ditadura militar-civil, que se estende desde abril de 1964 até março de 1985.

O primeiro período da fase de institucionalização do Direito do Trabalho, vivenciado na Segunda República, consiste naquele em que mais inovações trabalhistas e previdenciárias irão ocorrer, coincidindo também com o ingresso do Constitucionalismo Social na História do Brasil, a par do ingresso das Convenções Internacionais da OIT na ordem jurídica brasileira. Trata-se, assim, de período muito relevante, embora tenha também significativos problemas que serão aqui igualmente analisados.

O segundo período, referente à Terceira República (1945-1964), consiste naquele em que o novo sistema trabalhista brasileiro será testado em uma fase firmemente democrática, entre 1945 até abril de 1964 (o governo Dutra, de 1946 até 1950, não teve essa faceta firmemente democrática, lamentavelmente). Nessa época de cerca de 20 anos, houve avanços democráticos e inclusivos no sistema trabalhista brasileiro, em comparação com o período de 1930 a 1945.

Por fim, essa fase se completa com o advento da ditadura militar-civil, que segue de abril de 1964 até março de 1985. As ocorrências verificadas nesse período autocrático serão também examinadas no presente Capítulo V.

II. PERIODIZAÇÃO HISTÓRICA DO DIREITO DO TRABALHO BRASILEIRO – FASES EM DESTAQUE

A análise da formação histórica do Direito do Trabalho no Brasil recomenda enfocar o estudo, ainda que sintético, da fase de estruturação do sistema econômico, social e institucional que caracterizou o País em seus primeiros 430 anos de existência, a contar de 1500 d.C. até 1930. Essa perspectiva mais ampla de análise irá permitir a compreensão das características centrais do sistema econômico, social e institucional escravizador das pessoas humanas trazidas aprisionadas da África e aqui inseridas no modelo escravocrata que iria perdurar até as proximidades do término do século XIX.

Esse modelo escravagista, com a violência e o despotismo que lhe era inerente, foi organizado desde o início do século XVI pelo colonizador de Portugal, seguindo padrão muito semelhante ao da Espanha e, em parte, ao da Inglaterra, da França e da Holanda, tendo sido organizado nas Américas desde a incorporação deste continente a esses sistemas colonizadores europeus.

As características violentas e excludentes desse modelo e sua perduração por quase quatro séculos no Brasil influenciou e comprometeu significativamente o processo de conquista da própria liberdade pela grande maioria dos trabalhadores no País – maioria formada por pessoas negras –, além de ter comprometido a elaboração e a concretização de um roteiro adequado e rápido para o necessário processo de inclusão socioeconômica, institucional, cultural e jurídica dessa população excluída e discriminada na realidade brasileira.

Este estudo foi realizado nos Capítulos II, III, IV e V deste livro, contribuindo para a reflexão objetivada nesta obra.

Lidos tais quatro capítulos, pode-se apresentar, neste instante, a seguinte indagação: objetivamente, existiu mesmo Direito do Trabalho no período da Colônia e, até mesmo, no período do Império no Brasil? É evidente que não existiu – pois não houve, nesses dois períodos de fortíssima exclusão socioeconômica da grande maioria da população brasileira um complexo de princípios, regras e institutos jurídicos voltados a elevar as condições de contratação e gestão da força de trabalho no sistema econômico e social, mediante a criação de normas e instituições favoráveis aos trabalhadores. Porém constitui parte do processo de construção de um campo jurídico avançado, como é o Direito do Trabalho, o processo de lutas e resistências à escravização, a par de resistências e lutas contra a opressão e a exploração das pessoas humanas na esfera do sistema socioeconômico.

Daí a necessidade de se incorporar aos estudos da fase inicial do campo justrabalhista nacional todo o longo período de regime escravizador no território brasileiro, como pressuposto para a compreensão das lutas pela conquista da libertação do trabalhador escravizado e pela extinção de todo o sistema escravista, além da busca individual e coletiva por melhores condições de vida e de trabalho pela população brasileira, inclusive o exponencial universo de trabalhadores negros (pretos e pardos) componentes de nossa população.

A fase de formação do Direito do Trabalho no Brasil, portanto, envolve o estudo de três períodos históricos, socioeconômicos e institucionais ocorridos no País em ordem cronológica: o período colonial, de 1500 até 1822; o período monárquico independente, vivenciado entre 1822 e 1889; e o período da Primeira República, ocorrido entre 1889 e 1930. Os dois primeiros períodos dessa fase de formação não chegaram a apresentar, em seu interior, traços significativos da existência de um verdadeiro ramo jurídico trabalhista, caso sejam preservadas as pesquisas, os estudos e as reflexões em estritos critérios objetivos. Já o terceiro período, referente à Primeira República (1889-1930), apresenta, sem dúvida, manifestações incipientes e esparsas de um ramo jurídico trabalhista, embora ainda não esteja formatado, nessa época, um efetivo complexo de princípios, regras e institutos jurídicos reguladores da relação empregatícia de trabalho e outras relações normativamente especificadas, englobando também os institutos, as regras e os princípios jurídicos concernentes às relações coletivas entre trabalhadores e tomadores de serviços, em especial mediante as suas associações coletivas. Assim, mesmo na Primeira República, não surgiu ainda um verdadeiro Direito do Trabalho, amplo, diversificado, complexo e autônomo, como cabe a qualquer ramo jurídico específico.

Isso é o que foi investigado e posto à reflexão, como dito, nos capítulos imediatamente anteriores deste livro.

O presente capítulo trata, porém, da *fase de institucionalização do Direito do Trabalho no Brasil*. E essa fase é a que ocorre na denominada Segunda República, vivida entre 1930 e 1945. Nesse período da Segunda República, a contar de outubro de 1930, as políticas públicas capturam diplomas normativos da época precedente, transformando-os e os adaptando ao novo contexto oficial iniciado. Mais do que isso, criam-se em poucos anos inúmeros diplomas normativos de natureza trabalhista, quer de Direito Individual do Trabalho, quer de Direito Coletivo do Trabalho, quer de Direito Processual do Trabalho, sem contar ainda inúmeras regras de Direito Administrativo do Trabalho. Também na mesma época estruturam-se diversas instituições, que permanecerão como pilares do novo sistema trabalhista então institucionalizado. Esse conjunto enorme de regras, princípios e institutos seria reunido, em 1943, em um diploma unitário, composto por mais de 900 artigos, sem contar as respectivas subdivisões em incisos e alíneas, denominado Consolidação das Leis do Trabalho, a CLT.

Trata-se, realmente, de um período normativo bastante fértil, correspondendo, efetivamente, à fase de institucionalização do Direito do Trabalho. Esse sistema trabalhista então estruturado seria mantido nas décadas seguintes, tanto no período da Terceira República (1945-1964) quanto no período autocrático civil-militar iniciado em abril de 1964 e que terminaria apenas em março de 1985. É claro que tais períodos históricos específicos, embora com sentido e direcionamento político muito diversos entre si, se situam ainda dentro da fase de institucionalização do Direito do Trabalho no Brasil. É o que será estudado no presente capítulo.

Portanto, a segunda fase do Direito do Trabalho brasileiro, que segue de 1930 até meados dos anos 1980, consiste na fase de institucionalização do Direito do Trabalho no Brasil, enquanto complexo de princípios, regras e institutos jurídicos que regulam a relação empregatícia de trabalho e outras relações normativamente especificadas, englobando, também, os institutos, as regras e os princípios jurídicos concernentes às relações coletivas entre trabalhadores e tomadores de serviços, em especial por meio de suas associações coletivas.

Tal fase se inicia com a Revolução de 3 de outubro de 1930 e o Governo Vargas (1930-1945), quando enormes e substanciais transformações se realizaram no País, inclusive uma intensa política trabalhista, composta por um impressionante conjunto de normas de Direito Individual do Trabalho, Direito Coletivo do Trabalho, Direito Processual do Trabalho, entre outros segmentos jurídicos correlatos. Tal fase se estende até meados dos anos 1980, com o término da ditadura civil e militar brasileira – ocorrido em março de 1985 –, fazendo despontar a dinâmica da redemocratização do País e o início do processo de construção de uma nova Constituição da República, a qual será promulgada em 5 de outubro de 1988, ou seja, próxima ao aniversário da Revolução de 30.

III. FASE DA INSTITUCIONALIZAÇÃO DO DIREITO DO TRABALHO NO BRASIL

A segunda grande fase de formação e desenvolvimento do Direito do Trabalho no Brasil, quando esse campo jurídico e suas instituições cardeais se estruturaram com maior complexidade, ganhando *status* institucional na ordem jurídica e política do País, isso ocorre apenas a contar da Revolução de 1930.

Essa segunda fase é denominada *fase da institucionalização do Direito do Trabalho.* Ela tem seu marco inicial em 1930, com o novo governo empossado em 3 de outubro daquele ano, passando a construir a estrutura jurídica e institucional de um novo modelo trabalhista até o término do Governo de Getúlio Vargas, em 1945. É o que acontece ao longo da II República (1930-1945), após a derrubada a então apelidada "República Velha". Este modelo irá preservar suas características por várias décadas, até a Constituição de 1988.

Tal fase de institucionalização do Direito do Trabalho irá se iniciar, dessa maneira, na Segunda República (1930-1945), passando pela Terceira República (1945-1964) e, por fim, pela Ditadura Militar-Civil (1964-1985).

Essa fase de institucionalização envolve, portanto, uma extensão temporal de cinco décadas e meia de trajeto histórico. Ela termina com a redemocratização do País, acontecida em março de 1985, data em que se inicia a Quarta República, a qual abre a nova fase histórica de mudanças e inovações no Direito do Trabalho brasileiro, as quais irão, de fato, efetivamente desabrochar apenas com a Constituição Federal de 1988.

1. Período da Segunda República (1930-1945): estruturação e institucionalização do sistema trabalhista brasileiro

A fase de *institucionalização* (ou *oficialização*) *do Direito do Trabalho*, abrangendo os anos de 1930 até meados da década de 1980, consubstancia, em seus primeiros 15 anos (ou pelo menos até 1943, com a Consolidação das Leis do Trabalho), intensa atividade administrativa e legislativa do Estado, em consonância com o novo padrão de gestão sociopolítica que se instaura no País com a derrocada, em 1930, da hegemonia exclusivista do segmento agroexportador de café.

O estudo desse período da Segunda República (1930-1945) irá abranger três importantes dimensões: a análise da política trabalhista do Governo Vargas, que estruturou o sistema trabalhista do País; a referência ao importante marco do Constitucionalismo Social, que chegou ao Brasil a contar da década de 1930 e, em particular, da Constituição de 1934; por fim, uma reflexão comparativa sobre as duas fases próximas do Direito do Trabalho no País, ou seja, a fase de formação, imediatamente anterior, e a fase de institucionalização, deflagrada pela Revolução de 30.

A) Política Trabalhista do Governo Vargas (1930-1945)

O Estado largamente intervencionista que se forma desde a posse do novo governo republicano, em outubro de 1930, abandona o absenteísmo tosco da fase anterior, estendendo a sua atuação também à área da chamada *questão social.* Com isso, o novo governo irá implementar uma série de mudanças que vão assegurar significativa inclusão socioeconômica, institucional, política e cultural de setores sociais antes excluídos na realidade brasileira.

Assim, ele estrutura política trabalhista e previdenciária inovadora – se comparada com a fase histórica prévia –, resultante de alguns fatores importantes convergentes. Cite-se, de um lado, a necessidade de incorporar segmentos sociais novos (no caso, os trabalhadores e trabalhadoras urbanos e suas famílias) não só para corrigir a lancinante exclusão típica da fase anterior, como também para enfrentar, com sucesso, o poderio do segmento agroexportador de café, alijado conjunturalmente do centro de poder pela Revolução de 1930. De outro lado, a necessidade de trazer para o País as inúmeras conquistas institucionais, jurídicas e culturais lavradas no mundo ocidental desde a segunda década do século XX, mas firmemente ignoradas pela Primeira República; está-se falando do Constitucionalismo Social, do internacionalismo trabalhista da OIT, das conquistas recentes do movimento feminista e sufragista em diversos países, particularmente quanto à cidadania eleitoral, e a incessante superação do liberalismo excludente e irresponsável anteriormente dominante nas políticas públicas ocidentais. Nesse quadro, todas as iniciativas críticas ao velho liberalismo sem peias, mesmo as mais remotas (como a encíclica do Papa Leão XIII, *Rerum Novarum*, de 1883), se somam nesse processo de busca de maior justiça social nas políticas públicas. Por fim, como dimensão de uma política industrializante e urbanizadora do Brasil, que deveria passar pela organização do mercado de trabalho e do sistema de previdência social, ainda que, na época, limitada essa política apenas ao universo urbano da realidade brasileira.

É bem verdade que o governo da Segunda República (1930-1945) igualmente não implementou específica política pública de inclusão da enorme população negra que compunha o conjunto do País. Ao contrário, no pacto político informal que dava sustentação ao novo governo foi negada a extensão, de imediato, da legislação trabalhista e previdenciária ao campo brasileiro, bem assim às relações trabalhistas no âmbito doméstico; com isso, não se incorporavam nas inovações jurídicas instituídas grande parte do universo de pessoas pretas e pardas componentes da população do País. Enfocada apenas esta dimensão excludente das políticas públicas, o novo governo não teria apresentado avanços perante o padrão normativo e institucional típico da República Velha. Porém, na proporção em que as pessoas pretas e pardas estivessem localizadas no segmento urbano da sociedade e também inseridas nas profissões ali existentes (o que era restringido, reconheça-se, pelas práticas racistas inerentes à história social e institucional brasileira), tais pessoas passariam a ser beneficiadas pela nova ordem jurídica. Isso era muito pouco, sem dúvida; porém se trata de certo grau de inclusão socioeconômica, mesmo que atingindo somente uma parte restrita da população negra.

Agregue-se, com respeito a este tema, que a Segunda República, desde dezembro de 1930 (no seu início governamental, portanto), instituiu uma regra de grande favorecimento aos trabalhadores nacionais (inclusive pretos e pardos), em detrimento dos trabalhadores imigrantes, inclusive os europeus: trata-se da famosa "Lei dos 2/3", lançada pelo Decreto n. 19.482, de 12.12.30, com regulação pelo Decreto n. 20.291, de 19.8.1931. Por esse diploma normativo regulamentador, quaisquer instituições ou empresas "que exploram qualquer ramo do comércio ou indústria" deveriam passar a ocupar, "entre os seus empregados, de todas as categorias, dois terços, pelo menos, de brasileiros natos". A nova regra claramente tenta pôr um freio ao processo imigratório europeu por meio do favorecimento dos trabalhadores brasileiros natos no âmbito do mercado de trabalho urbano. Por consequência, além disso, ao longo do tempo, tal regra, entre outros aspectos, iria também estimular a imigração interna para as cidades dos brasileiros habitantes dos campos longínquos do País – onde grande parte da população negra habitava.

Não se nega que o governo Vargas, em largo tempo de seu período de atuação (entre 1930 e 1945), teve clara feição ditatorial. Porém, de todo modo, ele consistiu no primeiro governo brasileiro a realizar significativo processo de inclusão socioeconômica, política, institucional, cultural e jurídica de pessoas humanas, envolvendo trabalhadoras e trabalhadores urbanos, quer no plano individual, quer no plano coletivo (excluídos, registre-se, nas cidades, a categoria doméstica urbana, os desempregados e os trabalhadores informais). Houve ainda, nessa época, importante inclusão institucional e política das mulheres, uma vez que estas passaram a ter o direito constitucional (Constituição de 1934, art. 108, *caput*) de votar e serem votadas (ainda que, na época, fosse mantido o óbice do analfabetismo – o qual será superado apenas com a Constituição de 1988; ainda que este óbice – cabe se reconhecer – novamente afastasse grande parte da população negra e da população branca pobre da relevante conquista efetivada). As mulheres também passaram a ser admitidas no mercado de trabalho formal urbano, com direitos trabalhistas, ainda que submetidas a muitos obstáculos, restrições e discriminações.

O modelo justrabalhista mencionado forma-se a partir de políticas integradas, administrativamente dirigidas em pelo menos seis direções. Todas essas políticas mostraram-se estruturadas nos 15 anos do governo instalado em 1930.

A primeira área contemplada pela ação governamental seria a própria administração federal, de modo a viabilizar a coordenação das ações institucionais a serem desenvolvidas nos anos seguintes. Criou-se, assim, o Ministério do Trabalho, Indústria e Comércio, pelo Decreto n. 19.443, de 26 de novembro de 1930. Meses depois, em 4 de fevereiro de 1931, instituiu-se o Departamento Nacional do Trabalho (Decreto n. 19.671-A)[85]. Este então inusitado órgão ministerial federal cumpria o novo e importante papel de abrir canal de comunicação e articulação da classe trabalhadora urbana e suas entidades representativas com o governo federal – algo impensável nos 430 anos precedentes. Um segundo relevante papel desse órgão federal era estruturar políticas públicas de caráter trabalhista para a nova ordem jurídica e institucional brasileira. Um terceiro importante papel era igualmente zelar pela efetividade da legislação trabalhista na realidade socioeconômica do País – embora essa atuação fosse muito incipiente no início do novo sistema em face da parca estrutura administrativa que o novo órgão possuía ao longo do território nacional. Por fim, é preciso registrar, de todo modo, que, durante longo tempo, a partir de então e até o advento da Constituição Federal de 1988, esse órgão também iria desempenhar um quarto e censurável papel, que era o de estabelecer controles sobre as entidades sindicais,

85. MORAES FILHO, Evaristo de. Ob. cit., p. 316.

inclusive mediante severas intervenções políticas e administrativas em sua estrutura e atuação.

A área sindical seria também imediatamente objeto de normatização federal, por meio do Decreto n. 19.770, de 19 de março de 1931, que instituiu uma estrutura sindical oficial, baseada no sindicato único (embora, inicialmente, ainda não obrigatório), submetido ao reconhecimento pelo Estado e compreendido como órgão colaborador deste[86]. A Constituição de 1934 simplesmente estipulava que os "sindicatos e as associações profissionais serão reconhecidos de conformidade com a lei" (art. 120). A prevalência do sindicato único (unicidade sindical) começa, na prática, com o estado de sítio de 1935 – que permite ao Estado perseguir as lideranças sindicais alternativas ao sindicalismo oficial –, sendo seguido por novas regras jurídicas. Assim despontam tanto a Carta de 1937 (embora esta não tivesse entrado em vigor) e, especialmente, o Decreto n. 1.402, de 5 de julho de 1939, regente da unicidade sindical. A essa altura já se tornara juridicamente explícito o que fora prática institucional desde 1935: a inviabilidade de coexistência de qualquer outro sindicato com o sindicalismo oficial.

Como terceira área de desenvolvimento da política pública trabalhista, criou-se um sistema de solução judicial de conflitos laborais. Esse sistema seria instaurado, inicialmente, por intermédio da criação das Comissões Mistas de Conciliação e Julgamento (Decreto n. 21.396, de 21 de março de 1932), *em que só poderiam demandar os empregados integrantes do sindicalismo oficial* (Decreto n. 22.132, de 25 de novembro de 1932). A Constituição de 1934, por sua vez, consagrou a criação da Justiça do Trabalho, inicialmente com composição paritária (art. 122, *caput* e parágrafo único) e ainda situada na seara administrativa federal, fora do Poder Judiciário. A Constituição de 1937 (embora não tenha entrado em vigência) manteve a referência à Justiça do Trabalho. A Justiça do Trabalho, por fim, seria efetivamente organizada e

86. VIANNA, Luiz Werneck. Ob. cit., p. 146-147.

regulamentada pelo Decreto-lei n. 1.237, de 1º de maio de 1939, sendo instalada e passando a funcionar em 1º de maio de 1941[87].

A estrutura original da Justiça do Trabalho era paritária, com a presença de magistrados togados e representantes classistas de empregadores e de empregados. A JT estava presente no primeiro grau (Juntas de Conciliação e Julgamento), no segundo grau (Conselhos Regionais do Trabalho) e, na capital da República, mediante o Conselho Nacional do Trabalho (CNT). Inicialmente foram criados apenas oito CRTs (os futuros TRTs), cuja competência abrangia todas as esferas do território brasileiro, observadas as respectivas oito regiões. Em regiões não abrangidas pelas Juntas de Conciliação e Julgamento, a competência trabalhista era exercitada pelo Juiz de Direito local. Esclareça-se que apenas com a Constituição de 1946, já na Terceira República, é que a Justiça do Trabalho seria integrada ao Poder Judiciário, como órgão judicial de competência material especializada. Em 1945, portanto, antes da CF/1946, havia o CNT, no plano nacional, e apenas oito CRTs, nos planos regionais, além de 31 JCJs, em primeiro grau, em todo o País. Em grande parte do território brasileiro, o juízo de primeiro grau trabalhista era ainda exercido pelos Juízes de Direito, embora os recursos ordinários e agravos de petição, se manejados, seguissem para o respectivo órgão regional trabalhista competente (CRT).

O sistema previdenciário, embora surgido incipientemente em 1923 (Caixa de Aposentadoria e Pensões dos Ferroviários – Lei Elói Chaves, n. 4.682/1923), foi reformulado e largamente expandido na Segunda República, embora sem atingir ainda a área rural da economia, nem a categoria doméstica (o que só começaria a acontecer nas décadas de 1960/70). Ele se estruturou nos anos 1930/40 vinculado às respectivas áreas profissionais

87. Sobre a instalação, estrutura e crescimento da Justiça do Trabalho, desde 1941 até meados da segunda década do século XXI, consultar DELGADO, M. G.; DELGADO, G. N. Estruturação e desenvolvimento da justiça do trabalho no Brasil. In: DELGADO, M. G.; DELGADO, G. N. *Constituição da República e direitos fundamentais* – dignidade da pessoa humana, justiça social e direito do trabalho. 4. ed. São Paulo: LTr, 2017.

(marítimos, ferroviários, bancários, industriários, comerciários etc.) e aos correspondentes sindicatos oficiais, segundo fórmula algo parecida com o modelo securitário profissional alemão, criado por *Otto von Bismarck* no final do século XIX na Europa Ocidental. De fato, já em 1931, pelo Decreto n. 20.465, de 1º de outubro, o novo governo promoveu a primeira reforma ampliativa do anterior sistema previdenciário, firmando, contudo, a *categoria profissional* como parâmetro[88]. O núcleo essencial do novo sistema reformulado e ampliado seriam os diversos Institutos de Aposentadorias e Pensões (IAPs), abrangendo categorias específicas e tendo âmbito nacional. Com essa nova denominação (IAPM, IAPC, IAPI etc.), o primeiro desses órgãos a ser instaurado foi o Instituto de Aposentadoria e Pensões dos Marítimos (IAPM), mediante o Decreto n. 22.872, de 29 de junho de 1933. Inúmeros outros órgãos semelhantes se seguiram nos anos subsequentes.

A legislação profissional e protetiva, como mais uma área de atuação da política trabalhista do novo governo, desponta celeremente por toda essa época. Em certa medida, ela capturava diplomas normativos aprovados na Primeira República e os ajustava e ampliava, estendendo-os a outras categorias profissionais - ou, simplesmente, os generalizava para todos os trabalhadores destinatários da legislação trabalhista; em boa parte, contudo, a legislação profissional e protetiva dos anos 1930/43, já considerada a CLT, trazia realmente inovações normativas à ordem jurídica existente no País.

Citem-se, ilustrativamente, alguns dos inúmeros novos diplomas justrabalhistas: Decreto n. 21.471, de 17 de maio de 1932, regulamentando o trabalho feminino; Decreto n. 21.186, de 22 de março de 1932, fixando a jornada de oito horas para os comerciários, preceito que seria, em seguida, estendido aos industriários (Decreto n. 21.364, de 4 de maio de 1932); Decreto

88. A respeito de tais fases e reformulações previdenciárias, ver ALLY, Raimundo Cerqueira. *Normas previdenciárias no Direito do Trabalho*. São Paulo: IOB – Informações Objetivas, 1989, p. 25-26. Consultar, ainda, a obra de DELGADO, Ignacio Godinho. *Previdência Social e mercado no Brasil* – a presença empresarial na trajetória da política social brasileira. São Paulo: LTr, 2001.

n. 21.175, de 21 de março de 1932, criando as carteiras profissionais de trabalho e previdência social; Decreto n. 23.103, de 19 de agosto de 1933, estabelecendo férias para os bancários, e diversos outros diplomas que se sucederam ao longo da década de 1930 até 1943. Essa legislação configurava um verdadeiro Direito Individual do Trabalho, regendo, de maneira ampla, o contrato de trabalho, predominantemente regulador das relações empregatícias urbanas na época.

Agregue-se que o novo governo brasileiro deu início também, no campo do Direito do Trabalho, a um crescente processo de ratificação de convenções internacionais da OIT, incorporando à ordem jurídica interna, pioneiramente na história pátria, 12 (doze) convenções internacionais no período entre outubro de 1930 até 1939 (em 1939, com o início da Segunda Grande Guerra, a OIT transferiu a sua sede para o Canadá, suspendendo também as suas atividades regulares).

Trata-se dos seguintes diplomas normativos internacionais, pela ordem do ano de sua ratificação pelo governo brasileiro, a saber: 1) Convenção n. 3, relativa ao emprego das mulheres antes e depois do parto (ratificada em 1934; porém denunciada em 1961, em face da ratificação da Convenção n. 103 da OIT, tratando de assunto similar); 2) Convenção n. 4, relativa ao trabalho noturno das mulheres, que foi ratificada em 1934 (esta convenção foi denunciada logo após, em 1937, em face da ratificação da Convenção n. 41, que tratava de assunto similar); 3) Convenção n. 5, relativa à idade mínima para admissão na indústria (ratificada em 1934; porém ela foi denunciada em 2001, como resultado da ratificação da Convenção n. 138, tratando de assunto similar); 4) Convenção n. 6, relativa ao trabalho noturno dos trabalhadores menores – crianças e adolescentes – na indústria (ratificada em 1934); 5) Convenção n. 7, relativa à idade mínima para admissão de pessoas menores no trabalho marítimo (ratificada em 1936; contudo ela perdeu vigência no País em virtude da ratificação da Convenção n. 58 da OIT, ocorrida em 1938, tratando do mesmo assunto. Tempos depois, em 1974, a Convenção n. 58 seria, por sua vez, superada pela n. 138 da OIT, ratificada pelo Brasil na época); 6) Convenção n. 42, relativa à indenização das moléstias profissionais (ratificada em 1935), 7) Convenção n. 16, relativa ao exame médico obrigatório dos menores em trabalho marítimo (ratificada em 1935); 8) Convenção n. 41, relativa ao trabalho noturno das mulheres (ratificada em 1936 – o que levou à denúncia da Convenção n. 4, que tratava do mesmo assunto. Mais à frente, em 1957, a Convenção n. 41 foi denunciada em decorrência da ratificação da Convenção n. 89 da OIT, regulando o mesmo assunto); 9) Convenção n. 45, relativa ao emprego das mulheres nos trabalhos subterrâneos nas minas de qualquer categoria (ratificada em 1938); 10) Convenção n. 52, que tratava das férias remuneradas (ratificada em 1938; porém ela foi denunciada em 1998, em face da ratificação em 1981 da Convenção n. 132 da OIT, que entrou em vigência apenas em 1999, tratando do mesmo assunto); 11) Convenção n. 53, relativa ao mínimo de capacidade profissional dos capitães e oficiais da marinha mercante, que foi ratificada em 1938; 12) Convenção n. 58, relativa à idade mínima para o trabalho marítimo (revista). Esta convenção foi ratificada em 1938, fazendo perder efeito a Convenção n. 7 da OIT, que tratava do mesmo assunto. Porém, com a ratificação da Convenção n. 138 da OIT, ocorrida em 2001, tratando do mesmo assunto, a Convenção 58 perdeu vigência no ordenamento jurídico brasileiro.

O modelo justrabalhista estruturado na Segunda República reuniu-se, em 1943, em um único diploma normativo, a Consolidação das Leis do Trabalho (Decreto-lei n. 5.452, de 1º de maio de 1943). Embora o nome do novo diploma jurídico reverenciasse a obra legislativa anterior (*consolidação*), a CLT, na verdade, também alterou e ampliou a legislação trabalhista existente, assumindo, desse modo, a natureza própria a um *código do trabalho*. Pontue-se que a CLT tratava do Direito Individual do Trabalho, do Direito Coletivo do Trabalho, do Direito Processual do Trabalho e do Direito Administrativo do Trabalho. Tratava também da estrutura da Justiça do Trabalho e da estrutura do Ministério Público do Trabalho (na época, "Procuradoria da Justiça do Trabalho").

Cabe aqui pontuar que as regras do Direito Individual do Trabalho brasileiro foram inspiradas, em grande parte, na influência das Convenções Internacionais do Trabalho divulgadas pela OIT, instituição criada em 1919, além do Constitucionalismo Social despontado na mesma época (Constituições do México, de 1917, e da Alemanha, de 1919). Em apenas 20 anos de existência, entre 1919 e 1939, por exemplo, a OIT aprovou 67 Convenções Internacionais do Trabalho e 66 Recomendações Internacionais do Trabalho,[89] grande parte delas regulando aspectos do Direito Individual do Trabalho. Tais diplomas internacionais foram ignorados pelos governos da República Velha, inclusive pelo Presidente Epitácio Pessoa (que, poucos antes de seu mandato político na Presidência da República, havia presidido a delegação brasileira na Conferência do Tratado de Versalhes, em Paris, que instituiu a OIT). Mas seguramente esses diplomas normativos influenciaram os movimentos sociais e a nova intelectualidade jurídica e cívica dos anos seguintes à Primeira Grande Guerra e que foram alçados ao poder, no Brasil, em alguma medida, a partir da Revolução de 1930.

A propósito, entre esses já experientes ou jovens intelectuais entusiastas pelo bom enfrentamento pelas políticas públicas quanto à denominada "questão social", citem-se, relativamente ao início dos anos 1930, por exemplo, Evaristo de Morais (o pai), Joaquim Pimenta, Agripino Nazareth e Deodato Maia; mencione-se ainda, por exemplo, Oliveira Viana; citem-se para o início dos anos 1940, ilustrativamente, Oscar Saraiva, Dorval Lacerda, Gilberto Flores, Segadas Viana, Helvécio Xavier Lopes, Evaristo de Moraes Filho e o então jovem Arnaldo Süssekind.[90]

Agregue-se que a pesquisadora e jurista Magda Biavaschi demonstra também que uma intensa atividade intelectual passou a ser realizada por revistas, artigos e outras publicações surgidos

---

89. OIT Brasília. *História da OIT.* Sítio eletrônico da Organização Internacional do Trabalho no Brasil, acessado em 09.01.2023, às 10:25/10:30 horas.
90. Esta é a lista de intelectuais e juristas que tiveram forte atuação na estruturação da legislação e das instituições trabalhistas entre 1930 e 1943 (data de aprovação da CLT), segundo pesquisa feita pela intelectual Magda Biavaschi, em sua Tese de Doutorado defendida na Unicamp em 2005 e, a seguir, publicada em livro seminal. BIAVASCHI, Magda. *O Direito do Trabalho no Brasil, 1930-1942*: a construção do sujeito de direitos trabalhistas. São Paulo: LTr/JUTRA, 2007, p. 71-220.

na época, ao lado de intensa atividade administrativa e decisória por parte de instituições estatais criadas pela nova política pública, gerando um conhecimento sistêmico relevante sobre as novas áreas trabalhista e previdenciária enfatizadas pelo novo governo.[91] Nesse quadro, segundo a autora, os próprios processos judiciais e a jurisprudência então formada também passaram a ser fontes importantes para o novo Direito do Trabalho em institucionalização.[92]

Acrescente-se, ademais, que diversos países europeus ocidentais já possuíam, nessa época, ordens jurídicas trabalhistas bem estruturadas, tais como a Alemanha, a Espanha, a França e a Itália, com uma robusta intelectualidade nelas atuando, sendo, portanto, aptas a também influenciar a intelectualidade jurídica brasileira.

Por isso tudo parece muito pouco consistente a narrativa de que todo o sistema trabalhista brasileiro foi produto da restrita *Carta del Lavoro*, de 1926, editada pela ditadura fascista de Mussolini. Ora, esse diploma jurídico italiano continha cerca de três dezenas de enunciados jurídicos gerais (três dezenas de artigos apenas), ao passo que o Direito Individual do Trabalho, o Direito Coletivo do Trabalho e o Direito Processual do Trabalho instituídos nos anos de 1930/45 no Brasil caracterizavam-se, em seu conjunto, pela presença de várias dezenas de diplomas normativos, reunidos, em 1943, em um impressionante texto legal composto por mais de 900 artigos, subdivididos em inúmeros parágrafos, incisos e alíneas (a Consolidação das Leis do Trabalho) - ou seja, muito mais de um milhar de preceitos normativos.

Ora, reconhecer-se a presença de uma influência cultural de ideias autoritárias, nessa época, parece uma inferência realmente objetiva, ainda mais pelo fato de esse período histórico, em todo o mundo ocidental, ter sido caracterizado por diversas ideias desse jaez. Entretanto, tratava-se igualmente de período histórico, no

---

91. BIAVASCHI, Magda. *O Direito do Trabalho no Brasil, 1930-1942*: a construção do sujeito de direitos trabalhistas. São Paulo: LTr/JUTRA, 2007, p. 71-220 e p. 221-300.

92. BIAVASCHI, Magda. Ob. cit., p. 221-300.

Ocidente, carregado de relevantes ideias e teorias progressistas, desenvolvimentistas, igualitárias, todas imbuídas de profundo espírito de inclusão e justiça sociais. Desse modo, tal narrativa simplificadora e reducionista referente à *Carta del Lavoro* parece mesmo preponderantemente uma ladina fórmula de combate político e ideológico ao Direito do Trabalho e ao Constitucionalismo Social arquitetada pelas elites adversárias aos movimentos sociais, ao sindicalismo, ao Direito do Trabalho e seus campos jurídicos próximos e à própria ideia de justiça social.

A última das direções seguidas pela política oficial da Segunda República na área trabalhista traduzia-se nas distintas ações voltadas a sufocar manifestações políticas ou operárias autonomistas ou simplesmente adversas à estratégia oficial concebida para o Direito Coletivo do Trabalho. O primeiro marco dessas ações combinadas residiria na Lei de Nacionalização do Trabalho, reduzindo a participação de imigrantes no segmento obreiro do País (Decreto n. 19.482, de 12 de dezembro de 1930, estabelecendo um mínimo de 2/3 de trabalhadores nacionais no conjunto de assalariados de cada empresa - preceito já mencionado atrás). A essa medida se seguiram os diversos incentivos ao sindicalismo oficial (monopólio de ação junto às Comissões Mistas de Conciliação; exclusivismo de participação nos Institutos de Aposentadorias e Pensões, etc.), incentivos que seriam transformados, logo após, em expresso monopólio jurídico de organização, atuação e representação sindical. Finalmente, por quase todo o período getulista, especialmente a partir do estado de sítio de 1935, uma contínua repressão estatal sobre as lideranças e organizações autonomistas ou adversas obreiras. Esta era a face autocrática do Governo Vargas (e, nesta medida, muito próxima aos períodos históricos precedentes); o que surpreende é que ela conviveu, harmoniosamente, com uma ampla dimensão inclusiva das políticas públicas, dimensão até então inusitada na História do Brasil.

B) Constitucionalismo Social no Brasil

É necessário sempre enfatizar que os anos 1930, embora sob influxo de inegáveis facetas autoritárias, também se mostrou um dos períodos mais progressistas da História brasileira, por vários motivos. De um lado, como exposto, pela inclusão de largos grupos sociais anteriormente excluídos da economia, da sociedade, das instituições e da dinâmica política, jurídica e cultural brasileiras, tal como ocorreu com a classe trabalhadora urbana, com parte significativa das mulheres e com parte, ainda que modesta, da população negra.

De outro lado, pela circunstância de suas inovações institucionais, políticas e culturais seguramente terem apontado para uma maior democratização do País, com o aprofundamento do processo de inclusão – o que irá se verificar na Terceira República, vivenciada entre 1945 e 1964.

Finalmente, o tipo de política pública inaugurada nos anos 1930/40 impulsionou o desenvolvimento do País, especialmente no âmbito de sua industrialização e urbanização, circunstâncias importantes para o aprofundamento do processo de inclusão democrática, econômica e social das pessoas humanas componentes de sua população.

Se não bastasse, essa década é que inseriu o Constitucionalismo Social na cultura jurídica pátria, por intermédio da Constituição de 1934, paradigma que iria relegar ao passado o elitista e antissocial modelo das cartas constitucionais de 1824 e de 1891. O paradigma do Constitucionalismo Social iria estar presente também em outro relevante documento constitucional brasileiro, a Constituição de 1946. De fato, a incorporação de normas de Direito do Trabalho, quer individual, quer coletivo, no interior do texto constitucional constitui modificação substancial na estrutura e objetivos dos documentos constitucionais, fazendo-os enxergar, com ênfase, alguns dos problemas sociais, econômicos e políticos decisivos para a evolução histórica da sociedade brasileira.

C) Fases do Direito do Trabalho: análise comparativa

A reflexão comparativa entre as duas primeiras fases do Direito do Trabalho no País evidencia que se passou, de um salto, da fase de manifestações incipientes e esparsas, verificada na

Primeira República, para a fase da institucionalização do ramo jurídico trabalhista, sem a essencial maturação político-jurídica propiciada pela fase da sistematização e consolidação (à diferença dos exemplos europeus mais significativos, referidos no Capítulo I deste livro).

Construindo-se essa institucionalização em um salto histórico - se comparado o nosso período evolutivo com o padrão europeu de longa maturação do Direito do Trabalho -, a evolução do Direito do Trabalho brasileiro não vivenciou uma longa e pedagógica *fase de sistematização e consolidação*, em que se digladiassem (e se maturassem) propostas de gerenciamento e solução de conflitos no próprio âmbito da sociedade civil, democratizando a matriz essencial do novo ramo jurídico. Em uma sociedade que viveu 430 anos sob forte exclusão da grande maioria de sua população, ignorando quaisquer iniciativas de incorporação dos setores sociais que realizavam grande parte das ações de trabalho na vida social, esse salto tornou muito forte a resistência - que sempre foi significativa - das elites dominantes às políticas públicas de inclusão socioeconômica e institucional das pessoas anteriormente despossuídas de riqueza e de poder. Resistência ao próprio Direito do Trabalho - a qual, infelizmente, é ainda muito forte até os dias atuais.

De toda maneira, o desafio que se preserva vivo na história brasileira, especialmente em seu Direito do Trabalho, é generalizar a sua abrangência e aperfeiçoar os seus mecanismos, de maneira a garantir contínuos avanços ao processo de inclusão e democratização da economia e da sociedade do Brasil.

2. Período da Terceira República (1945-1964): inovações e continuidades

Nesse importante período histórico (1945-1964), identificado como da República Democrático-desenvolvimentista, há aspectos que merecem destaque na análise da fase de institucionalização do Direito do Trabalho no País.

No plano da Justiça do Trabalho, a Constituição de 1946 efetivou a sua incorporação ao Poder Judiciário, mantendo, porém, a sua peculiar estrutura paritária, à base de magistrados togados e representantes classistas de empregadores e empregados. Essa mudança de seu posicionamento na estrutura do Estado foi muito relevante para o aperfeiçoamento do sistema. Nessa fase histórica, mantiveram-se o Tribunal Superior do Trabalho – agora com novo epíteto –, além dos oito Tribunais Regionais do Trabalho (TRTs) instalados em 1941, mas agora também com nova denominação. Na base do sistema judicial trabalhista, mantiveram-se as Juntas de Conciliação e Julgamento, as quais tiveram o seu número ampliado, passando de 31, em 1945, para 137 JCJs, em 1964. Porém este maior número de JCJs alcançado 23 anos depois da instalação da Justiça do Trabalho (entre 1941 e 1964) ainda estaria muito longe da necessária interiorização desse importante ramo do Poder Judiciário.

No plano do Direito Individual do Trabalho, inúmeras novas leis surgiram nessa época, regulando institutos e profissões trabalhistas, de maneira geral dentro da teleologia protetora e inclusiva característica desse segmento jurídico. Uma das mais importantes foi a Lei n. 4.212/1963, promulgada em 2 de março de 1963 e vigorante desde 1º de junho de 1963 ("Estatuto do Trabalhador Rural"), que estendeu a legislação trabalhista ao campo brasileiro. Com isso, a ordem jurídica, 20 anos após a publicação da CLT (1943), sanou grave omissão quanto à abrangência do Direito do Trabalho, que agora passava a reger vínculos trabalhistas na área rural brasileira. Tal medida iria permitir alguns passos adicionais no processo de inclusão trabalhista de pessoas pretas e pardas no Direito do Trabalho, caso estivessem laborando no campo brasileiro.

É bem verdade que o ritmo de efetivação da legislação trabalhista na área rural não foi muito rápido e eficiente, em princípio, do ponto de vista prático, em face da parca estrutura da Justiça do Trabalho e da Auditoria Fiscal Trabalhista – esta então vinculada ao Ministério do Trabalho – nesses rincões agrários e mesmo nas pequenas e médias cidades brasileiras. A par disso, a instauração da ditadura militar, em abril de 1964, poucos meses após a vigência do Estatuto do Trabalhador Rural, iria diminuir a vontade política de tornar célere e efetiva essa extensão normativa recém-aprovada.

Agregue-se que a Terceira República, em seus 19 anos de existência, conferiu continuidade ao processo de incorporação de convenções internacionais da OIT deflagrado na Segunda República, ratificando em torno de 16 novos documentos convencionais da Organização Internacional do Trabalho.

Entre estes documentos incorporados, destacam-se, por exemplo, a Convenção n. 100, concernente à igualdade de remuneração entre trabalhadores e trabalhadoras por um trabalho de igual valor, ratificada pelo Decreto Legislativo n. 24, de 1956. Também se destaca a Convenção n. 11, relativa aos direitos de associação e de união dos trabalhadores agrícolas, ratificada pelo Decreto Legislativo n. 24, de 1956. Igualmente se destaca a Convenção n. 98, relativa à aplicação dos princípios do direito de organização e de negociação coletiva, ratificada pelo Decreto Legislativo n. 49, de 1952.

No plano do Direito Coletivo do Trabalho, foram mantidas as bases da estrutura sindical criada nos anos 1930/40, sem alterações normativas relevantes. No aspecto prático, o sindicalismo brasileiro, ao contrário do imaginado pelos seus críticos, demonstrou razoável dinamismo em sua atuação profissional e também política, alcançando importantes vitórias para os trabalhadores urbanos e rurais. Uma delas foi aprovação legal do 13º salário (Lei n. 4.090, de 1962); a outra, a aprovação do Estatuto do Trabalhador Rural (Lei n. 4.212, de 1963). Agregue-se que não era característica dessa época a negociação coletiva trabalhista, preferindo as entidades sindicais – até mesmo em face de inúmeros incentivos explicitados na CLT – o caminho do dissídio coletivo de natureza econômica. De outro lado, a conjuntura política mais democrática, especialmente a contar de 1950 até abril de 1964, permitiu o exercício do direito de greve pelos trabalhadores nessa fase histórica, embora a legislação, em si, fosse ainda restritiva (Decreto-lei n. 9.070, de 1946).

Outro aspecto a ser considerado, no plano do Direito Coletivo do Trabalho, foi a tentativa então pioneira, pelo movimento sindical, de instituir uma central sindical de trabalhadores no País. Esse intento consumou-se na entidade denominada Comando

Geral dos Trabalhadores, embrião de uma futura central sindical, estruturada no início da década de 1960. Entretanto, com a derrubada do regime democrático em abril de 1964, foi inteiramente derruído esse pioneiro experimento do sindicalismo pátrio.[93]

Já o sistema de previdência social iniciou, nessa época, fase de reformulação, que iria se aprofundar alguns anos depois, já dentro do regime militar-civil instalado em 1964. É que, em 1960, foi aprovada a Lei Orgânica da Previdência Social (LOPS), realizando uma sistematização dos regimes de custeio e de benefícios do sistema previdenciário. Porém ainda não se concretizou, nesta lei, a unificação dos organismos gestores, nem o afastamento das direções sindicais da administração do sistema. De outro lado, o Estatuto do Trabalhador Rural (Lei n. 2.414, de 1963) criou um sistema previdenciário para os habitantes do campo brasileiro, sejam trabalhadores rurais ou os pequenos produtores rurais, bem como os colonos ou parceiros, os pequenos proprietários rurais, empreiteiros, tarefeiros e as demais pessoas físicas que explorassem atividades fixadas na mencionada lei, a par de seus respectivos dependentes (art. 160). Essa criação, em 1963, se fez mediante a extensão das atividades do IAPI aos segurados rurais (arts. 161 a 172 da Lei n. 2.414, de 1963).

No plano do Ministério do Trabalho, este não veio a brandir intensamente, desde 1950/51 até abril de 1964, o seu censurável poder político e administrativo de intervenção nas entidades sindicais. Essa postura mais democrática dos governos eleitos desde 1950 permitiu se concluir que os mecanismos autocráticos, mesmo quando ainda preservados formalmente na ordem jurídica, tendem a não ser muito utilizados em contextos de

93. O então Comando Geral dos Trabalhadores era liderado pelo sindicalista eletricitário Clodsmidt Riani, de Juiz de Fora-MG. Entretanto, com a derrubada do governo democrático em abril de 1964 e a deflagração, pelo novo governo ditatorial, de inúmeras intervenções sindicais e, inclusive, cassações de direitos políticos no País, além de prisões de lideranças sindicais e políticas, terminou esse experimento inicial de unificação da liderança institucional do movimento sindicalista brasileiro. Sobre o tema, em análise sob a perspectiva histórica, consultar, DELGADO, Lucilia de A. Neves. *O Comando Geral dos Trabalhadores no Brasil, 1961-1964*. 2. ed. Petrópolis: Vozes, 1986.

ambientação democrática ampla na sociedade – caso típico da Terceira República.

Agregue-se, por fim, que na Terceira República (1945-1964) acentuou-se a migração interna de brasileiros, a qual trouxe centenas de milhares de trabalhadores do nordeste para a região sudeste em geral, além dos indivíduos provindos de regiões pobres de Minas Gerais em direção aos estados do Rio de Janeiro, São Paulo e Paraná. Acresça-se a tudo isso a novíssima e avassaladora migração de brasileiros para o centro-oeste, deflagrada pelo processo de construção de Brasília, iniciado em 1956. Ora, essa intensa dinâmica migratória interna iria, em alguma medida, produzir certo nível de inserção da população preta e parda na seara do Direito do Trabalho, uma vez que este ramo jurídico já estava mais sedimentado nos estados do sudeste e sul brasileiros, ganhando força também na estruturação econômica do novo Distrito Federal e do estado de Goiás, após a primeira fase mais selvagem de sua ocupação.

3. Período da Ditadura Militar-Civil (1964-1985)

Os avanços sociais alcançados na Terceira República, entre 1945 e abril de 1964, somados à diminuição contínua da votação dos dois principais partidos conservadores e/ou liberais da época (PSD e UDN), em contraponto ao crescimento eleitoral contínuo do partido de bases trabalhistas desse período histórico (PTB), todos criados em 1945, a par de outros aspectos políticos críticos daquela conjuntura (renúncia do conservador Presidente Jânio Quadros em 1961; programa de reformas de base do progressista Presidente João Goulart em 1963/64; eficiente articulação político-partidária, midiática, religiosa e militar conservadora no sentido oposicionista e golpista; etc.), entre outros fatores, tal conjunto levou à derrubada do governo democraticamente eleito, com a instalação de uma ditadura militar e civil no País – a qual iria durar em torno de 21 anos, de abril de 1964 até março de 1985.

A) Aspectos da política trabalhista do período

Posto o foco nas instituições e dinâmicas enfatizadas no item **III.1.A**, *supra*, componentes do sistema trabalhista brasileiro, cabe registrar que o impacto mais forte e generalizado do novo governo ditatorial fez-se sentir no movimento sindical e suas entidades participantes. Desde o início de abril de 1964 até 1970, foram contabilizadas mais de 500 intervenções em entidades sindicais obreiras no País, com o fechamento dessas entidades e o afastamento de suas diretorias, sem contar a cassação de mandatos políticos de inúmeros dirigentes sindicais e outros líderes populares, além dos diversos aprisionamentos realizados nessa esfera da sociedade civil.[94] Nesta fase severamente autocrática, a propósito, os poderes incontrastáveis de intervenção estatal nos sindicatos foram amplamente utilizados pelo regime militar.

Além desse forte revés, o Direito Coletivo do Trabalho teve reprimidos os movimentos grevistas, mediante a Lei n. 4.330, de 1º de junho de 1964, que tornava praticamente inviável a deflagração de movimentos paredistas no País, associada à conjuntura política fortemente repressiva em vigência. Apenas em 1968 é que foram deflagradas duas importantes greves, a dos metalúrgicos de Contagem-MG e a dos metalúrgicos de Osasco-SP. Após esses movimentos, seguiu-se a assinatura do AI-5, em 13 de dezembro de 1968, com o aprofundamento da repressão política, em geral. Com isso, os movimentos paredistas retornaram apenas cerca de 10 anos depois, no final da década de 1970.[95]

A propósito, com respeito ao retorno dos movimentos paredistas no final da década de 1970, eles despontaram em meio ao ambiente repressivo típico do regime ditatorial militar-civil então vigente. A primeira iniciativa que ocorreu nessa época no ABC

94. Apenas no período inicial da ditadura, considerado o lapso temporal desde o mês de abril de 1964 até o final do ano de 1970, a cientista política Argelina Figueiredo, em estudo feito a partir de dados oficiais publicados no *Diário Oficial da União*, detectou 536 intervenções em entidades sindicais brasileiras. O regime autocrático persistiu, contudo, por mais de 14 anos, até março de 1985, com severo controle sobre o sindicalismo e suas instituições em todo o Brasil. FIGUEIREDO, Argelina Cheibub. Intervenções sindicais e o "Novo Sindicalismo". *DADOS* – Revista de Ciências Sociais n. 17. Rio de Janeiro: IESP-UERJ, 1978, p. 135-155.

95. A respeito, OLIVEIRA, Carlindo Rodrigues. *Greve e negociação coletiva no Brasil (1978-2018)*: grandes ciclos, configurações diversas. São Paulo: Dialética, 2022, p. 58-61.

paulista (região que teria destaque em tal conjuntura) deflagrou-se no dia 12 de maio de 1978 na empresa montadora de caminhões Scania, em São Bernardo do Campo (SP). Conforme expõe o economista Carlindo Paulo Rodrigues, o "movimento na Scania logo se alastraria, ainda em 1978, para outras fábricas da região do chamado ABC paulista, em 'efeito dominó' e, posteriormente, para outras empresas, basicamente – mas não exclusivamente – no estado de São Paulo".[96] O autor, em sua alentada pesquisa de Doutoramento, pontua que o movimento grevista "inaugurado com a greve da Scania se expandiu, especialmente a partir de 1979, para outros setores e estados da Federação, envolvendo trabalhadores/as urbanos/as e rurais, do setor privado, do serviço público e das empresas públicas e estatais".[97]

Esse movimento grevista ocorrido no âmbito da representação sindical inerente ao Sindicato dos Metalúrgicos de São Bernardo do Campo (posteriormente, Sindicato dos Metalúrgicos do ABC) iria descortinar um novo padrão de organização e atuação sindicais, com forte presença da entidade organizacional na base de trabalhadores, substancial legitimidade representativa, práticas democráticas sólidas e contínuas, além de claro intento de firmar uma dinâmica de negociação coletiva trabalhista reiterada com o respectivo segmento empresarial (ao invés de o sindicato buscar o tradicional caminho judicial dos processos de dissídios coletivos de natureza econômica). Assim, a contar das greves de 1978/1979 e anos seguintes, o movimento sindical, apesar da ditadura ainda vigente, voltou a florescer em diversas partes do País e em várias categorias profissionais.

Inúmeras lideranças sindicais e, subsequentemente, políticas iriam surgir a partir desse então denominado "novo sindicalismo", em diversas regiões do Brasil. A mais notável dessas lideranças foi, sem dúvida, o então jovem Luiz Inácio da Silva, o Lula, presidente do Sindicato dos Metalúrgicos de São Bernardo no final dos anos

---

96. OLIVEIRA, Carlindo Rodrigues de. *Greve e negociação coletiva no Brasil (1978-2018)*: grandes ciclos, configurações diversas. São Paulo: Dialética, 2022, p. 72-73.
97. OLIVEIRA, Carlindo Rodrigues de. Ob. cit., p. 74.

1970 e líder inicial desse novo e histórico movimento sindicalista. A partir do renascimento do sindicalismo em 1978 e de sua projeção para diversos estados brasileiros, foi criada a primeira central sindical da história pátria, em 1983, a CUT - Central Única dos Trabalhadores, tendo como seu primeiro presidente, Jair Meneguelli, também oriundo do Sindicato dos Metalúrgicos do ABC. Foi sucedido na presidência da entidade por Vicente Paulo da Silva, conhecido como Vicentinho, igualmente ex-presidente do Sindicato dos Metalúrgicos do ABC e, em seguida, deputado federal por diversos mandatos. Outras centrais sindicais seriam criadas, no País, em anos posteriores.[98]

Esse novo movimento sindical, aliando-se a outros movimentos sociais despontados no Brasil (movimentos de bairros, movimentos feministas, movimentos de trabalhadores rurais, movimentos de esquerda, inúmeros intelectuais e artistas, etc.), todos fundaram, em conjunto, em 1980, igualmente um partido de origem e composição popular, o Partido dos Trabalhadores - PT, tendo como primeiro presidente o líder sindical e, então, novo líder político, Luiz Inácio Lula da Silva. O novo partido iria participar de todos os pleitos eleitorais diretos a contar das eleições de 1982. Retornando o País à prática das eleições diretas para cargos executivos, logo em seguida à promulgação da Constituição de 1988, esse partido popular participaria de todas as disputas presidenciais, ficando inicialmente em segundo lugar nos três primeiros pleitos nacionais presidenciais, com Lula candidato (1989; 1994; 1998).

98. A primeira consistente tentativa de se criar uma central sindical no Brasil aconteceu no início dos anos 1960, ainda na Terceira República, quando foi organizado o Comando Geral dos Trabalhadores, liderado pelo sindicalista eletricitário Clodsmidt Riani, de Juiz de Fora-MG. Com a derrubada do governo democrático em abril de 1964 e a deflagração, pelo novo governo ditatorial, de inúmeras intervenções sindicais e, inclusive, cassações de direitos políticos, além de prisões de lideranças sindicais e políticas, no País, terminou esse experimento inicial de unificação da liderança institucional do movimento sindicalista brasileiro. A respeito do tema, consultar, DELGADO, Lucilia de A. Neves. *O Comando Geral dos Trabalhadores no Brasil, 1961-1964*. 2. ed. Petrópolis: Vozes, 1986. A primeira edição deste livro, a propósito, fruto de Dissertação de Mestrado, é de 1981, divulgada pela Editora Veja, de Belo Horizonte, contando com "Apresentação" pelo então jovem líder sindical Luiz Inácio da Silva (Lula).

Logo em seguida, o partido seria vitorioso nos pleitos de 2002, 2006, 2010, 2014 e 2022, sendo eleito Presidente da República Luiz Inácio Lula da Silva por três vezes (2002, 2006 e 2022) e Dilma Rousseff, por duas vezes (2010 e 2014).

Centrado o foco nas instituições e dinâmicas enfatizadas no item **III.1.A**, *supra*, componentes do sistema trabalhista brasileiro, fica claro que o Ministério do Trabalho, no período autocrático situado entre abril de 1964 e março de 1985, retomou, com toda a força, o seu papel repressivo e antidemocrático, ao invés de se restringir aos papéis de canal de diálogo entre a classe trabalhadora e as entidades estatais governamentais federais e de instrumento de efetivação da legislação trabalhista na realidade brasileira (Auditoria Fiscal Trabalhista). Aliás, quanto ao seu papel de estruturar políticas públicas de caráter trabalhista, ele também foi cumprido no sentido regressivo, com leis severas sobre o sistema trabalhista, em suas diversas dimensões. Por exemplo, a Lei n. 4.330/1964, repressiva de movimentos paredistas; a Lei n. 4.725/1965, repressiva de reajustes salariais; a Lei n. 5.107/1966, enfraquecedora do sistema estabilitário e indenizatório do tempo de serviço previsto na CLT e instituidora do FGTS; o diploma legal iniciador do processo de terceirização trabalhista (n. 6.019/1974); etc.

No plano do Direito Individual do Trabalho, mudanças regressivas de impacto também aconteceram. De um lado, foram expedidas regras jurídicas restritivas de reajustes salariais (Lei n. 4.725, de 1965, por exemplo), em nome da política econômica oficial anti-inflacionária então adotada. De outro lado, foi enfraquecido o regime de indenização rescisória por tempo de serviço e estabilidade no emprego a partir do décimo ano, previsto na CLT desde 1943 e também na Constituição de 1946; isso se fez mediante a criação de um regime alternativo, o do FGTS (Lei n. 5.107, de 1966). Em terceiro lugar, foi instituído o primeiro diploma referente a uma sistemática que se mostraria, no futuro, profundamente precarizadora das relações de trabalho, a terceirização trabalhista; este diploma inicial foi a Lei n. 6.019, de 1974, que criou o contrato de trabalho temporário. Com essa sinalização, os agentes econômicos começaram a generalizar a terceirização trabalhista, mesmo fora dos limites da Lei do Trabalho Temporário, tornando-a epidêmica já nos anos 1980/90. Esse conjunto de medidas do Direito Individual do Trabalho e do Direito Coletivo do Trabalho, entre outras, seriam responsáveis para o País, mais à frente, ainda na ditadura militar, ter experimentado algo exótico no próprio sistema capitalista, ou seja, significativa elevação do crescimento econômico, mas com profundas perdas salariais e agravamento da concentração de renda.

Curiosamente, entretanto, o regime ditatorial militar-civil, em seus 21 anos de existência, entre abril de 1964 e março de 1985, ratificou cerca de 20 convenções internacionais da OIT. Não obstante, esse longo período autocrático não se caracterizava pela busca de profunda efetividade do Direito do Trabalho ao longo do território nacional.

No que tange à Justiça do Trabalho, apenas a partir de 1975 é que foram retomadas as iniciativas de criação de novos TRTs, depois dos oito tribunais originalmente instalados em 1941. Foram criados os seguintes quatro novos TRTs: 9ª Região, PR, com sede em Curitiba (1975); 10ª Região, DF, com sede em Brasília (1981); 11ª Região, AM, com sede em Manaus (1981); 12ª Região, SC, com sede em Florianópolis (1981). O número de JCJs passou de 137, em 1964, para 382, em dezembro de 1984, patamar ainda bastante baixo para garantir a ampla capilaridade da Justiça do Trabalho no território brasileiro.[99]

De todo modo, a existência da Justiça do Trabalho tornou-se, por duas décadas, o instrumento para assegurar o cumprimento, ainda que parcial, da ordem jurídica trabalhista no País, no plano do Direito Individual do Trabalho. Teve ainda importante papel no plano do Direito Coletivo do Trabalho, mediante os processos judiciais massivos manejados pelas entidades sindicais em funcionamento, consistentes nos dissídios coletivos de natureza econômica. Por este meio processual, inúmeros direitos foram

99. Dados fornecidos pela Coordenadoria de Estatística e Pesquisa (CEST) do TST e insertos em: DELGADO, M. G.; DELGADO, G. N. Estruturação e desenvolvimento da Justiça do Trabalho no Brasil. In: DELGADO, M. G.; DELGADO, G. N. *Constituição da República e direitos fundamentais* – dignidade da pessoa humana, justiça social e Direito do Trabalho. 4. ed. São Paulo: LTr, 2017, p. 150-151.

mantidos em sentenças normativas prolatadas durante o período autocrático, uma vez que a jurisprudência se preservou em linha protetora, como próprio ao Direito do Trabalho, apesar da conjuntura de severas regressões.

No que tange ao sistema previdenciário, ele sofreu mudanças substanciais, deixando de ter vínculos de direção com o sistema sindical brasileiro e seus dirigentes. O novo governo unificou todos os IAPs em uma única autarquia federal, o então INPS, posteriormente denominado INSS (Decreto-lei n. 72, de 21 de novembro de 1966). Rompeu os laços diretivos com as entidades sindicais, transformando a previdência oficial em um sistema eminentemente público de prestação de serviços à população filiada (DL n. 72/1966). Essa mudança terminava, por inteiro, com a fase histórica precedente, neste aspecto previdenciário.[100]

A seguir, o novo governo iria alterar a fórmula de extensão do sistema previdenciário ao campo brasileiro, instituída pela Lei n. 4.214, de 1963, por meio da criação de outro programa específico e apartado, o FUNRURAL (Decreto-lei n. 276, de 1967; posteriormente, Lei Complementar n. 11, de 25 de maio de 1971). Pela LC n. 11/1971, os benefícios do FUNRURAL passaram a ostentar, quanto aos trabalhadores, natureza de seguridade social, pois não exigiam contribuição social específica por parte desses segurados. Nessa medida, houve uma ampliação da natureza meramente previdenciária do sistema originalmente criado em 1930/40, passando a ter traços efetivos de seguridade social.

Registre-se que, após o término do regime ditatorial, a noção de Seguridade Social seria ainda mais alargada, com a criação de outros benefícios sem a exata contraprestação do beneficiário (por exemplo, o benefício de prestação continuada, instituído pela Constituição de 1988). De toda maneira, do ponto de vista da participação dos dirigentes sindicais na estrutura e direções

---

100. Sobre essa fase de reformas previdenciárias dos anos 1960/70, consultar, por exemplo: COIMBRA, J. R. *Direito Previdenciário brasileiro*. 10. ed. Rio de Janeiro: Trabalhistas, 1999, p. 35; DELGADO, Ignácio Godinho. *Previdência Social e mercado no Brasil* – a presença empresarial na trajetória da política social brasileira. São Paulo: LTr, 2001, p. 148 e 171.

do sistema previdenciário e de seguridade social do Brasil, esta fase se encerrou efetivamente em meados dos anos 1960, logo em seguida à instauração do regime militar e civil de 1964. Por esse motivo, nesta análise histórica, não cabe mais se falar nesta dimensão do sistema trabalhista brasileiro.

B) A resistência à Ditadura e o nascimento do Novo Sindicalismo

A resistência ao regime autoritário militar-civil instalado a partir de abril de 1964 teve, ao longo dos 21 anos de existência da ditadura, um caráter efetivamente multidimensional. É que inúmeros segmentos sociais e políticos fizeram frente ao regime ditatorial, em dimensões e profundidade variadas. Não se pode, portanto, reduzir a um específico segmento o conjunto de resistências e lutas contra a opressão e o autoritarismo político dessa época.

Contudo, o movimento sindical – uma das vítimas principais do governo autocrático iniciado em abril de 1964 – teve, de toda maneira, um papel relevante no processo de resistência à ditadura e de busca incessante da democratização do País. Conforme já exposto, após a avalanche de intervenções sindicais, cassações de mandatos parlamentares e de direitos políticos de parlamentares de origem sindicalista, a par de prisões de lideranças desse segmento social, no período inicial do regime militar-civil de 1964, em contexto de aprovação de diploma legal extremamente restritivo sobre greves (Lei n. 4.330, de junho de 1964), o movimento sindical começaria a ressurgir em 1968, com duas greves relevantes, a de Contagem e a de Osasco – ambas fortemente reprimidas pelo governo ditatorial.[101]

Poucos meses após o término dessas duas greves – fortemente reprimidas, como visto –, foi editado em dezembro de 1968 o Ato Institucional n. 5 (AI-5), com o fechamento do Congresso Nacional, o estabelecimento da censura prévia à imprensa e a

101. Sobre essas duas importantes greves, consultar, por exemplo, OLIVEIRA, Carlindo Rodrigues de. *Greve e negociação coletiva no Brasil (1978-2018)*: grandes ciclos, configurações diversas. São Paulo: Dialética, 2022, p. 58-61.

restrição explícita de direitos e garantias individuais, públicas e políticas, inclusive o *habeas corpus*. Este dramático aprofundamento da dinâmica ditatorial afetaria o movimento sindicalista até o final da década de 1970, ainda dentro do regime autoritário.

Entre 1977 e 1978 inicia-se novo ciclo de greves, ora envolvendo trabalhadores da área estatal, ora envolvendo trabalhadores a área privada. No contexto das empresas privadas, cabe se enfatizar o movimento irrompido em maio de 1978 na fábrica de caminhões Scania, no ABC paulista, região de atuação do Sindicato de Metalúrgicos de São Bernardo. A partir de então, o novo ciclo se amplia no próprio ABC paulista, além de atingir outras regiões do estado de São Paulo e também distintas regiões do País. Há registro da ocorrência de 112 greves no País no ano de 1978, 430 em 1979, 190 em 1980, 105 em 1981, 125 em 1982, 250 em 1983, 408 em 1984 e 299 em 1985.[102]

O regime autoritário continua a praticar intervenções sindicais e outras modalidades de repressão nesse ciclo grevista, a par de expedir novos diplomas normativos de restrição ao direito de greve. Citem-se, para ilustração, a Lei n. 6.128, de 1978, que estende a proibição de greve a empregados de sociedades de economia mista; a Lei n. 6.158, de 1978, que estende a proibição de greve ao "pessoal celetista" das autarquias e órgãos da Administração Direta; a Lei n. 6.620, de 1978 (Lei de Segurança Nacional), com várias apenações relativas à prática grevista; o Decreto-lei n. 1.632, de 1978, que enumerava as atividades essenciais, em que eram vedados os movimentos paredistas.

Desses movimentos grevistas surgiram repercussões muito importantes não apenas para o sindicalismo pátrio como também para a estrutura e a dinâmica política e institucional brasileira.

---

102. OLIVEIRA, Carlindo Rodrigues de. *Greve e negociação coletiva no Brasil (1978-2018)*: grandes ciclos, configurações diversas. São Paulo: Dialética, 2022, p. 68 (tabela do DIEESE – elaboração do autor Carlindo R. de Oliveira). Sobre os ciclos de greves no período, consultar o mesmo autor e obra, nas páginas 63-87. Esclareça-se que o autor mencionado inicia o cômputo deste primeiro ciclo de greves no ano de 1978.

Do ponto de vista do sindicalismo, houve clara afirmação desse movimento social, em contraponto ao ambiente político inóspito então vivenciado. Além disso, houve uma propagação relevante dos movimentos associativistas no País, quer na área estatal, quer na área privada, ainda que fustigados pela legislação e práticas autoritárias do regime político vigente. Se não bastasse, um novo padrão de organização e atuação sindicais emerge com prestígio nessa época, com foco na presença e busca de efetiva legitimidade na base representada, preocupação com boas práticas democráticas, inclusive com diretorias com mandatos temporários e alternados, a par da busca da negociação coletiva trabalhista.

Essa dinâmica democrática, representativa e institucional crescente desaguou na criação da primeira central sindical na história do País, a CUT, em 1983, fato que asseguraria novo patamar para as ações e influências do sindicalismo na República. Alguns anos à frente, outras centrais sindicais iriam se estruturar também na realidade brasileira.[103]

Em conjugação com tudo isso, o movimento sindical, aliado a outros movimentos e personagens representativos da sociedade brasileira, especialmente oriundos dos segmentos populares e das classes médias, a par de expressivos integrantes da intelectualidade universitária e da classe artística, além de setores expressivos da comunidade estudantil, todos, em conjunto, conseguiram criar, em 1980, um partido político nacional de extração popular, com crescente presença na cidade e no campo, denominado Partido dos Trabalhadores (PT), cujo primeiro presidente foi, emblematicamente, o pioneiro líder sindical metalúrgico do ABC paulista, Luiz Inácio Lula da Silva.

---

103. Considerados os critérios fixados na Lei das Centrais Sindicais (n. 11.648, de 2008), foram certificadas pelo Ministério do Trabalho em 2016 as seguintes centrais sindicais consideradas mais representativas, na época, na realidade trabalhista brasileira: Central Única dos Trabalhadores (CUT); União Geral dos Trabalhadores (UGT); Central dos Trabalhadores e Trabalhadoras do Brasil (CTB); Força Sindical (FS); Central dos Sindicatos Brasileiros (CSB); Nova Central Sindical dos Trabalhadores (NCST). A divulgação foi realizada no *Diário Oficial* da União de 1º.4.2016 I (Seção 1, p. 132).

Nessa medida, o novo sindicalismo brasileiro, surgido na adversidade do regime autocrático, conseguiu, ao lado de inúmeras outras forças democráticas da sociedade, reproduzir no Brasil, em certa medida, uma experiência histórica largamente exitosa de vários países europeus desenvolvidos, construtores do Constitucionalismo Humanista e Social e do Estado de Bem-estar Social, isto é, um movimento sindical pujante e um partido político nacional de origem e composição popular firmemente relevante no concerto político, institucional, social e cultural do respectivo país.

De fato, na Europa Ocidental, a partir da segunda metade do século XIX, foram construídos diversos partidos de extração trabalhista, sejam social-democratas, socialistas ou estritamente trabalhistas, todos com forte inserção na classe trabalhadora e um ideário programático bastante progressista. Mencionem-se, por ilustração, pela ordem cronológica de sua criação, os seguintes partidos que iriam alcançar, desde o início do século XX até os dias atuais (portanto, já há cerca de 120 anos), em seus países, enorme importância política, institucional, social e cultural: 1) Partido Popular Socialista, da Dinamarca, instituído em 1871; 2) Partido Social-Democrata, da Alemanha, criado em 1875; 3) Partido Socialista Operário Espanhol, da Espanha, criado em 1879; 3) Partido Trabalhista, da Noruega, instituído em 1887; 4) Partido Social-Democrata, da Áustria, criado em 1888; 5) Partido Social-Democrata, da Suécia, instituído em 1889; 6) Partido Social-Democrata, da Finlândia, criado em 1899; 7) Partido Trabalhista, da Grã-Bretanha (Reino Unido), instituído em 1900; 8) Partido Socialista, da França, criado em 1905.[104]

104. As informações sobre partidos políticos progressistas em alguns relevantes países europeus foram retiradas do sítio eletrônico ***Wikipédia***, com acesso no dia 28.2.2022. Esclareça-se que se destacaram, por país, neste texto, apenas os partidos de esquerda mais longevos e historicamente mais influentes, ostentando participações significativas em diferentes períodos e mandatos no respectivo governo do país. Mas não se desconhece – e nem se negligencia – a existência de outros partidos progressistas em todos os países mencionados, além de em outros países da Europa. Pontue-se, ademais, que alguns desses partidos especificados foram resultado de fusões entre anteriores partidos progressistas – fato que pode fixar sua data de criação em momento histórico um pouco mais remoto ainda. Outra importante fonte de informação

Tudo isso demonstra a relevância do movimento sindical e do novo sindicalismo na história da resistência à ditadura e, consequentemente, na história da construção da Democracia no País no final da década de 1970 e ao longo dos anos 1980.

IV. LIÇÕES ADICIONAIS SOBRE A FASE DE INSTITUCIONALIZAÇÃO DO DIREITO DO TRABALHO NO BRASIL: DE 1930 ATÉ MEADOS DOS ANOS 1980

A fase de institucionalização do Direito do Trabalho no Brasil conhece dois grandes momentos históricos.

O primeiro deles, situado entre 1930 e 1945 (ou 1943, com a publicação e vigência da CLT) e, logo a seguir, entre 1945 até março de 1964. No primeiro desses dois lapsos temporais (1930-1945), estrutura-se o sistema trabalhista brasileiro, mediante uma intensa e multidimensional política pública. Já no segundo desses dois lapsos (1945 até março de 1964), quando o sistema trabalhista passa pelo crivo de uma consistente experiência democrática (a vivenciada na República Democrático-desenvolvimentista), o Direito do Trabalho recebe significativas ampliações quanto à sua atuação socioeconômica, particularmente com a extensão de todo o sistema institucional e jurídico trabalhista ao enorme campo brasileiro (Lei do Estatuto do Trabalhador Rural, vigente desde 1º de junho de 1963).

Ora, além dos avanços normativos experimentados nesse segundo lapso temporal (1945 até março de 1964) - que têm o condão de aumentar a inclusão da população brasileira anteriormente excluída (ainda que o ritmo dessa inclusão seja

encontra-se na obra clássica de pesquisa de Geoff Eley, fundamentada, além de tudo, em larga bibliografia europeia. Nesta obra, oautor cita mais de 30 partidos de esquerda em inúmeros países europeus, instituídos a contar de 1871 até a data de 1905, abrangendo praticamente todas as organizações mencionadas acima neste Direito do Trabalho no Brasil. Fonte: ELEY, Geoff. Forjando a Democracia - a história da esquerda na Europa, 1850-2000. São Paulo: Perseu Abramo, 2005, p. 90 (Tabela 4.1). A referência sobre os partidos e movimentos trabalhistas se estende por todo o Capítulo 4 da obra de Geoff Eley, desde a pág. 89 até a p. 113.

infelizmente muito lento e insuficiente) –, tais avanços normativos são acompanhados, ao mesmo tempo, por um relevante fluxo de imigração interna no País. Esse fluxo imigratório interno traz, ao longo das décadas, por exemplo, parte significativa da população de estados situados no nordeste brasileiro e em regiões pobres de Minas Gerais para o centro-sul do País, em direção ao Rio de Janeiro, São Paulo, Paraná, regiões mais desenvolvidas de Minas Gerais, além de parte relevante do centro-oeste, especialmente o novo Distrito Federal, com a construção de Brasília, e o estado de Goiás. Esse fluxo imigratório interno, insista-se, embora também crie bolsões de pobreza nas metrópoles brasileiras, igualmente irá concretizar certo processo de inclusão socioeconômica, incorporando ao Direito do Trabalho partes dos setores anteriormente excluídos na realidade histórica do País.

Ou seja, com todos os obstáculos, problemas e distorções, o Direito do Trabalho realiza, ainda que em parte, o seu papel inclusivo também nesse período histórico brasileiro.

É bem verdade que o último momento dessa fase de institucionalização, começado em abril de 1964 com a instalação da ditadura militar-civil no País e se estendendo até março de 1985, retoma aspectos da velha tradição brasileira de desapreço e repressão sobre a classe que vive do trabalho no Brasil, sejam trabalhadoras e trabalhadores negros, sejam trabalhadoras e trabalhadores brancos.

Nessa época, reprime-se severamente o movimento sindical, cassam-se lideranças políticas progressistas, instaura-se censura oficial sobre os órgãos de comunicação. Além disso, criam-se diversas novas restrições ao sistema político e representativo do País. Citem-se, para ilustração: eleições indiretas relativamente a diversos e relevantes cargos (Presidência e Vice-Presidência da República, Governadores de Estados, Prefeitos de inúmeras cidades do País, parte da composição do Senado Federal); a imposição de um sistema partidário severamente restrito (Arena e MDB); a presença de propagandas eleitorais monitoradas e arriscadas; um clima repressivo contínuo, inviabilizando efetiva presença de debates eleitorais democráticos na realidade brasileira, grande parte das vezes. Ora, tudo isso prejudica e atrasa o papel progressista e civilizatório do

Direito do Trabalho, bem como de diversos outros potenciais campos do Direito, inclusive o próprio Direito Constitucional.

Com todos os problemas evidenciados neste último lapso temporal regressivo (abril de 1964 até março de 1985), fica claro que a simples presença de aspectos e instituições do sistema trabalhista institucionalizado entre 1930 e 1945, como o Direito Individual do Trabalho, o Direito Coletivo do Trabalho (este, fortemente descaracterizado em vista da denegação dos princípios da liberdade sindical e da autonomia das entidades sindicais na época), o Direito Processual do Trabalho e a Justiça do Trabalho, tudo isso se mostra como um aparato de estruturas e veículos de garantias mínimas de direitos e proteções trabalhistas, ainda que dentro de um ambiente repressivo, excludente e bastante inóspito. Os processos judiciais trabalhistas, individuais e coletivos, se tornam, praticamente, o único canal de afirmação dos direitos da classe que vive do trabalho na realidade brasileira, por um longo período.[105]

105. Conforme já explicitado no presente livro, a expressão "a classe que vive do trabalho" tem sido reiterada pelo sociólogo brasileiro Ricardo Antunes, como meio de enfrentar com muita argúcia e amplitude o debate às vezes estéril sobre as limitações das antigas expressões como "proletariado" ou "operariado", ou até mesmo as mais recentes, como "empregado" ou "trabalhador". É que a classe que vive do trabalho abrange não apenas os empregados situados em qualquer setor da economia, como também os trabalhadores não empregados, realizando, ademais, aceno relevante àquelas pessoas humanas que, embora marginalizadas do sistema socioeconômico (como os desempregados, os "desalentados", os informais, etc.), também necessitam do trabalho remunerado e protegido para alcançarem razoável identidade pessoal, profissional, social e econômica, a par de garantirem razoável segurança e qualidade de vida para si e suas famílias. A respeito, mencionem-se, por exemplo, duas obras do renomado autor: ANTUNES, Ricardo. *Adeus ao trabalho? Ensaio sobre as metamorfoses e a centralidade do mundo do trabalho.* 16. ed. São Paulo: Cortez, 2015; ANTUNES, Ricardo. *Os sentidos do trabalho. Ensaio sobre a afirmação e a negação do trabalho.* 2. ed./3. reimpr. São Paulo: Boitempo, 2015.

CAPÍTULO VI

Fase da transição democrática do Direito do Trabalho brasileiro propiciada pela Constituição de 1988 durante a Quarta República (1988-2016)

I. INTRODUÇÃO

A Constituição de 1988 emerge na história brasileira como a mais importante construção institucional, jurídica e cultural estruturada nos vários séculos de existência do País. Conseguindo realizar uma leitura interpretativa ampla e sofisticada da evolução histórica do Brasil, desde o período colonial até o final dos anos 1980, a Assembleia Nacional Constituinte de 1987/88 conseguiu construir um texto que, de maneira geral, consolidou os pontos positivos de nossa anterior evolução econômica, social, institucional, jurídica e cultural, mas que também buscou, com infatigável ênfase, corrigir – ou abrir caminhos para a respectiva correção – os diversos nódulos e distorções característicos da realidade brasileira, em seus múltiplos aspectos.

Para tanto a nova Constituição Federal colocou a pessoa humana no centro da ordem jurídica e da vida socioeconômica e, coerentemente, adotou o conceito de Estado Democrático de Direito. Ora, esse conceito, por si só, funda-se em um tripé conceitual decisivo, em que a pessoa humana, com a sua dignidade, ocupa o ápice do arquétipo conceitual, acompanhada do Estado e suas instituições, necessariamente democráticas e inclusivas, a par da própria sociedade civil e suas instituições integrantes, devendo ser igualmente democráticas e inclusivas.[106]

No quadro das inúmeras inovações que traz (ou que deflagra), a nova Constituição da República Federativa do Brasil, ao enfocar o sistema trabalhista brasileiro, procura reforçar os seus pontos positivos comprovados, buscando também, ao mesmo tempo, realizar uma transição em direção ao aperfeiçoamento desse sistema, quer a partir de seu texto original promulgado em 5 de outubro de 1988, quer por meio das novas mudanças que instiga por intermédio de seu espírito inovador, inclusivo e democratizante.

O presente Capítulo VI irá estudar exatamente essa fase de transição democrática do Direito do Trabalho brasileiro propiciada pela Constituição de 1988 durante as suas primeiras décadas de existência.

Para cumprir tal objetivo, este capítulo irá estudar o paradigma do Constitucionalismo Humanista e Social, que foi absorvido pela Constituição de 1988 e incorporado, por meio dela, para o plano interno de nossa ordem jurídica.

Irá também se debruçar sobre a arquitetura democrática e inclusiva constitucional brasileira de 1988, promulgada no final dos anos 1980 e aperfeiçoada por algumas importantes emendas constitucionais até maio de 2016.

Passando diretamente ao temário trabalhista, este Capítulo VI irá analisar os institutos trabalhistas aperfeiçoados pelo novo

---

106. É o que explicita DELGADO, Mauricio Godinho. Constituição da República, Estado Democrático de Direito e Direito do Trabalho. In: DELGADO, M. G.; DELGADO, Gabriela Neves. *Constituição da República e direitos fundamentais* – dignidade da pessoa humana, justiça social e Direito do Trabalho. 4. ed. São Paulo: LTr, 2017, p. 33-51.

texto constitucional republicano ou por emendas aprovadas nos 27,5 anos seguintes à promulgação ocorrida em 1988.

Em seguida, passará e examinar os institutos trabalhistas contraditórios preservados no texto original de 1988 e que seriam objeto de nova leitura por emendas constitucionais subsequentes à promulgação original da Constituição – consideradas apenas as emendas ocorridas até o início do mês de maio de 2016.

O presente texto fará ainda uma análise sobre a corrente neoliberalista surgida (ou reforçada) logo após a promulgação da nova Constituição da República, em uma espécie de contra-ataque neoconservador às mudanças democráticas e inclusivas deflagradas pela Constituição de 1988. Esse tipo de pensamento regressivo e excludente manterá a sua presença durante todo o período da Quarta República, conseguindo, por fim, derrubar o regime democrático a partir de 12 de maio de 2016, de maneira a retomar o controle das instituições políticas e do conjunto da ordem jurídica (tema que será objeto, entretanto, apenas do Capítulo VII deste livro, o último de toda a obra).[107]

Este Capítulo VI será concluído por um balanço sobre a renovação democrática deflagrada pela Constituição de 1988 no sistema trabalhista brasileiro (item III do presente capítulo), considerado o período inaugurado em 5 de outubro de 1988 até

107. Em 12 de maio de 2016 foi aprovado o afastamento temporário da Presidenta Dilma Rousseff, que fora democraticamente eleita no pleito ocorrido no final de 2014, sendo reempossada no cargo, em face de sua reeleição, em janeiro de 2015. Consumado o seu afastamento temporário em 12 de maio de 2016, ela não mais retornaria à Presidência da República, sendo afastada em definitivo no segundo semestre de 2016. Desde maio desse ano, portanto, consumou-se a volta da ampla dominância ultraliberalista nas políticas públicas brasileiras, dominância que se estenderia pelos anos seguintes até 31 de dezembro de 2022. Em 1º de janeiro de 2023, tomaria posse, na Presidência da República, o Presidente eleito Luiz Inácio Lula da Silva, em seu terceiro mandato presidencial, retomando a linha progressista de governo, em aliança da esquerda, liderada pelo Partido dos Trabalhadores, com parte de setores do centro partidário na realidade política e eleitoral brasileira, no contexto inaugurado pela Constituição de 1988 e efetivado, pela primeira vez, nas eleições de 2002.

o dia 12 de maio de 2016, data de afastamento da Presidenta da República Dilma Rousseff de seu cargo presidencial.

O estudo da crise democrática, institucional, econômica, social e trabalhista brasileira, com os desafios impostos ao Direito do Trabalho e à classe que vive do Trabalho no País, experimentados a partir de 12. de maio de 2016, será objeto apenas do último capítulo desta obra, o de n. VII, mais à frente.

II. FASE DA TRANSIÇÃO DEMOCRÁTICA DO DIREITO DO TRABALHO BRASILEIRO: A CONSTITUIÇÃO DE 1988

A transição democrática do sistema trabalhista brasileiro se inicia, na verdade, em março de 1985, com o término do regime ditatorial instalado em abril de 1964. Desde 15 de março de 1985, abre-se no País uma ambientação amplamente democrática, que já prenunciará os avanços a serem lavrados na nova Constituição da República. Não obstante, diversos diplomas e regras jurídicas que relembravam a exclusão e o autoritarismo se mantiveram em plena vigência, do ponto de vista formal. Por essa razão, fica o registro de que este texto fará referência também a alguns avanços já prenunciados entre março de 1985 e 5 de outubro de 1988, embora o foco da presente análise aponte, de modo firmemente preponderante, para as conquistas e as perspectivas abertas pela nova Constituição.

Citem-se alguns avanços percebidos já antes da promulgação da Constituição Cidadã.

No plano do Direito Coletivo do Trabalho, em primeiro lugar, o Ministério do Trabalho se absteve de se valer dos seus censuráveis poderes interventores no movimento sindical (os quais continuavam, tecnicamente, inseridos na CLT), passando a atuar estritamente como canal de contato e diálogo da classe trabalhadora com o poder público federal e como mecanismo de efetivação do cumprimento da legislação trabalhista no território nacional (Auditoria Fiscal Trabalhista). Em segundo lugar, formou-se no País, na década de 1980, a primeira central sindical da história brasileira, a Central Única dos Trabalhadores (CUT)

– fato que iria se constituir, pioneiramente, em concretização de conquista democrática já tornada clássica nos países ocidentais desenvolvidos. Mais à frente, outras centrais sindicais iriam se formar na realidade do sindicalismo. Agregue-se ainda que os movimentos paredistas vivenciaram maior margem de atuação a partir dessa fase histórica.

No plano da Justiça do Trabalho, acelerou-se a dinâmica de generalização da estrutura judicial trabalhista pelo interior brasileiro, criando-se, em apenas três anos e meio, quatro novos TRTs, de modo a atingir 16 TRTs imediatamente antes do advento da nova Constituição: 13ª Região, com sede em João Pessoa-PB (1985); 14ª Região, com sede em Porto Velho-RO (1986); 15ª Região, com sede em Campinas-SP (1986); 16ª Região, com sede em São Luís-MA (1988). As JCJs passaram de 382, em dezembro de 1984, para 493, em dezembro de 1988 (TST – CEST).

O ponto alto desta nova fase, contudo, é a Constituição da República Federativa do Brasil, promulgada em 5 de outubro de 1988. A nova Constituição Federal inseriu o País no paradigma do Constitucionalismo Humanista e Social, inaugurado no ocidente europeu logo depois da Segunda Grande Guerra, mediante os textos constitucionais da França (1946), da Itália (1947) e da Alemanha (1949), seguidos pelas Constituições de Portugal (1976) e da Espanha (1978).

1. Paradigma do Constitucionalismo Humanista e Social

Após a ruptura com o velho liberalismo provindo dos séculos XVII e XVIII – ruptura que foi deflagrada pelo paradigma do Constitucionalismo Social, inaugurado na segunda década do século XX, especialmente pelos documentos constitucionais do México, de 1917, e da Alemanha, de 1919 –, novo avanço muito importante aconteceu no constitucionalismo ocidental, logo depois da Segunda Grande Guerra. Esse novo e paradigmático avanço teve como matrizes originárias as constituições da França, da Itália e da Alemanha, todas da segunda metade dos anos 1940, seguidas pelos documentos constitucionais de Portugal e da Espanha, estes da segunda metade dos anos 1970.

Curiosamente o paradigma do Constitucionalismo Humanista e Social, despontado logo em seguida ao término do conflito mundial travado entre 1939 e 1945, bem como o anterior paradigma do Constitucionalismo Social, surgido no contexto da Primeira Grande Guerra, travada entre 1914 e 1918, ambos os paradigmas se estruturaram no cenário constitucional do ocidente europeu, não conseguindo alterar o texto constitucional do velho paradigma liberalista norte-americano, estruturado em finais do século XVIII.

Essa aparente mera coincidência teria, no fundo, repercussões enormes nas matrizes paradigmáticas dos EUA e do sistema constitucional europeu. No primeiro caso, a força do paradigma liberalista individualista e excludente se manteria ainda muito sólida – embora desafiada, nos EUA, pelas lutas igualitárias brandidas pela população negra, depois da Segunda Guerra, e também pelas mulheres, um pouco mais à frente, a contar dos anos 1960. Porém naquele tradicional paradigma liberalista norte-americano não se encontrou muito espaço para outras questões sociais, especialmente as vinculadas ao mundo do trabalho, às políticas públicas de distribuição de renda, às políticas de oferta de serviços públicos universais e igualitários para o conjunto da população, além de outras políticas públicas que iriam caracterizar, com maior minúcia, o Estado de Bem-Estar Social no ocidente europeu.

Nos países ocidentais europeus, ao inverso, já sensibilizados pelo Constitucionalismo Social do final da segunda década do século XX – paradigma que teve pouca influência nos EUA, registre-se –, a vertente do Constitucionalismo Humanista e Social produziu repercussões amplas e generalizadas, dando origem, inclusive, a um padrão largamente democrático e inclusivo de organização da sociedade política e da sociedade civil, denominado de Estado de Bem-estar Social ou *Welfare State*.

Nesse quadro, o novo paradigma do Constitucionalismo Humanista e Social aprofunda os avanços instigados pelo paradigma imediatamente anterior. Ele, na verdade, coloca a pessoa humana no centro da ordem jurídica e da realidade socioeconômica, determinando que se construa, no respectivo país, uma sociedade livre, justa e solidária – ainda que resguardadas as peculiaridades comunitárias, nacionais e regionais envolventes.

Tal novo paradigma também confere aos princípios jurídicos, especialmente os constitucionais, força normativa própria, como mecanismo para garantir a eficiência de seu projeto constitucional e afastar a força e os artifícios do positivismo jurídico, que se mostra facilmente instrumentalizável pelos experimentos autocráticos contemporâneos. Ele institui, em consequência, diversos princípios constitucionais humanistas e sociais, como o da dignidade da pessoa humana, o da centralidade desta pessoa na ordem jurídica e na vida social, o da igualdade em sentido material, ao invés de apenas no sentido formal, o da subordinação da propriedade e da livre iniciativa às suas funções sociais e ambientais, o da valorização do trabalho, do emprego e da livre iniciativa, o princípio do bem-estar individual e social, o da vedação enfática à discriminação na sociedade política e na sociedade civil, o da democratização substancial do Estado e de suas instituições, o da democratização também da sociedade civil e de suas instituições, a par de outros importantes princípios constitucionais.[108]

Para tanto, o novo constitucionalismo institui o conceito cardeal de Estado Democrático de Direito (ou de Estado de Direito Democrático), fundado em um tripé conceitual distintivo, ou seja, a pessoa humana, com a sua dignidade; a sociedade política, democrática e inclusiva; a sociedade civil, também necessariamente democrática e inclusiva.[109]

Nesse quadro e direcionamento conceituais, o novo constitucionalismo aponta para a construção de um Estado de Bem-estar Social no respectivo país, abandonando as experiências

108. A respeito, consultar DELGADO, Mauricio Godinho. *Princípios constitucionais do trabalho e princípios de direito individual e coletivo do trabalho.* 5. ed. São Paulo: LTr, 2017, p. 36-100.

109. Nesta linha, DELGADO, Mauricio Godinho. Constituição da República, Estado Democrático de Direito e Direito do Trabalho. In: DELGADO, M. G.; DELGADO, Gabriela Neves. *Constituição da República e direitos fundamentais* – dignidade da pessoa humana, justiça social e Direito do Trabalho. 4. ed. São Paulo: LTr, 2017, p. 33-51.

excludentes e ineficazes de império da ideologia liberalista (ou neoliberalista) e delas procurando proteger os seres humanos e as instituições. De fato, esse modelo de organização da sociedade política e da sociedade civil, inclusive da economia, dentro dos marcos do sistema capitalista – isto é, o Estado de Bem-estar Social ou *Welfare State* –, constitui aquele que melhor tem atendido, do ponto de vista histórico, concreto, prático, os parâmetros do Constitucionalismo Humanista e Social.[110]

2. Arquitetura Democrática Constitucional Brasileira de 1988

Centrando o foco da presente análise apenas nos aspectos que envolvem o sistema jurídico trabalhista brasileiro, são manifestos os pontos de avanços democráticos, organizacionais, jurídicos e culturais inseridos na Constituição de 1988 ou por ela deflagrados.

A) Avanços democráticos no Direito Coletivo do Trabalho

Iniciando a reflexão pelo bloco de mudanças ocorridas no Direito Coletivo do Trabalho, fica claro que se assegurou, pela primeira vez na História do Brasil, efetivas liberdades de associação profissional e de associação sindical, além de efetivas liberdade e autonomia às entidades sindicais, aptas a lhes garantir estrutura, administração e atuações próprias, com real distanciamento em face das tradicionais pressões estatais e pressões do poder econômico em sua existência e dinâmica operacional. Trata-se do que conjugadamente estabelecem os seguintes preceitos da Constituição de 1988: o art. 5º, *caput* e incisos IV, XIII, XIV, XV, XVI, XVII,

110. Sobre o Estado de Bem-estar Social, consultar, por exemplo, DELGADO, Mauricio Godinho (org.); PORTO, Lorena Vasconcelos (org.). *Welfare State* – os grandes desafios do Estado de Bem-estar Social. São Paulo: LTr, 2019. Na obra constam estudos de autores da Alemanha, Austrália, Brasil, Espanha, Finlândia, França, Itália, Noruega, Reino Unido e Suécia. Igualmente, consultar DELGADO, Mauricio Godinho (org.); PORTO, Lorena Vasconcelos (org.). *O Estado de Bem-estar Social no Século XXI*. 2. ed. São Paulo: LTr, 2018. Nesta obra, cuja primeira edição data de 2007, há estudos de autores dos seguintes países: Alemanha, Brasil, França, Itália e Noruega.

XIII, XIX, XX, XXI; o art. 8º, *caput* e incisos I, II, III, IV, V, VI, VII, VIII e parágrafo único; o art. 9º, *caput* e §§ 1º e 2º; o art. 10; e o art. 11 da Constituição da República.

Se não bastasse, a Constituição de 1988 validou expressamente os direitos e garantias que fossem (e sejam) "decorrentes do regime (isto é, do regime do Estado Democrático de Direito) e dos princípios por ela adotados (isto é, dos princípios democráticos, humanistas e sociais constitucionais). Com essa validação e esse reporte jurídico, o fato é que o art. 5º, § 2º, da Constituição de 1988 incorporou os princípios e garantias presentes em convenções internacionais da OIT e em outras fontes normativas internacionais que vedam a interferência do poder econômico e do poder estatal na estrutura e na atuação das entidades sindicais. É o que se passa, por exemplo, com o disposto na Convenção 98 da OIT (ratificada pelo Brasil nos anos 1950), em seus arts. 2.1 e 2.2, a par do disposto na Convenção 135 da OIT (ratificada pelo Brasil em 1991), em seu art. 1º. Essas normas internacionais são explícitas no que tange a tais importantíssimas vedações e proteções.

Com essa impressionante engenharia jurídica, a Constituição de 1988 assimilou o melhor espírito da Convenção 87 da OIT (que não foi ratificada pelo Brasil, pontue-se) – ou seja, os princípios da liberdade sindical e da autonomia sindical –, entretanto sem absorver os aspectos controversos desse diploma internacional trabalhista. Entre esses aspectos controversos, se sobressaem o seu potencial incentivo ao fracionamento e à pulverização sindicais e o seu potencial incentivo à internalização de um espírito individualista e egoístico no interior do movimento sindical, inclusive com a possibilidade franqueada para a criação dos sindicatos por empresa ou, até mesmo, por simples estabelecimento empresarial.

A força desses princípios e garantias constitucionais e internacionais ora vigorantes relativos à liberdade e à autonomia sindicais trouxe, ademais, plena segurança jurídica quanto à validade e o reconhecimento das centrais sindicais, novidade democrática inimaginável nas diversas fases anteriores do sindicalismo brasileiro, mas instituída a partir dos anos 1980, vindo a ter pleno respaldo por parte da nova Constituição da República.

Ainda no plano do Direito Coletivo do Trabalho, na Constituição de 1988 fixaram-se o reconhecimento e diversos incentivos importantes para a negociação coletiva trabalhista na sociedade civil, respeitada a interveniência das entidades sindicais de trabalhadores nos instrumentos coletivos negociados (art. 7º, VI, XIII, XIV e XXVI; art. 8º, III e VI, todos da CF/1988). Com isso superou-se uma fragilidade óbvia do anterior sistema trabalhista brasileiro, que desestimulava explicitamente o diálogo entre trabalhadores e empregadores fora do âmbito dos canais estatais (se estivessem abertos, ressalte-se). É que, com a nova Constituição Federal, a negociação coletiva trabalhista floresceu e se expandiu, recebendo claros incentivos da ordem jurídica emergente em outubro de 1988.

Em coerência com os incentivos à negociação coletiva trabalhista, a nova Constituição Federal assegurou com larga amplitude o direito de greve (art. 9º, *caput*), afirmando competir "aos trabalhadores decidir sobre a oportunidade de exercê-lo e sobre os interesses que devam por meio dele defender". Evidentemente que estabeleceu limites de civilidade ao exercício do direito (§ 2º do art. 9º), além de ter determinado à lei que faça a definição dos "serviços ou atividades essenciais (dispondo ainda) sobre o atendimento das necessidades inadiáveis da comunidade" (§ 1º do art. 9º: parêntesis acrescido).[111]

Por fim, a nova Constituição ampliou o manejo das ações judiciais coletivas na seara trabalhista por meio da substituição processual sindical (art. 8º, III, da CF/1988), sem prejuízo da atuação processual coletiva específica também aberta para o

111. Sobre a amplitude do direito de greve e as pontuações especificadas no próprio art. 9º da Constituição e no conjunto da matriz constitucional de 1988, a par das peculiaridades normativas, doutrinárias e jurisprudenciais a respeito desse importante direito individual, social e coletivo trabalhista, consultar, por exemplo, os seguintes estudos: COUTINHO, Adrienne Rodrigues. *A greve política e a política da greve.* Belo Horizonte: RTM, 2021; DELGADO, Mauricio Godinho. *Direito coletivo do trabalho.* 7. ed. São Paulo: LTr, 2017, p. 267-309 (Cap. V: Impasses na Negociação Coletiva – greve); DELGADO, M. G.; PIMENTA, J. R. F.; MIZIARA, R. *Sindicalismo e greve no Estado Democrático de Direito*: o debate sobre o exercício, pelas entidades sindicais, de atividades com dimensões políticas. *Revista de Direito do Trabalho* v. 209. São Paulo: RT/Thompson Reuters, 2020, p. 01-30.

Ministério Público do Trabalho (art. 127, *caput*, e art. 129, II, III e IX, da CF/1988).

Com esse conjunto de melhorias jurídicas e institucionais, a nova Constituição da República, mediante o seu texto original, aperfeiçoado pelas duas emendas constitucionais referidas (n. 24 e n. 45), somando-se às convenções internacionais sobre sindicalismo e negociação coletiva trabalhista que foram ratificadas entre outubro de 1988 e maio de 2016, tudo harmonizado com os novos diplomas legais democráticos e progressistas aprovados nesse mesmo lapso histórico (inclusive a Lei das Centrais Sindicais), todo esse conjunto civilizatório fez a sociedade política e a sociedade civil brasileiras passarem a reconhecer e respeitar, razoavelmente, o movimento e as instituições sindicais, com o universo do Direito Coletivo do Trabalho, na qualidade de elementos fundamentais e imprescindíveis para a existência e manutenção de um efetivo Estado Democrático de Direito no País. Trata-se da primeira vez na história brasileira em que isso aconteceu.[112]

B) Avanços democráticos quanto ao Ministério do Trabalho

O segundo bloco de mudanças percebido com a nova Constituição da República passou-se com o Ministério do Trabalho (qualquer que seja o seu epíteto em determinado momento histórico), órgão do Poder Executivo Federal. Ora, este órgão ministerial ficou expressamente proibido de se valer de poderes autocráticos e intervencionistas no âmbito do movimento sindical

112. Para a melhor compreensão da alta relevância do sindicalismo e do Direito Coletivo do Trabalho como partes estruturais do fenômeno democrático na História Ocidental, consultar dois estudos recentes deste autor, ambos publicados em 2022: 1) DELGADO, M. G. O sindicalismo no sistema capitalista e na democracia: papel estrutural. In: DELGADO, M. G. (org.); PEREIRA, Ricardo Macedo de Britto (org.); DIAS, Valéria de Oliveira (org.); MENEZES, Alline Bessa de (org.); BERNARDES, Simone Soares (org.); RODRIGUES, Yuli Barros Monteiro (org.). *Democracia, sindicalismo e justiça social* – parâmetros estruturais e desafios no século XXI. São Paulo: Juspodivm, 2022, p. 23-44; 2) DELGADO, M. G. Sindicatos: desafios no século XXI. In: DELGADO, M. G. *et alii* (org.). *Democracia, sindicalismo e justiça social* – parâmetros estruturais e desafios no século XXI. São Paulo: Juspodivm, 2022, p. 45-79.

e de suas entidades integrantes (art. 8º, *caput* e incisos I e II, da CF/1988, a par dos demais preceitos e garantias constitucionais e internacionais já referidos).

Nesse quadro, passou o órgão ministerial federal a centrar o foco de sua atuação em seu importante papel de canal de diálogo entre a classe trabalhadora e as entidades estatais governamentais federais, a par de na busca do aperfeiçoamento das instituições do sistema trabalhista pátrio, bem como na qualidade de instrumento para o alcance da maior efetivação da legislação trabalhista na realidade brasileira (Auditoria Fiscal Trabalhista). É o que prevaleceu até a regressão política, institucional e jurídica deflagrada no primeiro semestre de 2016, com a derrubada do governo democrático recém-eleito no final de 2014, sob direção da Presidenta Dilma Rousseff.

C) Avanços democráticos quanto ao Ministério Público do Trabalho

O terceiro bloco de mudanças surgiu com a ampla reformulação do Ministério Público, especialmente do Ministério Público do Trabalho, pela Constituição de 1988.

É que o novo texto constitucional brasileiro conferiu à instituição notável papel na "defesa da ordem jurídica, do regime democrático e dos interesses sociais e individuais indisponíveis" (inclusive os trabalhistas) - art. 127, *caput*, da CF/1988; texto entre parêntesis acrescido. Nesse quadro, passaram a ser funções institucionais do MPT, entre outras, "promover o inquérito civil e a ação civil pública, para a proteção do patrimônio público e social, do meio ambiente" (inclusive o do trabalho) "e de outros interesses difusos e coletivos" (inclusive os sociais, coletivos e individuais trabalhistas) - art. 129, III, da CF/1988; textos entre parêntesis acrescidos.

As novas e diversificadas funções do MPT deram novo perfil à instituição, tornando-a poderoso *órgão agente judicial e extrajudicial*, além da clássica função de órgão interveniente nos processos (art. 127, *caput*, e art. 129, II, III e IX, CF/1988).

Agregue-se que a Constituição de 1988 e o Estatuto do Ministério Público da União (LC n. 75, de 1993), ao estabelecerem estas e outras funções, atribuições e prerrogativas ao MPT, tiveram a sabedoria de não arranhar as funções e atribuições inerentes às entidades sindicais na defesa dos interesses individuais, sociais e coletivos dos trabalhadores e suas respectivas categorias. O objetivo da Constituição da República, ciente das centenárias tradições excludentes e autocráticas do sistema jurídico brasileiro e das elites do País, foi robustecer os mecanismos de proteção e efetividade dos direitos individuais, sociais e coletivos trabalhistas, de maneira a suplantar esse rol censurável de tradições típicas de nossa história. Esses mecanismos robustecidos envolvem também, é claro, a própria defesa da liberdade e autonomia das entidades sindicais, quer em vista das pressões, medidas e políticas públicas adversas estatais, quer em vista das pressões e medidas antissindicais oriundas das instituições, empresas e pessoas integrantes da sociedade civil.

D) Avanços democráticos quanto à Justiça do Trabalho

O quarto bloco de mudanças promovidas pela Constituição de 1988 visou fortalecer e aperfeiçoar a Justiça do Trabalho enquanto instituição voltada à efetivação do Direito Coletivo e Individual do Trabalho na economia e sociedade pátrias, no contexto da busca de solução de conflitos individuais e coletivos trabalhistas.

Assim incrementou-se a expansão desse ramo do Poder Judiciário para todo o interior brasileiro, seja em primeira instância, seja no plano dos tribunais regionais (o art. 112 da CF, em seu texto original de 1988, dispunha: "Haverá pelo menos um Tribunal Regional do Trabalho em cada Estado e no Distrito Federal..."). Nesse quadro, foram criados mais oito TRTs, ao todo, até a mudança, pela EC n. 45/2004, da redação do art. 112 da CF. São eles: 17ª Região, com sede em Vitória (1989); 18ª Região, com sede em Goiânia (1989); 19ª Região, com sede em Maceió (1991); 20ª Região, com sede em Aracaju (1991); 21ª Região, com sede em Natal (1991); 22ª Região, com sede em Teresina (1991); 23ª Região, com sede em Cuiabá (1992); 24ª Região, com sede em Campo Grande (1992).

Já as JCJs (que se transformariam em Varas Trabalhistas, desde a EC n. 24, de dezembro de 1999), passaram de 493, em dezembro de 1988 (ou 382, se considerado 31 de dezembro de 1984), para o número de 1.587 VTs existentes até dezembro de 2015. Com esse aumento de quase 1.100 Varas Trabalhistas entre a data de promulgação da nova Constituição da República (5 de outubro de 1988) e o mês de dezembro de 2015 (pouco antes do retorno do ultraliberalismo às políticas públicas brasileiras, ocorrido a partir de 12 de maio de 2016), a capilaridade e a presença da Justiça do Trabalho no interior do Brasil se tornaram efetivas.

Também a Constituição, mediante a Emenda Constitucional n. 24, de novembro de 1999, extinguiu a representação classista no interior da Justiça do Trabalho, aperfeiçoando não apenas esse ramo do Poder Judiciário como também o próprio sistema sindical brasileiro, pela eliminação desse mecanismo de cooptação de lideranças sindicais pelo Estado, que desviava o sindicalismo de suas funções precípuas.

Por fim, a EC n. 45, de dezembro de 2004, aperfeiçoou ainda mais a Justiça do Trabalho, ampliando-lhe a competência material (art. 114, *caput* e incisos I até IX). Em consequência dessa mudança, litígios e temas claramente conexos aos trabalhistas passaram a ser destinados ao exame pela Justiça do Trabalho, ao invés de ficarem dispersos seja na Justiça Comum Estadual seja na Justiça Federal. É o que passou a prever a nova redação do art. 114, *caput*, relativamente a diversos tipos de controvérsias importantes na vida social e institucional.

Citem-se as controvérsias enfatizadas pelo novo texto do art. 114 da Constituição da República: I – aquelas concernentes às "relações de trabalho", ao invés de apenas às relações de emprego (novo inciso I); II – as "ações que envolvam exercício do direito de greve" (novo inciso II); III – as "ações sobre representação sindical, entre sindicatos, entre sindicatos e trabalhadores, e entre sindicatos e empregadores" (novo inciso III); IV – os "mandados de segurança, *habeas corpus* e *habeas data*, quando o ato questionado envolver matéria sujeita à sua jurisdição" (novo inciso IV); V – os "conflitos de competência entre órgãos com jurisdição trabalhista, ressalvado o disposto no art. 102, I, "o" (novo inciso V); VI – as "ações de indenização por dano moral ou patrimonial, decorrentes da relação de trabalho" (novo inciso VI); VII – as "ações relativas às penalidades administrativas impostas aos empregadores pelos órgãos de fiscalização das relações de trabalho" (novo inciso VII); VIII – a "execução, de ofício, das contribuições sociais previstas no art. 195, I, 'a', e II, e seus acréscimos legais, decorrentes das sentenças que proferir" (novo inciso VIII); IX – a "outras controvérsias decorrentes da relação de trabalho, na forma da lei" (novo inciso IX).

Embora a jurisprudência subsequente do Supremo Tribunal Federal e até mesmo a jurisprudência da própria Justiça do Trabalho (esta, em menor extensão, registre-se) tenham decotado parte importante dessa nova ampliação da competência material, o fato é que os avanços técnico-jurídicos, sociais e institucionais trazidos pela nova redação do art. 114, *caput* e seus nove incisos, pela EC n. 45/2004 foram, de fato, muito substantivos.

A par disso, a EC n. 45 também reduziu o acesso ao processo judicial de dissídio coletivo de natureza econômica (art. 114, § 2º), inserindo a exigência do "comum acordo" para a propositura da peculiar ação coletiva, no suposto de que os avanços jurídicos, sindicais e democráticos consagrados nos 16 anos de vigência da Constituição, comemorados em outubro de 2004, teriam recomendado inserir esse novo óbice processual como suposto incentivo à negociação coletiva trabalhista.

Neste caso, contudo, o intento constitucional reformador de dezembro de 2004 se frustrou, lamentavelmente, em vista do subsequente rigorismo imposto às instituições sindicais obreiras não só pela decisão do STF que declarou inconstitucional a ultratividade dos ACTs e CCTs, como também pela draconiana reforma trabalhista de 2017 (Lei n. 13.467/2017). Ora, fragilizados novamente no País os sindicatos de trabalhadores, esvai-se o princípio do Direito Coletivo do Trabalho da equivalência entre os contratantes coletivos e, por decorrência disso, perde força a própria negociação coletiva trabalhista. Nesse novo contexto de enfraquecimento dramático do sindicalismo obreiro, quer por interpretações jurisprudenciais, quer por alterações legislativas, torna-se contraditório falar na superação do antigo poder normativo judicial – o qual fora criado, décadas atrás, entre outros fundamentos, exatamente em face da alegada fragilidade dos entes sindicais obreiros no Brasil.

E) Avanços democráticos e inclusivos quanto ao Direito Individual do Trabalho

O quinto bloco de mudanças deflagradas pela Constituição da República, seja em seu texto original de 1988, seja por meio de inovações normativas aprovadas até 12 de maio de 2016 (data do afastamento provisório da Presidenta da República eleita – e que se tornaria definitivo logo depois), abrange múltiplas conquistas democráticas e inclusivas no plano do Direito Individual do Trabalho.

a) Princípios de natureza democrática, humanista e social – Aponte-se, em primeiro lugar, a criação, pela nova Constituição, de um conjunto significativo de princípios de natureza democrática, humanista e social, todos com o novo caráter de força normativa. Diversos desses princípios apresentam forte inserção no campo justrabalhista, podendo, dessa maneira, ser denominados de "princípios constitucionais do trabalho". Entre estes, citem-se: o da dignidade da pessoa humana; o da centralidade da pessoa humana na vida social e na ordem jurídica; o da valorização do trabalho e do emprego, ao lado da livre iniciativa; o da inviolabilidade do direito à vida; o do bem-estar individual e social; o da justiça social; o da submissão da propriedade e da livre iniciativa às suas funções sócio-ambientais; o da não discriminação; o da igualdade em sentido formal, mas também em sentido material, substantivo; o da segurança, em sentido amplo; o da proporcionalidade e razoabilidade; o da vedação do retrocesso social.[113]

113. A respeito, conferir DELGADO, Mauricio Godinho. *Princípios constitucionais do trabalho e princípios de direito individual e coletivo do trabalho*. 5. ed. São Paulo: LTr, 2017, p. 36-100.

b) Status constitucional diferenciado conferido à pessoa humana e ao trabalho – Indique-se, em segundo lugar, o *status* constitucional diferenciado conferido à pessoa humana e ao trabalho, em particular, suplantando a fase da simples (embora importante) "constitucionalização do Direito do Trabalho", própria do paradigma surgido na segunda década do século XX. Aprofundando o novo paradigma constitucional despontado após a Segunda Grande Guerra, a Constituição de 1988 se inicia pela pessoa humana, ao firmar, em seu Título I, diversos princípios fundamentais eminentemente humanistas, sociais e democráticos (arts. 1º até 4º), deixando clara a relevância do ser humano em sua estrutura normativa. Antes de entrar na organização do Estado, em suas diversas estruturas e competências (tal como fizeram todas as constituições brasileiras, desde a de 1824), a Constituição de 1988 insere com enfática primazia, em seu Título II, os direitos e garantias fundamentais (arts. 5º a 17), dividindo-os em direitos e deveres individuais e coletivos (Título II, Capítulo I) e direitos sociais (Título II, Capítulo II). Ora, conforme se sabe, os direitos sociais são, antes de tudo, direitos individuais dos trabalhadores, sendo ao mesmo tempo, direitos individuais e sociais e, grande parte das vezes, também direitos coletivos desse mesmo relevante segmento social e econômico.

c) A não recepção de inúmeros preceitos normativos pela nova Constituição da República – Mencione-se, em terceiro lugar, a não recepção constitucional de inúmeros preceitos componentes da legislação trabalhista prévia a 5 de outubro de 1988 que se mostraram incompatíveis com a nova Constituição Federal. Trata-se, por exemplo, de preceitos discriminatórios, em geral, ou de regras manifestamente antidemocráticas, ou ainda de dispositivos estipuladores de direitos trabalhistas abaixo do novo piso mínimo fixado pela Constituição de 1988; trata-se, em suma, de dezenas de regras legais incompatíveis com a recente ordem jurídica constitucional aprovada em outubro de 1988. É bem verdade que a Lei n. 7.855, de 24 de outubro de 1989, conversora da MPr. n. 89, de 1989, procurou explicitar várias dessas revogações poucos meses depois de outubro de 1988 (art. 13); seu intento, contudo, mostrou-se insuficiente, em face do tamanho das mudanças positivas trazidas pelo novo texto constitucional e também do tempo necessário para, inclusive, perceber a inteira extensão das alterações jurídicas ocorridas.

d) Princípios, garantias e direitos instituídos ou ampliados pela nova Constituição da República - Explicitem-se, em quarto lugar, os diversos princípios, garantias e direitos instituídos ou ampliados pela própria Constituição de 1988, especificados no art. 7º, *caput* e seus 30 incisos, além do parágrafo único, da Constituição, a par das referências conexas no art. 10, II, do ADCT. A lista imensa dos 30 incisos do art. 7º, a par dos direitos estendidos, no parágrafo único, às empregadas e aos empregados domésticos trouxeram, em seu conjunto, enorme avanço ao Direito Individual do Trabalho no Brasil. Esse avanço foi ainda mais significativo em decorrência da constitucionalização do princípio trabalhista clássico da norma mais favorável, agora incorporado no sentido do *caput* do art. 7º ("São direitos dos trabalhadores urbanos e rurais, *além de outros que visem à melhoria de sua condição social: ...*" - grifos acrescentados ao original). Some-se a tudo isso a mais firme aproximação, pelo texto constitucional de 1988, da regência normativa incidente sobre trabalhadores urbanos e rurais (art. 7º, *caput*).

Mencionem-se, sinteticamente, de todo modo, como início, os dez primeiros incisos do art. 7º, acompanhados de sintéticos comentários: **inciso I** - relação de emprego protegida contra despedida arbitrária ou sem justa causa, nos termos de lei complementar, que preverá indenização compensatória, dentre outros direitos. Essa lei ainda não foi aprovada. Até a aprovação desta LC, o art. 10, II, do ADCT, elevou em quatro vezes o acréscimo rescisório do FGTS nas dispensas sem justa causa (de 10% para 40%) e dispensas por força maior ou culpa recíproca (de 5% para 20%). **Inciso II** - seguro-desemprego, em caso de desemprego involuntário. Embora se trate de direito de seguridade social muito importante, a regra constitucional deixou claro que, nos casos de pedido de demissão, o trabalhador não terá direito ao benefício. **Inciso III** - FGTS: a parcela se tornou obrigatória, não mais dependendo, desde 5 de outubro de 1988, de "opção escrita"; ela foi também estendida à categoria dos trabalhadores (empregados) rurais. **Inciso IV** - "salário mínimo, fixado em lei, nacionalmente unificado, capaz de atender a suas necessidades vitais básicas e às de sua família com moradia, alimentação, educação, saúde, lazer, vestuário, higiene, transporte e previdência social, com reajustes periódicos que lhe preservem o poder aquisitivo, sendo vedada sua vinculação para qualquer fim." A larga amplitude das necessidades básicas indicadas pela Constituição significa que esta referência normativa abrange o salário mínimo mensal, ao invés do salário mínimo diário e/ou horário. **Inciso V** - piso salarial proporcional à extensão e à complexidade do trabalho. **Inciso VI** - irredutibilidade do salário, salvo o disposto em convenção ou acordo coletivo. Inciso **VII** - garantia de salário, nunca inferior ao mínimo, para os que percebem remuneração variável. Nesta regra, parece claro estar o inciso VII se referindo ao conceito mensal de salário mínimo fixado no inciso IV do art. 7º, sob pena de a Constituição ter criado garantia ilusória, sem conteúdo ou correspondência com as necessidades enfatizadas no inciso IV do mesmo artigo constitucional. **Inciso VIII** - 13º salário com base na remuneração integral ou no valor da aposentadoria. O preceito se referiu à remuneração integral, ao invés de apenas ao salário integral; logo, abrange também a média mensal de gorjetas durante o ano. **Inciso IX** - remuneração do trabalho noturno superior à do diurno. A CF/1988 fixou a regra da superioridade remuneratória, permitindo que o quantitativo adicional seja fixado pela legislação; pontue-se que, na Consolidação das Leis do Trabalho, o padrão é o adicional de 20% (art. 73, *caput*, da CLT), havendo porém critérios diferentes em leis específicas. **Inciso X** - proteção do salário na forma da lei, constituindo crime sua retenção dolosa.

Citem-se, ainda, os dez subsequentes incisos do art. 7º, também acompanhados de breves comentários: **inciso XI** - participação nos lucros, ou resultados, desvinculada da remuneração, e, excepcionalmente, participação na gestão da empresa, conforme definido em lei. Essa desvinculação remuneratória abrange apenas a efetiva participação nos lucros ou resultados, não atingindo, por exemplo, as gratificações habituais. **Inciso XII** - salário-família pago em razão do dependente do trabalhador de baixa renda nos termos da lei (redação conferida pela EC n. 20/1998). **Inciso XIII** – duração do trabalho normal não superior a oito horas diárias e 44 semanais, facultada a compensação de horários e a redução da jornada, mediante acordo ou convenção coletiva de trabalho. Com esse dispositivo, a nova CF reduziu a duração semanal do trabalho de 48 para 44 horas. **Inciso XIV** – jornada de seis horas para o trabalho realizado em turnos ininterruptos de revezamento, salvo negociação coletiva. Trata-se de jornada reduzida inovatória criada pela CF/1988. **Inciso XV** – repouso semanal remunerado, preferencialmente aos domingos. **Inciso XVI** – remuneração do serviço extraordinário superior, no mínimo, em 50% à do normal. A nova CF elevou significativamente o percentual do adicional de horas extras (50%), em comparação com o antigo texto da CLT. **Inciso XVII** – gozo de férias anuais remuneradas com, pelo menos, 1/3 a mais do que o salário normal. Este acréscimo de 1/3 sobre o valor dos dias das férias se trata de inovação da CF/1988. **Inciso XVIII** – licença à gestante, sem prejuízo do emprego e do salário, com a duração de 120 dias. A extensão desse prazo de licença de 86 para 120 dias é inovação da CF/1988. **Inciso XIX** – licença-paternidade, nos termos fixado em lei. Enquanto não surgida essa lei, tal licença ficaria com a duração de cinco dias (art. 10, § 1º, do ADCT).[114] **Inciso XX** – proteção do mercado de trabalho da mulher, mediante incentivos específicos, nos termos da lei. Além de fixar a igualdade entre homens e mulheres e vedar, taxativamente, a discriminação das mulheres (art. 3º, IV; art. 5º, *caput* e inciso I; art. 7º, XXX), a Constituição Federal determinou a proteção do mercado de trabalho da mulher, por meio de incentivos específicos.

114. Sobre o prazo da licença-paternidade, o STF, ao concluir o julgamento da Ação Direta de Inconstitucionalidade por Omissão (ADO) n. 20, em 14.12.2023, tendo como redator para o acórdão o Min. Édson Fachin, decidiu haver injustificada omissão legislativa, fixando, dessa maneira, a seguinte tese de julgamento: “1. Existe omissão inconstitucional relativamente à edição da lei regulamentadora da licença paternidade, prevista no art. 7º, XIX, da Constituição. 2. Fica estabelecido o prazo de 18 meses para o Congresso Nacional sanar a omissão apontada, contados da publicação da ata do julgamento. 3. Não sobrevindo a lei regulamentadora no prazo acima estabelecido, caberá a este Tribunal fixar o período de licença paternidade”.

Apontem-se, ademais, os dez últimos incisos do art. 7º da CF/1988, igualmente seguidos de sintéticas observações: **inciso XXI** – aviso-prévio proporcional ao tempo de serviço, sendo no mínimo de 30 dias, nos termos da lei. A regra dos 30 dias teve efeito imediato (5 de outubro de 1988), eliminando o aviso--prévio de oito dias anteriormente previsto pela CLT. Porém a proporcionalidade somente foi regulada pela Lei n. 12.506, de 11 de outubro de 2011, favorecendo apenas o empregado, podendo o seu cômputo atingir até 60 dias, de maneira a somar, no máximo, 90 dias de aviso prévio. **Inciso XXII** – redução dos riscos inerentes ao trabalho, por meio de normas de saúde, higiene e segurança. Inovação de grande impacto, fortalecendo os preceitos reguladores do meio ambiente do trabalho e da saúde e segurança dos trabalhadores. **Inciso XXIII** – adicional de remuneração para as atividades penosas, insalubres ou perigosas, na forma da lei. Embora o preceito claramente não proíba a cumulação de adicionais (ao contrário do que faz o antigo texto da CLT), o fato é que a jurisprudência trabalhista se firmou no sentido contrário, lamentavelmente, preservando a vedação celetista. No tocante ao adicional para as atividades penosas, a jurisprudência tem compreendido que a verba não pode ser paga caso não haja norma jurídica tipificando essa figura inovadora. **Inciso XXIV** – aposentadoria. **Inciso XXV** – assistência gratuita aos filhos e dependentes desde o nascimento até cinco anos de idade em creches e pré-escolas (redação conferida pela EC n. 53/2006). **Inciso XXVI** – reconhecimento das convenções e acordos coletivos de trabalho. **Inciso XXVII** – proteção em face da automação, na forma da lei. **Inciso XXVIII** – seguro contra acidentes de trabalho, a cargo do empregador, sem excluir a indenização a que este está obrigado, quando incorrer em dolo ou culpa. **Inciso XXIX** – ação, quanto aos créditos resultantes das relações de trabalho, com prazo prescricional de cinco anos para os trabalhadores urbanos e rurais, até o limite de dois anos após a extinção do contrato de trabalho (redação conferida pela EC n. 28/2000). **Inciso XXX** – proibição de diferença de salários, de exercício de funções e de critério de admissão por motivo de sexo, idade, cor ou estado civil. A jurisprudência dominante tem compreendido que a palavra "sexo" abrange tanto o gênero como também a orientação sexual da pessoa humana. Também tem compreendido que a palavra "cor" abrange igualmente a ideia de "raça", se for o caso. **Inciso XXXI** - proibição de qualquer discriminação no tocante a salário e critérios de admissão do trabalhador portador de deficiência. **Inciso XXXII** - proibição de distinção entre trabalho manual, técnico e intelectual ou entre os profissionais respectivos. **Inciso XXXIII** - proibição de trabalho noturno, perigoso ou insalubre a menores de 18 anos e de qualquer trabalho a menores de 16 anos, salvo na condição de aprendiz, a partir de 14 anos (redação conferida pela EC n. 20/1998). **Inciso XXXIV** - igualdade de direitos entre o trabalhador com vínculo empregatício permanente e o trabalhador avulso.

Agregue-se, ainda dentro do art. 7º, que o parágrafo único iniciou percurso de firme inserção da trabalhadora e do trabalhador domésticos no âmbito do Direito do Trabalho, uma vez que os dois diplomas legais provindos das décadas de 1970 (Lei n. 5.859/1972) e 1980 (Lei n. 7.619/1987) lhes concederam somente quatro direitos: assinatura de CTPS, inserção na Previdência Social e férias anuais remuneradas de 20 dias úteis, todos lançados pela Lei n. 5.859/1972, em rol extremamente tímido e, até mesmo, claramente discriminatório. Já o vale-transporte, criado pelas Leis n. 7.418/1985 e n. 7.619/1987, com regulação pelo Dec. 95.247/1987, lhes seria estendido em 1987. Em contraponto a esse exíguo rol, o parágrafo único do art. 7º da Constituição de 1988 estendeu à categoria oito novos direitos, em 5 de outubro de 1988, abrindo evidente caminho para futuras maiores extensões.

Nessa linha, quatro novos diplomas normativos surgem entre 5 de outubro de 1988 e 2015: 1) a peculiar Lei n. 10.208, de 2001, que permitiu a inserção desse empregado no FGTS, mas por mero ato voluntário (*sic*!) do empregador; 2) a importante Lei n. 11.324, de 2006, que estendeu à categoria quatro novos direitos; 3) a paradigmática Emenda Constitucional n. 72, de 2013, que fez a extensão de 16 novos direitos ou garantias, alguns com evidente caráter multidimensional (duração do trabalho, etc.); 4) a decisiva Lei Complementar n. 150, de 2015, que acrescentou a extensão de oito novos direitos, enfatizando, outra vez, o caráter multidimensional de alguns deles.

Some-se, por fim, a esse conjunto de diplomas claramente inclusivos das trabalhadoras e trabalhadores domésticos a ratificação da Convenção Internacional 189 da OIT, a par da Recomendação 201, com vigência no País a contar de 31 de janeiro de 2019.[115]

e) Avanços normativos despontados em decorrência do espírito democrático e inclusivo da nova Constituição da República – Retomando a sequência da análise no plano do Direito Individual do Trabalho, cabe também pôr em destaque, em quinto lugar, a pletora de avanços normativos acontecidos em decorrência do espaço e do espírito democráticos abertos pela nova Constituição da República.

Ora, inúmeras emendas constitucionais, convenções internacionais ratificadas e leis complementares ou ordinárias surgiram no campo justrabalhista nas três décadas de vigência da Constituição, desde a sua promulgação em 1988 até, pelo menos, o dia 12 de maio de 2016 (data do início da derrubada do governo democraticamente eleito pouco tempo antes, com o afastamento provisório da Presidenta da República; data que demarca também, lamentavelmente, o retorno amplo do ultraliberalismo na orientação e no conteúdo das políticas públicas brasileiras).

Mencionem-se, inicialmente, as diversas emendas constitucionais que foram aprovadas entre 5 de outubro de 1988 até 12 de maio de 2016, seja com amplo conteúdo progressista, seja com regras progressistas em seu interior (ainda que o conjunto do diploma reformador não tenha esse caráter progressista). Tais

115. Para análise do severo, longo e dramático processo de exclusão das empregadas e empregados domésticos na ordem jurídica brasileira, além da renitente informalidade trabalhista que ainda recai sobre essa importante categoria profissional, consultar as seguintes obras, ilustrativamente: BORGES, Maria José Rigotti. Ouçam Mirtes, Mãe de Miguel – trabalho doméstico remunerado e desigualdades no Brasil. Curitiba: Appris, 2023; SANTANA, Raquel Leite da Silva. As Cuidadoras na Sala de Visitas – regulamentação jurídica do trabalho de cuidado à luz da trilogia de Carolina Maria de Jesus. São Paulo: Dialética, 2022; DELGADO, Mauricio Godinho. Curso de Direito do Trabalho. 20. ed. São Paulo: LTr, 2023, p. 435-469; TEIXEIRA, Juliana Cristina Trabalho Doméstico. São Paulo: Jandaíra, 2021 (Coleção Feminismos Plurais, coordenada por Djamila Ribeiro).

normas de emendas constitucionais em destaque ou tratam do Direito Individual do Trabalho, ou tratam do Direito Processual do Trabalho - neste caso, com importante repercussão positiva na efetividade dos direitos individuais e sociais trabalhistas -, ou, ainda, tratam de políticas públicas sociais vizinhas ao campo justrabalhista ou com óbvias repercussões em seu interior.

Eis algumas ECs com dispositivos progressistas (apenas estes é que estão sendo destacados - não o conjunto das ECs) tratando do Direito Individual do Trabalho ou de campos sociais e jurídicos afins e com positivas repercussões no DIT: 1) EC n. 20, de 1998, que vinculou o salário-família aos trabalhadores de baixa renda (art. 7º, XII) e que elevou a idade para o trabalho para os adolescentes brasileiros, além de proibir o trabalho de crianças (art. 7º, XXXIII: "proibição de trabalho noturno, perigoso ou insalubre a menores de dezoito e de qualquer trabalho a menores de dezesseis anos, salvo na condição de aprendiz, a parte de quatorze anos"). Esta alteração etária também foi inserida pela EC n. 20 no art. 227, § 3º, I, da CF/1988. As faixas etárias provindas de 5 de outubro de 1988 eram um pouco menos protetivas das crianças e adolescentes, indicando, respectivamente, 14 e 12 anos (neste último caso, como trabalhador aprendiz). 2) diversas emendas constitucionais, desde a EC n. 26, de 2000, até a EC n. 90, de 2015, que acrescentaram, cada uma, novos direitos sociais ao rol original do art. 6º da Constituição de 1988, a saber: "moradia" (EC n. 26, de 2000); "alimentação" (EC n. 64, de 2010); "transporte" (EC n. 90, de 2015). 3) EC n. 53, de 2006, que conferiu nova redação ao inciso XXV do art. 7º, firmando o seguinte e importante direito social: "XXV - assistência gratuita aos filhos e dependentes desde o nascimento até 5 (cinco) anos de idade em creches e pré-escolas". 4) EC n. 72, de 2013, que conferiu nova redação ao parágrafo único do art. 7º da Constituição, estendendo vários direitos às empregadas e empregados domésticos, com efeito imediato (isto é, desde 3 de abril de 2013), além de determinar a aprovação de lei com outros direitos trabalhistas e conexos. Esse diploma legal determinado pela EC n. 72/2013, a propósito, despontaria com a Lei Complementar n. 150, de 1º de junho de 2015.

A essas diversas emendas constitucionais supraindicadas, acresçam-se duas outras, de conteúdo essencialmente processual, mas que ostentam importantes efeitos no conjunto do sistema judicial trabalhista e, por consequência, na busca da maior efetividade ao Direito do Trabalho brasileiro. Está-se referindo, de um lado, à EC n. 24, de dezembro de 1999, que extinguiu a representação classista no âmbito da Justiça do Trabalho, aperfeiçoando a estrutura e o funcionamento desse ramo do Poder Judiciário, ao mesmo tempo em que eliminava um mecanismo de cooptação de lideranças sindicais pela burocracia estatal (emenda já analisada neste próprio item **VI.2.D**, *retro*).

De outro lado, cabe se referir igualmente à EC n. 45, de dezembro de 2004, que ampliou a competência da Justiça do Trabalho, conferindo maior organicidade à atuação desse segmento judicial federal especializado (novo texto do art. 114, *caput* e incisos I até IX, da CF/1988). Além disso, a EC n. 45 também buscou diminuir a presença do poder normativo judicial trabalhista, mediante a inserção de um inusitado pressuposto processual para o ajuizamento das ações de dissídio coletivo de natureza econômica, ou seja, o "comum acordo" entre as partes (novo texto do § 2º do art. 114 da CF). Estas duas importantes modificações, a propósito, já foram analisadas com mais vagar neste próprio item **VI.2.D**, *retro* – para onde remetemos o leitor.

Eis também algumas convenções internacionais ratificadas pelo Brasil entre 5 de outubro de 1988 e 12 de maio de 2016, sendo, de maneira geral, diplomas normativos progressistas. Ressalve-se, contudo, que todos esses diplomas internacionais ratificados ingressam na ordem jurídica submetendo-se, de qualquer modo, ao princípio da constitucionalidade e, no caso dos Direitos Humanos Individuais, Sociais, Econômicos e Culturais, inclusive os trabalhistas, ao princípio da norma mais favorável à pessoa potencial titular dos direitos humanos. O intérprete e aplicador da ordem jurídica, portanto, deve também examinar esse aspecto hierárquico e de harmonia normativa que envolve todo e qualquer diploma jurídico. Independentemente desses crivos e ressalvas, o fato é que o elevado fluxo de ratificações de convenções internacionais da OIT a partir de 5 de outubro de 1988 comprova a força do espírito progressista deflagrado, no País, pela nova Constituição da República em seguida à sua promulgação.

Pontue-se ainda que, entre essas convenções internacionais, encontram-se algumas que são típicas do Direito Coletivo do Trabalho e, nessa medida, também importam ao Direito Individual do Trabalho.

Comecem-se pelas convenções da Organização Internacional do Trabalho (OIT), as quais somam em torno de 38 (trinta e oito) diplomas internacionais ratificados entre 5 de outubro de 1988 e 12 de maio de 2016. Não estão sendo incluídos neste grupo os textos normativos que foram ratificados pelo Congresso Nacional, mediante Decreto Legislativo, antes da promulgação da nova Constituição e que somente depois de outubro de 1988 é que o Presidente da República conferiu seguimento ao ato complexo de ratificação, com o depósito da convenção na OIT e publicação do respectivo decreto presidencial de confirmação do término do rito e explicitação da correspondente vigência interna (usualmente denominado "Decreto de Promulgação").

Feitos estes esclarecimentos, realize-se o destaque de algumas importantes convenções internacionais da OIT que foram ratificadas nesse lapso temporal entre 5 de outubro de 1988 e 12 de maio de 2016, classificadas segundo o temário principal de que trata (no total, foram 38 convenções internacionais; serão destacados apenas alguns grupos desses diplomas da OIT).

Eis, a seguir, alguns desses importantes diplomas normativos da OIT. Neste primeiro e grande bloco, com 16 documentos jurídicos internacionais, arrolam-se convenções próprias à temática da área da saúde e da segurança no ambiente do trabalho: 1) Convenção n. 152, relativa à segurança e higiene nos trabalhos portuários, ratificada pelo Decreto Legislativo n. 84, de 11 de dezembro de 1989; 2) Convenção n. 162, relativa à utilização do asbesto com segurança, ratificada pelo Decreto Legislativo n. 51, de 25 de agosto de 1989; 3) Convenção n. 161, relativa aos serviços de saúde no trabalho, ratificada pelo Decreto Legislativo n. 86, de 14 de dezembro de 1989; 4) Convenção n. 159, relativa à reabilitação profissional e emprego de pessoas com deficiência, ratificada pelo Decreto Legislativo n. 51, de 25 de agosto de 1989; 5) Convenção n. 139, relativa à prevenção e o controle de riscos profissionais causados por substâncias ou agentes cancerígenos, ratificada pelo Decreto Legislativo n. 3, de 7 de maio de 1990; 6) Convenção n. 136 da OIT sobre a proteção contra os riscos de intoxicação provocados pelo benzeno, ratificada pelo Decreto Legislativo n. 76, de 19 de novembro de 1992; 7) Convenção n. 155, relativa à saúde e segurança dos trabalhadores e o meio ambiente de trabalho, ratificada pelo Decreto Legislativo n. 2, de 17 de março de 1992; 8) Convenção n. 119, relativa à proteção das máquinas, ratificada pelo Decreto Legislativo n. 232, de 16 de dezembro de 1991; 9) Convenção n. 170, relativa à segurança na utilização de produtos químicos no trabalho, ratificada pelo Decreto Legislativo n. 67, de 4 de maio de 1995; 10) Convenção n. 163, sobre o bem-estar dos trabalhadores marítimos no mar e no porto, ratificada pelo Decreto Legislativo n. 74, de 16 de agosto de 1996; 11) Convenção n. 164, sobre proteção à saúde e à assistência médica aos trabalhadores marítimos, ratificada pelo Decreto Legislativo n. 74, de 16 de agosto de 1996; 12) Convenção n. 134, relativa à prevenção de acidentes de trabalho dos marítimos, ratificada pelo Decreto-legislativo n. 43, de 10 de abril de 1995; 13) Convenção n. 174, relativa à prevenção de acidentes industriais maiores, ratificada pelo Decreto Legislativo n. 246, de 28 de junho de 2001; 14) Convenção n. 176, relativa à saúde e segurança nas minas, ratificada pelo Decreto Legislativo n. 62, de 18 de abril de 2006; 15) Convenção n. 167, sobre a segurança e saúde na construção, ratificada pelo Decreto Legislativo n. 61, de 18 de abril de 2006; 16) Convenção n. 178, relativa à inspeção das condições de vida e de trabalho dos trabalhadores marítimos, ratificada pelo Decreto Legislativo n. 267, de 4 de outubro de 2007.

Cabe se destacar também um segundo e grande bloco (dez diplomas) de convenções da OIT voltadas às condições ambientais e de trabalho dos trabalhadores portuários, avulsos e marítimos. Citem-se, neste bloco, os seguintes documentos jurídicos, observada a ordem cronológica de sua ratificação pelo Brasil: 1) Convenção n. 152, relativa à segurança e higiene nos trabalhos portuários; 2) Convenção n. 145, concernente à continuidade do emprego da gente do mar; 3) Convenção n. 147, tratando de normas mínimas da Marinha Mercante; 4) Convenção n. 133, que trata do tema relativo aos alojamentos a bordo de navios; 5) Convenção n. 137, tratando das repercussões sociais dos novos métodos de processamento de carga nos portos; 6) Convenção n. 126, que trata sobre alojamento a bordo dos navios de pesca; 7) Convenção n. 163, relativa ao bem-estar dos trabalhadores marítimos e no porto; 8) Convenção n. 166, que aborda o tema da repatriação dos trabalhadores marítimos; 9) Convenção n. 164, que aborda o tema da proteção da saúde e a assistência médica aos trabalhadores marítimos; 10) Convenção n. 146, tratando das férias anuais remuneradas da gente do mar; 11) Convenção n. 134, sobre a prevenção de acidentes do trabalho dos marítimos; 12) Convenção n. 178, relativa à inspeção das condições de vida e de trabalho dos trabalhadores marítimos; 13) Convenção n. 185 e anexos, que trata do novo documento de identidade do trabalhador marítimo.

Um terceiro e importante bloco de documentos normativos internacionais, composto por quatro convenções da OIT, diz respeito à temática relativa às organizações de trabalhadores, ao sindicalismo, às garantias sindicais e à negociação coletiva trabalhista; em suma, ao Direito Coletivo do Trabalho. Eis os documentos normativos ratificados: 1) Convenção n. 135, relativa à proteção de representantes de trabalhadores, ratificada pelo Decreto Legislativo n. 86, de 14 de dezembro de 1989. Este documento normativo internacional, a propósito, deve ser lido, usualmente, em conjugação com o disposto também na Convenção n. 98 da OIT, que trata do direito de organização e de negociação coletiva, ratificada pelo Decreto Legislativo n. 49, 27 de agosto de 1952; 2) Convenção n. 154, relativa ao incentivo à negociação coletiva, ratificada pelo Decreto Legislativo n. 22, de 12 de maio de 1992; 3) Convenção n. 141, relativa a organizações de trabalhadores rurais e sua função no desenvolvimento econômico e social, ratificada pelo Decreto Legislativo n. 05, de 1º de abril de 1993; 4) Convenção n. 151, relativa às relações de trabalho na Administração Pública, ratificada pelo Decreto Legislativo n. 267, de 4 de outubro de 2007.

Como quarto e importante destaque, aponte-se a Convenção n. 182, relativa às piores formas de trabalho infantil e a ação imediata para a sua eliminação, ratificada pelo Decreto Legislativo n. 178, de 14 de dezembro de 1999. Este documento normativo internacional, contudo, embora tenha entrado em vigência em 2 de fevereiro de 2001, somente produziu plenos efeitos a contar da aprovação da Lista TIP, indicativa das piores formas de trabalho infantil, mediante o Decreto n. 6.481, de 12 de junho de 2008, subscrito pelo Presidente Luiz Inácio Lula da Silva, regulamentando o art. 3º, "d", e o art. 4º, ambos da Convenção n. 182 da OIT.

Como quinto e importante destaque, há que se apontar também a Convenção n. 169, relativa aos povos indígenas e tribais, ratificada pelo Decreto Legislativo n. 143, de 20 de junho de 2002, com vigência no Brasil a partir de 25 de julho de 2003.

Há que se destacar também, em sexto e relevante destaque, a Convenção n. 168, relativa à promoção do emprego e à proteção contra o desemprego. Este documento normativo internacional foi ratificado pelo Decreto Legislativo n. 89, de 10 de dezembro de 1992, entrando em vigência no País em 23 de março de 1994.

Um destaque muito especial deve ser conferido à Convenção n. 158 da OIT, relativa ao término da relação de emprego. Esse famoso documento normativo internacional cria critérios jurídicos para a ruptura contratual pelo empregador, consistentes em uma causa justificada, conforme previsto no conteúdo de suas regras. A Convenção n. 158 eliminaria a possibilidade da simples dispensa sem justa causa no ordenamento jurídico brasileiro, afastando, pois, a denúncia vazia do contrato de trabalho por ato meramente potestativo do empregador. Esta convenção foi ratificada pelo Brasil mediante o Decreto Legislativo n. 68, de 16 de setembro de 1992, entrando em vigência no País a contar de 5 de janeiro de 1996. Contudo, curiosamente, foi denunciada pelo Decreto n. 2.100, de 20 de dezembro de 1996, do então Presidente da República, em ato estritamente unilateral, sem passar pelo Congresso Nacional, em desrespeito à natureza do documento normativo internacional, que se trata de sofisticado ato complexo que exige a participação tanto do Congresso Nacional como da Presidência da República (ao invés de exigir um ato único e isolado de qualquer desses dois poderes), bem como em decorrência do disposto no art. 49, I, combinado com o art. 84, VIII, ambos da Constituição da República. A inconstitucionalidade do ato unilateral da Presidência da República no sentido da denúncia da Convenção n. 158 da OIT, de todo modo, foi colocada a exame no Supremo Tribunal Federal (STF-ADI n. 1.625). A Corte Constitucional, após sucessivos adiamentos do processo ao longo dos anos, concluiu o julgamento em junho de 2023, considerando necessária a atuação conjugada da Presidência da República e do Congresso Nacional para a denúncia de convenção e/ou tratado internacional. Contudo, por razões de segurança jurídica, modulou a sua decisão, para prevalecer somente nos casos de denúncias ocorridas depois da data de publicação da ata do julgamento de junho de 2023. Em consequência, prevaleceu a validade do Decreto n. 2.100/1996, que denunciou a Convenção 158 da OIT há mais de 25 anos atrás.

Ultrapassada a análise das convenções da OIT ratificadas nesse relevante período histórico, passa-se ao exame de outros documentos normativos internacionais que foram internalizados para a ordem jurídica brasileira entre a data da promulgação da nova Constituição da República e o dia 12 de maio de 2016.

Nesse contexto, mencionem-se as principais convenções da Organização das Nações Unidas que ostentam relação próxima com o Direito do Trabalho e que foram ratificadas, pelo Brasil, desde 5 de outubro de 1988.

Apresente-se, de um lado, a Convenção sobre os Direitos da Criança, adotada pela ONU em 1989 e ratificada pelo Brasil em setembro de 1990. Embora se trate de um documento bastante amplo, ostenta aspectos que podem ter impacto na seara trabalhista.

De outro lado, a Assembleia Geral da ONU aprovou documento normativo de direto interesse à área justrabalhista, embora tenha normas relacionadas a outros campos jurídicos. Trata-se da Convenção da ONU sobre os Direitos das Pessoas com Deficiência e seu Protocolo Facultativo, aprovada em 30 de março de 2007 e ratificada, pelo Brasil, mediante o Decreto Legislativo n. 186/2008, e com promulgação pelo Presidente da República Luiz Inácio Lula da Silva por meio Decreto n. 6.949, de 25 de agosto de 2009, iniciando vigência no País em 26 de agosto de 2009. Essa convenção internacional foi ratificada com o quórum de 3/5 por ambas as Casas do Congresso Nacional, ostentando, nos termos do § 3º do art. 5º da Constituição da República, inserido pela EC n. 45, de dezembro de 2002, o *status* de emenda constitucional, ao invés de caráter apenas supralegal.

Indiquem-se também as convenções celebradas pelos países-membros da Organização dos Estados Americanos (OEA), envolvendo o temário de Direitos Humanos.

Inicie-se pela Convenção Americana de Direitos Humanos (CADH), subscrita pelos Estados celebrantes em 22 de novembro de 1969, tendo completado o processo interno de ratificação apenas mediante o Decreto presidencial n. 678, de 6 de novembro de 1992. Embora se trate de um documento normativo de direitos individuais civis e políticos, apresenta também princípios e regras de interesse trabalhista, como, por exemplo, os direitos da personalidade do ser humano, além do princípio da liberdade de associação, inclusive social e trabalhista.

Também em período próximo à promulgação da Constituição de 1988 foi ratificado documento internacional de elevado interesse para o Direito do Trabalho – e o campo social da ordem jurídica –, consistente no "Protocolo de São Salvador", que trata dos Direitos Humanos em Matéria de Direitos Econômicos, Sociais e Culturais, ratificado pelo Congresso Nacional mediante o Decreto Legislativo n. 56, de 10 de abril de 1995.

Este documento normativo internacional denominado "Protocolo Adicional à Convenção Americana sobre Direitos Humanos em Matéria de Direitos Econômicos, Sociais e Culturais (Protocolo de São Salvador)" fixa, por exemplo, em seu art. 6.1 que toda "pessoa tem direito ao trabalho, o que inclui a oportunidade de obter os meios para levar uma vida digna e decorosa através do desempenho de atividade lícita, livremente escolhida ou aceita" – regra que coloca em questão diplomas normativos ou interpretações ultraliberalistas direcionadas a rebaixar significativamente o padrão de contratação de trabalhadores na ordem jurídica brasileira (em país, como o Brasil, que já se enquadra como um dos que apresenta os piores índices de distribuição de renda e de pobreza no planeta, consideradas as 30 maiores economias do mundo).

Na mesma direção, o art. 7º do Protocolo de São Salvador se refere a "condições justas, equitativas e satisfatórias de trabalho", arrolando, em suas alíneas "a" até "h", diversos direitos e garantias significativos para os trabalhadores, inclusive "condições de subsistência digna e decorosa para eles e para suas famílias" (art. 7º, "a").

Está-se diante, pois, de uma Convenção de Direitos Humanos que antepõe claro alerta às políticas públicas de precarização do trabalho no País – largamente adotadas a partir de 12 de maio de 2016, conforme se sabe.

Cite-se ainda, nesse importante rol de diplomas normativos, quer de origem constitucional, internacional ou de origem legal interna, o surgimento de diversos diplomas legais expedidos internamente no Brasil no sentido do combate contínuo à discriminação, em suas múltiplas facetas (por exemplo, as Leis n. 9.029/1997 e n. 9799/1999). Todos esses diplomas buscam conferir especificação, instrumentos e efetividade ao princípio constitucional geral fixado expressamente na Constituição de 1988 no sentido do firme combate a toda forma de discriminação. Relembre-se, a propósito, que o art. 3º, IV, da Constituição da República, ao mencionar o combate a preconceitos de origem, raça, sexo, cor, idade, acrescenta, ao final: "e quaisquer outras formas de discriminação".

Nesse quadro, apontem-se diplomas legais de combate à discriminação contra as mulheres trabalhadoras, a par de outros aperfeiçoamentos normativos em seu benefício (ilustrativamente, as Leis n. 9.029/1997, n. 9.799/1999 e n. 13.271, de 13 de abril de 2016). Aliás, é preciso notar que, imediatamente após promulgada a Constituição, tornou-se relevante identificar os diversos preceitos da CLT que não seriam passíveis de recepção constitucional, em face de pertencerem a uma cultura jurídica firmemente rejeitada pela nova ordem constitucional. É o que se verificou, a propósito, com várias restrições normativas constantes da Consolidação das

Leis do Trabalho (como autorização paterna ou marital, restrição a trabalho noturno etc.), as quais foram tidas como inconstitucionais, não tendo sido recepcionadas pela nova Constituição da República. Na verdade, algumas dessas restrições foram expressamente revogadas por novas leis advindas após 5 de outubro de 1988 – tal como a Lei n. 7.855, de 1989, em seu art. 13. Porém, independentemente da revogação expressa, tais preceitos já se quedavam não recepcionados pela nova Constituição da República desde 5 de outubro de 1988.

Contudo é necessário perceber que proteções especiais inerentes à saúde, segurança e bem-estar da mulher – tais como aquelas inerentes à maternidade e também as inerentes à sua saúde pessoal – devem ser preservadas independentemente de a ordem jurídica infraconstitucional não as estender aos trabalhadores homens. A Constituição, afinal, não apenas determinou o respeito à igualdade da mulher em face do homem (art. 3º, IV; art. 5º, *caput* e inciso I, da CF/1988), inclusive quanto a salários, ao exercício de funções e aos critérios de admissão (art. 7º, XXX, da CF/1988), bem como com relação a diversos outros aspectos dado que o seu art. 3º, IV, vedou qualquer tipo de discriminação. Além disso, a Constituição da República determinou a existência de "proteção do mercado de trabalho da mulher, mediante incentivos específicos, nos termos da lei" (art. 7º, XX, da CF/1988). Ora, tudo isso significa que a ordem jurídica passou a garantir também proteção específica à mulher caso as suas normas legais especiais se tornem motivo de retaliações seja pelo poder econômico, seja por qualquer empregador.[116]

---

116. Sobre o tema envolvendo as mulheres e o trabalho, em suas inúmeras dimensões, consultar, por exemplo, as seguintes obras: BITTENCOURT, Renata Osório Caciquinho; INÁCIO, Hillary Christine Piedade; DELGADO, Mauricio Godinho. Sindicalismo e feminismo – a inserção e o empoderamento das mulheres no sindicalismo. In: DELGADO, Mauricio Godinho (org.); PEREIRA, Ricardo Macedo de Britto. (org.); DIAS, Valéria de Oliveira. (org); MENEZES, Aline Bessa de. (org.); BERNARDES, Simone Soares (org.); RODRIGUES, Yuli Barros Monteiro (org.). *Democracia, sindicalismo e justiça social* – parâmetros estruturais e desafios no século XXI. São Paulo: Juspodivm, 2022, p. 635-662; CANTELLI, Paula. *O trabalho feminino no divã* – dominação e discriminação. São Paulo: LTr, 2007; FERREIRA, Marília Lustosa. *Direitos humanos e inclusão social nas relações de trabalho* – proteção às minorias e grupos vulneráveis. Belo Horizonte: Arraes, 2021; FERRITO, Bárbara. *Direito e desigualdade* – uma análise da discriminação

Nesse importante rol de diplomas legais antidiscriminatórios, mencione-se o Estatuto da Igualdade Racial, de 2010, trazendo normas de combate à discriminação por motivos de raça ou cor, contendo também preceitos voltados à inserção socioeconômica e profissional da população negra, incluídos pretos e pardos, adotando inclusive um específico sistema de cotas (Lei n. 12.288, de 20 de julho de 2010). O Estatuto da Igualdade Racial foi seguido, pouco tempo depois, pela Lei n. 12.990, de 9 de junho de 2014, que reserva cota em favor dos negros (pretos e pardos) no importe de 20% "das vagas oferecidas nos concursos públicos para provimento de cargos efetivos e empregos públicos no âmbito da administração pública federal, das autarquias, das fundações públicas, das empresas públicas e das sociedades de economia mista controladas pela União" (ementa da Lei n. 12.990, de 2014).

Diploma legal correlato encontra-se na Lei n. 12.711, de 2012, que estabelece reserva de vagas nas universidades e institutos federais de ensino técnico de ensino médio para pessoas autodeclaradas pretas, pardas e indígenas e por pessoas com deficiência (art. 3º, *caput*). Embora não se trate aqui de relação trabalhista, o tema regulado nesse diploma legal passa também pela utilização do sistema de cotas como meio de garantir, em alguma medida, o cumprimento constitucional do princípio da igualdade em seu sentido material, substantivo. Daí que o extenso debate que envolveu essa lei educacional contribui, sem dúvida, para a melhor compreensão do assunto quando aplicado às relações de trabalho. Esclareça-se que a recente Lei n. 14.723, de 2023, acrescentou os quilombolas no rol dos cotistas fixado na Lei n. 12.711/2012, além de outros aperfeiçoamentos normativos.[117]

---

das mulheres no mercado de trabalho a partir dos usos do tempo. São Paulo: LTr, 2021; MAEDA, Patrícia. *Trabalhadoras do Brasil, Uni-vos! A participação das mulheres na construção dos direitos sociais inscritos na Constituição Federal de 1988*. Belo Horizonte: Letramento, 2021.

117. Sobre o tema das políticas públicas relacionadas às cotas como instrumento de combate à discriminação, as quais têm sido aplicadas, no Brasil recente, às pessoas negras, às pessoas com deficiência, aos indígenas, aos quilombolas e aos trabalhadores aprendizes, além de aos estudantes pobres que cursaram estritamente escolas públicas (neste caso, relativamente apenas às cotas educacionais), reporta-se à ampla bibliografia já mencionada e reiterada neste livro com respeito ao tema da discriminação, de maneira geral, a qualquer

Mencionem-se também diplomas normativos de combate à discriminação e inserção socioeconômica da pessoa com deficiência, igualmente adotando um específico sistema de cotas (Convenção 159 da OIT, ratificada pelo Decreto Legislativo n. 51, de 25 de agosto de 1989; Lei dos Planos de Benefícios da Previdência Social, Lei n. 8.213, de 1991, em seu art. 93; Convenção da ONU sobre os Direitos das Pessoas com Deficiência, ratificada pelo Decreto Legislativo n. 186, de 2008; Estatuto da Pessoa com Deficiência, aprovado pela Lei n. 13.146, de 2015, e vigorante desde 4 de janeiro de 2016). Esclareça-se que o diploma legal que aprovou este Estatuto também é denominado de Lei Brasileira de Inclusão da Pessoa com Deficiência.

Registre-se que, no caso das pessoas com deficiência, o respectivo sistema de cotas foi originalmente criado logo após a promulgação da Constituição de 1988, mediante o art. 93 do diploma previdenciário denominado Lei dos Planos de Benefícios da Previdência Social – n. 8.213, de 24 de julho de 1991. O diploma legal previdenciário referiu-se a segmento um pouco mais amplo do que somente as pessoas com deficiência, mencionando os "beneficiários reabilitados ou pessoas portadoras de deficiência" (art. 93, *caput*).[118]

Aponte-se, a propósito, que também as regras da CLT direcionadas ao trabalhador-aprendiz e seu contrato de aprendizagem, situadas entre os arts. 428 e 433 da Consolidação, sofreram alterações

---

parcela da população. Especificamente sobre as cotas em favor da população negra, consultar especialmente as seguintes recentíssimas obras: ALVES, Luiz Gustavo de Souza Alves. Estado Democrático de Direito e Ações Afirmativas Antirracistas no Âmbito das Instituições e Empresas. Brasília: Venturoli, 2023; VAZ, Lívia Sant'Anna. Cotas Raciais. São Paulo: Jandaíra, 2023 (Coleção Feminismos Plurais, coord. de Djamila Ribeiro).

118. Sobre o tema, consultar as seguintes importantes obras: BARACAT, Eduardo Milléo. *Trabalho da pessoa com deficiência* – estudo sobre a exclusão e inclusão social. Curitiba: Juruá, 2020; LORENTZ, Lutiana Nacur. *A norma da igualdade e o trabalho das pessoas com deficiência*. 2. ed. São Paulo: 2016; LORENZ, Lutiana Nacur. As pessoas com deficiência e sua inserção jurídica no Brasil: da estruturação e avanço da onda inclusiva deflagrada pela Constituição de 1988 aos desafios regressivos despontados com a reforma trabalhista de 2017. *Revista Direito das Relações Sociais e Trabalhistas* vol. 5, n. 3. Brasília: UDF, set.-dez. 2019, p. 192-227.

sucessivas depois do advento da Constituição de 1988, ilustrativamente pelos seguintes diplomas normativos: Lei n. 10.097, de 2000; Lei n. 11.180, de 2005; Lei n. 11.788, de 2008; Lei n. 13,146, de 2915. A contar do ano 2000 (Lei n. 10.097/2000), também ficou estabelecido um sistema de cotas para a contratação de trabalhadores regidos pelo contrato de aprendizagem (art. 429 da CLT).

Conforme se percebe, diversos desses diplomas legais que tratam de discriminação (pela ordem cronológica, desde 5 de outubro de 1988: pessoas com deficiência; trabalhadores aprendizes; pessoas negras) incorporam igualmente normas sobre inclusão social, educativa e profissional, inclusive regulando a sistemática de cotas. Trata-se de política pública especial, claramente mais incisiva, voltada às situações em que se percebe notória dificuldade de avanços no processo de inclusão socioeconômica e profissional de trabalhadoras e trabalhadores situados naqueles segmentos especificados. Percebe-se, portanto, uma renitente prática de discriminação e exclusão no mundo do trabalho com relação a esses segmentos sociais, daí a necessidade de instrumentos mais incisivos para que o sistema socioeconômico cumpra os imperativos fins e determinações constitucionais antidiscriminatórios. Em síntese, trata-se de mecanismo jurídico e administrativo muito importante como política pública para o alcance de efetivos resultados econômicos, sociais, profissionais, educativos e cívicos na comunidade brasileira do trabalho.

f) Surgimento ou ampliação de novos campos normativos vinculados, direta ou indiretamente, ao universo do trabalho e da pessoa humana trabalhadora - Mencionem-se, por fim, em sexto lugar, os novos campos normativos que a Constituição abriu para o Direito Individual do Trabalho, com reflexos também no campo do Direito Coletivo do Trabalho e do Direito Processual do Trabalho.

Apenas a título de ilustração, a seara da infortunística do trabalho, com as regras e indenizações por danos morais, inclusive estéticos, e danos materiais que lhe são pertinentes (art. 5º, V e X; art. 7º, XVIII, todos da CF/1988).[119]

119. Inúmeras obras têm sido produzidas nessa seara temática. Citem-se, para ilustração, os seguintes livros: BELMONTE, Alexandre Agra. *Reparação dos*

Ainda para exemplificação, a seara do meio ambiente do trabalho, dando origem praticamente a um novo ramo jurídico interno ao campo ambiental e trabalhista, o hoje denominado Direito Ambiental do Trabalho (art. 7º, XXII e XXVIII; art. 198, *caput* e § 3º, III, e §§ 4º até 11; art. 200, *caput* e inciso VIII; art. 225, *caput* e §§ 1º até 7º, todos da Constituição da República).[120]

Agregue-se, nesses exemplos, o Direito Antidiscriminatório, abordando temas já analisados neste livro e objeto de importantes e minuciosos estudos a seu respeito.[121]

---

danos morais nas relações de trabalho. 2. ed. São Paulo: Juspodivm, 2021; OLIVEIRA, Sebastião Geraldo. *Indenização por acidente do trabalho ou doença ocupacional*. 12. ed. São Paulo: Juspodivm, 2021; SAMPAIO, Alexandre Santos. *Indenização por acidente do trabalho gerado por lesão por esforço repetitivo* – doença ocupacional, LER/DORT. São Paulo: Mizuno, 2018.

120. Diversas obras importantes têm sido produzidas também nessa seara temática. Arrolem-se, a título de exemplos: ALVARENGA, Rúbia Zanotelli. *Trabalho decente*: direito humano e fundamental. São Paulo: LTr, 2016; ALVARENGA, Rúbia Zanotelli. *Direitos da personalidade do trabalhador e poder empregatício*. São Paulo: LTr, 2013; CAMARGO, Thaísa Rodrigues Lustosa de; MELO, Sandro Nahmias. *Princípios de direito ambiental do trabalho*. São Paulo: LTr, 2013; FELICIANO, Guilherme Guimarães; URIAS, João; MARANHÃO, Ney; SEVERO, Valdete Souto (coord.). *Direito Ambiental do Trabalho*: apontamentos para uma teoria geral. São Paulo: LTr (1º vol., 2013; 2º vol., 2015; 3º vol., 2017). São Paulo: LTr; FELICIANO, Guilherme Guimarães. *Responsabilidade civil no meio ambiente do Trabalho* – nexo causal, nexo normativo e teoria da imputação objetiva. São Paulo: RT, 2021; FILGUEIRAS, Vitor Araújo (org.). *Saúde e segurança do trabalho no Brasil*. Brasília: Ministério Público do Trabalho/Gráfica Movimento, 2017; GUNTHER, Luiz Eduardo (coord.); ALVARENGA, Rúbia Zanotelli de (coord.). *Direitos humanos e meio ambiente do trabalho*. São Paulo: LTr, 2016; MELO, Raimundo Simão de. *Direito Ambiental do Trabalho e a saúde do trabalhador*. 5. ed. São Paulo: LTr, 2013;. MELO, Raimundo Simão de (org.); LEMOS, Maria Cecília Almeida Monteiro (org.); CAMPANHA, Paulo Santana (org.). *Meio ambiente do trabalho*. Brasília: UDF/Zeni Impressões Digitais, 2020; OLIVEIRA, Sebastião Geraldo de. *Proteção jurídica à saúde do trabalhador*. 6. ed. São Paulo: LTr, 2011; RIBEIRO, Claudirene Andrade. *Meio ambiente do trabalho* – responsabilidade civil por dano moral coletivo na atividade frigorífica. Curitiba: Juruá, 2017.

121. Valendo-se dessa específica designação, há a recente e pujante obra de MOREIRA, Adilson José. *Tratado de Direito Antidiscriminatório*. São Paulo: Contracorrente, 2020, contendo aproximadamente 800 páginas de relevantes pesquisas e reflexões. Sobre o tema, consultar também, por exemplo: ALMEIDA, Sílvio Luiz de. *Racismo estrutural*. São Paulo: Jandaíra, 2020; ALVES, Luiz Gustavo de Souza Alves. Estado Democrático de Direito e Ações Afirmativas Antirracistas no Âmbito das Instituições e Empresas. Brasília: Venturoli, 2023;

g) Algumas observações adicionais sobre o Direito Antidiscriminatório – O denominado Direito Antidiscriminatório tem correlação significativa com um dos focos do presente livro, qual seja, o estudo do tema da escravidão na formação e no desenvolvimento do Direito do Trabalho. Daí ser necessário apresentar algumas observações adicionais sobre a escravidão nos momentos contemporâneos brasileiros, com o enfrentamento (ou não) desse desafio pelas políticas públicas.

No tocante ao Direito Antidiscriminatório institucionalizado a partir da nova Constituição da República, cabe se enfatizar que o Estado Brasileiro, pela primeira vez em sua história, estruturou uma firme política pública de combate às novas formas de trabalho escravo – formas que, lamentavelmente, ainda persistem na realidade brasileira, embora o regime escravocrata, oficialmente, tenha sido extinto 100 anos antes da Constituição de 1988. É que, conforme visto neste livro, sem políticas públicas firmes, incisivas e específicas não se consegue debelar diversas modalidades de discriminação e de exclusão, ainda mais aquelas que se inserem no universo do trabalho e decorrem das chagas da escravatura e do racismo provindos dos quatro séculos iniciais da história do País. Indique-se, a propósito, que a maioria das pessoas submetidas a essas novas modalidades de trabalho escravo é ainda composta, de maneira geral, por pessoas negras, embora nem todas as vítimas se enquadrem nesse segmento populacional.

Essa nova política pública foi criada na década de 1990, poucos anos após a promulgação da Constituição de 1988. Ela foi resultado de um longo processo de lutas e denúncias realizadas por

---

BERSANI, Humberto. *Racismo estrutural e direito à desestratificação* – um estudo a partir das relações de trabalho. Belo Horizonte: Casa do Direito, 2020; CARNEIRO, Sueli. *Escritos de uma vida*. São Paulo: Jandaíra, 2020; CARNEIRO, Sueli. *Racismo, sexismo e desigualdade no Brasil*. São Paulo: Selo Negro, 2021; CONFORTI, Luciana Paula. *Direito fundamental de não ser escravizado no Brasil*. Belo Horizonte: RTM, 2022; MIRÁGLIA, Lívia Mendes Moreira. Trabalho Escravo Contemporâneo – conceituação à luz do princípio da dignidade da pessoa humana. São Paulo: LTr, 2011 (2. ed.: 2015); RIBEIRO, Djamila. *Pequeno manual antirracista*. São Paulo: Companhia das Letras, 2019; SCHWARCZ, Lilia M.; GOMES, Flávio Gomes. *Dicionário da escravidão e liberdade*. São Paulo: Companhia das Letras, 2021; VAZ, Lívia Sant'Anna. Cotas Raciais. São Paulo: Jandaíra, 2023 (Coleção Feminismos Plurais, coord. de Djamila Ribeiro).

entidades da sociedade civil, especialmente a Comissão Pastoral da Terra (CPT), com alguns pontos de destaque neste caso: a Carta de Dom Pedro Casaldáliga, bispo de São Félix do Araguaia/MT, de 1971; a denúncia da CPT, em 1984, por meio do Padre Ricardo Rezende Figueira, envolvendo fazenda localizada em Santana do Araguaia/PA; o relatório anual de 1992, também da CPT, que constatou um "número recorde de casos de trabalho escravo no país: foram 13.976, com maior concentração nas carvoarias do Mato Grosso do Sul".[122]

Observe-se ainda que, em 1991, após o assassinato de líder sindical em Rio Maria/PA, foi criado em Brasília o Fórum Permanente Contra a Violência no Campo, composto "por representantes de órgãos públicos e entidades da sociedade civil", o que viabilizou a intensificação das denúncias e ações para o combate ao trabalho escravo contemporâneo no campo brasileiro. Em 1993, a CPT elaborou novo dossiê sobre o assunto, do Frei Henrique Roziers, também se referindo à grave situação dos trabalhadores rurais no estado do Pará. Neste instante, o então presidente nacional da OAB, Marcello Lavenère deu um passo decisivo: de fato, "com base nas acusações contidas no dito dossiê, formulou denúncia à ONU, no Parlamento Europeu e na OIT sobre a existência de trabalho escravo no Brasil".[123]

Essa forte mobilização da sociedade civil brasileira, com impactante repercussão internacional, fez o Governo Itamar Franco tomar medidas oficiais para estruturar uma forma eficiente para o combate à existência de trabalho degradante e/ou escravo no País. Surgiu, assim, a Instrução Normativa Intersecretarial n. 1, de 24 de março de 1994.

---

122. CAMPOS, Marcelo Gonçalves. Combate ao trabalho escravo no Brasil: o nascimento do grupo especial de fiscalização móvel. In: RIBEIRO, Cláudia (org.); CAMPOS, Marcelo (org.); LEITÃO, Márcio (org.). *Resgates* – combate ao trabalho escravo contemporâneo no Brasil. Belo Horizonte: RTM, 2021, p. 30-50.

123. CAMPOS, Marcelo Gonçalves. Combate ao trabalho escravo no Brasil: o nascimento do grupo especial de fiscalização móvel. In: RIBEIRO, Cláudia (org.); CAMPOS, Marcelo (org.); LEITÃO, Márcio (org.). *Resgates* – combate ao trabalho escravo contemporâneo no Brasil. Belo Horizonte: RTM, 2021, p. 30-50.

Contudo, a sociedade civil nacional, somada a diversas entidades internacionais, todas continuaram a sua atuação precedente, de maneira que a Comissão Pastoral da Terra, o Centro de Justiça e Direito Internacional (CEJIL) e a entidade *Human Rights Watch*, em 1994, encaminharam "à Comissão de Direitos Humanos (CDH) da Organização dos Estados Americanos (OEA) uma representação contra o governo brasileiro por sua omissão no combate ao crime". A gravíssima denúncia então apresentada em foro internacional passou a ser denominada "Caso José Pereira", ocorrido em 1989, na Fazenda Espírito Santo, situada no município de Xinguara, no sul do Pará. Este caso envolvia um atentado contra dois trabalhadores que decidiram escapar da fazenda, fugindo dos maus-tratos; porém eles foram baleados por três pistoleiros e pelo intermediador de mão de obra na respectiva fazenda. Nesse quadro, um dos trabalhadores foi morto de imediato e o outro, José Pereira, igualmente baleado, foi tido como morto. Em sequência, seus corpos foram envoltos em uma lona preta e jogados à beira da estrada. Mas José Pereira inacreditavelmente sobreviveu.[124]

---

124. CAMPOS, Marcelo Gonçalves. Combate ao trabalho escravo no Brasil: o nascimento do grupo especial de fiscalização móvel. In: RIBEIRO, Cláudia (org.); CAMPOS, Marcelo (org.); LEITÃO, Márcio (org.). *Resgates* – combate ao trabalho escravo contemporâneo no Brasil. Belo Horizonte: RTM, 2021, p. 30-50. Sobre o mesmo assunto, consultar também: FIGUEIRA, Ricardo Rezende. Prefácio. In: RIBEIRO, Cláudia (org.); CAMPOS, Marcelo (org.); LEITÃO, Márcio (org.). *Resgates* – combate ao trabalho escravo contemporâneo no Brasil. Belo Horizonte: RTM, 2021, p. 07-13. Consultar igualmente SIQUEIRA, Márcio José Leitão de. Introdução – teu abandono, minha razão. In: RIBEIRO, Cláudia (org.); CAMPOS, Marcelo (org.); LEITÃO, Márcio (org.). *Resgates* – combate ao trabalho escravo contemporâneo no Brasil. Belo Horizonte: RTM, 2021, p. 15-27. Também consultar: RIBEIRO, Cláudia Márcia. Grupo móvel – uma inovação que deu certo! In: RIBEIRO, Cláudia (org.); CAMPOS, Marcelo (org.); LEITÃO, Márcio (org.). *Resgates* – combate ao trabalho escravo contemporâneo no Brasil. Belo Horizonte: RTM, 2021, p. 51-63. Ler também: DANTAS, Marinalva Cardoso. As crianças e adolescentes submetidos à escravidão contemporânea no Brasil. In: RIBEIRO, Cláudia (org.); CAMPOS, Marcelo (org.); LEITÃO, Márcio (org.). *Resgates* – combate ao trabalho escravo contemporâneo no Brasil. Belo Horizonte: RTM, 2021, p. 65-80. RODRIGUES, Valderez Maria Monte. Fazenda Confusão – primeiros passos de uma mulher obstinada pela cidadania no trabalho. In: RIBEIRO, Cláudia (org.); CAMPOS, Marcelo (org.); LEITÃO, Márcio (org.). *Resgates* – combate ao trabalho escravo contemporâneo no Brasil. Belo

Em face da ampla repercussão do caso, inclusive no âmbito internacional, o então "presidente da República, Fernando Henrique Cardoso, em 1995, reconheceu, pela primeira vez, a responsabilidade do Estado brasileiro pela existência do trabalho escravo e se comprometeu a adotar medidas de combate e de prevenção a outros casos. Nesse sentido, foi criado o Grupo Executivo de Repressão ao Trabalho Forçado (GERTRAF) e, juntamente, o Grupo Especial de Fiscalização Móvel (GEFM)", ambos no referido ano de 1995.

Vinculado diretamente à então Secretaria de Inspeção do Trabalho (SIT) do Ministério do Trabalho, em Brasília, o GEFM passou a atuar diretamente nos casos existentes ao longo do território nacional, mediante equipe diversificada, composta por auditores fiscais do trabalho, médicos do trabalho, engenheiros de segurança, policiais federais, procuradores do trabalho, motoristas e outros agentes públicos, se necessário, exercendo todas as suas funções sem passar pelas instâncias regionais e locais da Administração

Horizonte: RTM, 2021, p. 81-90. Observar ainda: CARVALHO, Sérgio. Sobre o peso das correntes em teus ombros – ensaio fotográfico. In: RIBEIRO, Cláudia (org.); CAMPOS, Marcelo (org.); LEITÃO, Márcio (org.). *Resgates* – combate ao trabalho escravo contemporâneo no Brasil. Belo Horizonte: RTM, 2021, p. 92-124. SANTANA, Sérgio Carvalho de. Trabalho escravo e fotografia: pequenos relatos vividos no grupo móvel. In: RIBEIRO, Cláudia (org.); CAMPOS, Marcelo (org.); LEITÃO, Márcio (org.). *Resgates* – combate ao trabalho escravo contemporâneo no Brasil. Belo Horizonte: RTM, 2021, p. 127-135. LIMA, Paulo César. O suor dos explorados sustenta os exploradores. In: RIBEIRO, Cláudia (org.); CAMPOS, Marcelo (org.); LEITÃO, Márcio (org.). *Resgates* – combate ao trabalho escravo contemporâneo no Brasil. Belo Horizonte: RTM, 2021, p. 137-142. Ler também: SIQUEIRA, Márcio José Leitão de. Resgates. In: RIBEIRO, Cláudia (org.); CAMPOS, Marcelo (org.); LEITÃO, Márcio (org.). *Resgates* – combate ao trabalho escravo contemporâneo no Brasil. Belo Horizonte: RTM, 2021, p. 144-163. Consultar igualmente: FAGUNDES, Mauricio Krepsky. O legado da criação da Móvel. In: RIBEIRO, Cláudia (org.); CAMPOS, Marcelo (org.); LEITÃO, Márcio (org.). *Resgates* – combate ao trabalho escravo contemporâneo no Brasil. Belo Horizonte: RTM, 2021, p. 165-186. Ler também: MAZZULO, Paula Maria do Nascimento. Posfácio. In: RIBEIRO, Cláudia (org.); CAMPOS, Marcelo (org.); LEITÃO, Márcio (org.). *Resgates* – combate ao trabalho escravo contemporâneo no Brasil. Belo Horizonte: RTM, 2021, p. 187-193. Ler também: RIBEIRO, Cláudia; CAMPOS, Marcelo; LEITÃO, Márcio. Gratidão. In: RIBEIRO, Cláudia (org.); CAMPOS, Marcelo (org.); LEITÃO, Márcio (org.). *Resgates* – combate ao trabalho escravo contemporâneo no Brasil. Belo Horizonte: RTM, 2021, p. 195-204.

Pública. Nessa inovadora estruturação, teve importante papel a Secretária de Inspeção do Trabalho, Ruth Beatriz Vilela, que coordenou e participou, pessoalmente, de várias operações, a par da integração do Ministério Público do Trabalho, circunstâncias que tenderiam a transformar esse sistema de prevenção e repressão em política pública de Estado, ao invés de se caracterizar como mera, circunstancial e transitória política de governo. O fato é que, com isso, foi alcançada significativa eficiência nesse então pioneiro mister do GEFM.[125]

Tão importante quanto essas ações concretas realizadas foram as atuações formativas de políticas públicas tanto do GEFM – mediante a sua imprescindível experiência acumulada –, quanto do GERTRAF (Grupo Executivo de Repressão ao Trabalho Forçado), além da CONATRAE (Comissão Nacional para a Erradicação do Trabalho Escravo) – esta comissão criada em março de 2003, no início do governo Luiz Inácio Lula da Silva –, no sentido de contribuir para o aperfeiçoamento dos mecanismos jurídicos necessários para o efetivo combate ao trabalho escravo contemporâneo.

Nessa linha, em 11 de dezembro de 2003, foi publicada a Lei n. 10.803, que conferiu nova redação ao art. 149 do Código Penal Brasileiro, fixando relevante novo tipo jurídico do seguinte crime: "Reduzir alguém a condição análoga à de escravo, quer submetendo-o a trabalhos forçados ou a jornada exaustiva, quer sujeitando-o a condições degradantes de trabalho, quer restringindo, por qualquer meio, sua locomoção em razão de dívida contraída com o empregador ou preposto".

Pouco tempo após, em 2006, o plenário do STF, por maioria de votos, decidiu competir à Justiça Federal (ao invés da Justiça

125. CAMPOS, Marcelo Gonçalves. Combate ao trabalho escravo no Brasil: o nascimento do grupo especial de fiscalização móvel. In: RIBEIRO, Cláudia (org.); CAMPOS, Marcelo (org.); LEITÃO, Márcio (org.). *Resgates* – combate ao trabalho escravo contemporâneo no Brasil. Belo Horizonte: RTM, 2021, p. 32-50. Também consultar: FIGUEIRA, Ricardo Rezende. Prefácio. In: RIBEIRO, Cláudia (org.); CAMPOS, Marcelo (org.); LEITÃO, Márcio (org.). *Resgates* – combate ao trabalho escravo contemporâneo no Brasil. Belo Horizonte: RTM, 2021, p. 07-13. Igualmente, SIQUEIRA, Márcio José Leitão de. Introdução – teu abandono, minha razão. In: RIBEIRO, Cláudia (org.); CAMPOS, Marcelo (org.); LEITÃO, Márcio (org.). *Resgates* – combate ao trabalho escravo contemporâneo no Brasil. Belo Horizonte: RTM, 2021, p. 15-27.

Comum Estadual) a análise e o julgamento dos processos relativos a crimes de redução da pessoa humana à condição análoga à de escravo. É o que resultou do julgamento do RE 398.041, concluído na sessão de 30 de novembro de 2006, tendo como relator o Min. Joaquim Barbosa. Na época, em face do contexto histórico e institucional vivenciado em torno do assunto, tal decisão foi considerada importante vitória para a efetividade do combate ao trabalho escravo contemporâneo no País.

Mais à frente, em 2012, o plenário do STF, ao julgar o Inquérito 3.412 (decisão publicada no *DJe* de 12.11.2012), sob relatoria da Min. Rosa Weber, assim decidiu, por maioria de votos: "PENAL. REDUÇÃO A CONDIÇÃO ANÁLOGA À DE ESCRAVO. ESCRAVIDÃO MODERNA. DESNECESSIDADE DE COAÇÃO CONTRA A LIBERDADE DE IR E VIR. DENÚNCIA RECEBIDA. Para configuração do crime do art. 149 do Código Penal, não é necessário que se prove a coação física da liberdade de ir e vir ou mesmo o cerceamento da liberdade de locomoção, bastando a submissão da vítima a trabalhos forçados ou a jornada exaustiva ou a condições degradantes de trabalho, condutas alternativas previstas no tipo penal". Esta decisão da Corte Constitucional também foi aquilatada como relevante vitória no aperfeiçoamento das políticas públicas de combate ao trabalho escravo contemporâneo no Brasil.

Por fim, o Congresso Nacional aprovou, em 5 de junho de 2014, a Emenda Constitucional n. 81 que, conferindo nova redação ao art. 243 do Ato das Disposições Constitucionais Gerais, fixou preceito com grande avanço nessa respectiva política pública. Eis o novo dispositivo: "Art. 243. As *propriedades rurais e urbanas de qualquer região do País onde forem localizadas* culturas ilegais de plantas psicotrópicas ou a *exploração de trabalho escravo na forma da lei serão expropriadas e destinadas à reforma agrária e a programas de habitação popular, sem qualquer indenização ao proprietário* e sem prejuízo de outras sanções previstas em lei, observado, no que couber, o disposto no art. 5º. Parágrafo único. *Todo e qualquer bem de valor econômico apreendido em decorrência* do tráfico ilícito de entorpecentes e drogas afins e *da exploração de trabalho escravo será confiscado e reverterá a fundo especial com destinação específica, na forma da lei*" (grifos acrescidos).

Conforme se percebe, a Constituição de 1988, à semelhança do que ocorreu com diversos outros temas e desafios, mais uma vez deflagrou o avanço de um ciclo progressista no que tange aos direitos individuais, sociais e coletivos, como típicos direitos humanos, agora com o foco no combate ao trabalho escravo, em suas modalidades contemporâneas, na realidade brasileira.

h) Outros aspectos progressistas? - Embora outros aspectos progressistas possam ser indicados, igualmente com reflexos no âmbito do Direito do Trabalho, todos esses inúmeros pontos ora mencionados já permitem aquilatar a importância da Constituição Cidadã na história do Direito Brasileiro e, em particular, de seu Direito Individual e Coletivo do Trabalho.

Cabe anotar, evidentemente, que o esvaziamento da Constituição da República Federativa do Brasil quer por meio de reformas constitucionais antinômicas ao espírito humanista e social do texto de 1988, quer por meio de interpretações jurídicas estranhas a esse espírito constitucional inclusivo, social e humanista, nada disso invalida a relevância da compreensão adequada sobre a enorme contribuição da Constituição de 1988 para o aperfeiçoamento da sociedade política e da sociedade civil brasileiras. Afinal, se existe algo que a história do País reiteradamente demonstra, desde o período colonial e ao longo das fases subsequentes vivenciadas, é o descompromisso de parte significativa de suas elites com os interesses fundamentais de seu País e de sua população. Nada disso invalida, como dito, o esforço hercúleo feito pela Constituição de 1988 na direção do aperfeiçoamento da ordem jurídica e das instituições brasileiras.

3. Institutos Trabalhistas Contraditórios Preservados em 1988 e seu Enfrentamento nos Anos Seguintes à Promulgação da Nova Constituição

O texto original da Constituição de 1988 não conseguiu completar, por inteiro, a transição democrática relativa ao sistema trabalhista brasileiro implantado nos anos de 1930/40. Restaram uns poucos, embora relevantes, institutos a serem eliminados ou aperfeiçoados na fase democrática aberta com a promulgação da nova Constituição da República.

Tais questionáveis institutos residiam no interior do Direito Coletivo do Trabalho, sendo os principais em número de quatro: a) representação classista sindical na Justiça do Trabalho, atuando como meio de cooptação de lideranças do sindicalismo e também como agente de distorções na estrutura e funcionamento desse segmento do Poder Judiciário; b) o amplo poder normativo da Justiça do Trabalho, nos dissídios coletivos de natureza econômica, atuando como espécie de concorrente estatal em face da negociação coletiva trabalhista; c) o financiamento compulsório dos sindicatos, mediante a contribuição sindical obrigatória de caráter geral, a qual incentivava a existência de um grande número de sindicatos sem expressão ou representatividade, estimulando também a fragmentação e a pulverização das entidades sindicais; d) por fim, o critério de enquadramento sindical à base de um rígido parâmetro do tipo jurídico da categoria profissional ou da categoria econômica, rigidez que dificultava o avanço da representatividade dos sindicatos, especialmente no tocante às entidades obreiras, restringindo as possibilidades de seu fortalecimento no âmbito da classe trabalhadora e a busca, por esta classe, de uma eficiente e sólida organização profissional coletiva.

No tocante ao primeiro instituto questionado (representantes classistas na Justiça do Trabalho), a Emenda Constitucional n. 24, de 9 de dezembro de 1999, compreendendo a relevância das inúmeras críticas arroladas pela sociedade civil e pela sociedade política sobre o assunto, simplesmente decidiu extinguir a representação classista na Justiça do Trabalho, conferindo solução ampla e positiva ao problema detectado.

No que concerne ao segundo instituto questionado (a amplitude do poder normativo da Justiça do Trabalho), a crítica mais acerbada residia na largueza desse peculiar processo de natureza coletiva, acentuando o seu caráter de concorrente da negociação coletiva trabalhista realizada pelos sindicatos obreiros e os seres coletivos empresariais. Respondendo a tais críticas, a Emenda Constitucional n. 45, de dezembro de 2004, tentou conferir solução equilibrada e eficiente ao problema, reduzindo o espectro desse poder normativo. Para tanto, inseriu o pressuposto processual do "comum acordo" no novo texto do § 2º do art. 114 da Constituição da República; nessa linha, não havendo o comum acordo para a propositura do dissídio coletivo de natureza econômica, o processo deveria ser extinto sem julgamento do mérito.

A jurisprudência do TST, com a experiência de 70 anos julgando tais processos coletivos, percebeu que o poder econômico, seja pelas empresas, seja pelos sindicatos empresariais, tendia a frustrar os objetivos lógicos da EC n. 45/2004, uma vez que passou, em grande medida, a não levar a termo a negociação coletiva trabalhista e a celebração dos ACTs e CCTs correspondentes, brandindo, logo a seguir, no processo judicial coletivo, a ausência do "comum acordo". Essa posição tática era estimulada pela vantagem desproporcional surgida com o término de vigência dos documentos coletivos negociados, fato que conduzia à supressão drástica das várias dezenas de cláusulas e direitos trabalhistas neles celebrados. Nessa linha, a partir de decisões convergentes lavradas em sua Seção de Dissídios Coletivos, o TST conferiu nova redação à Súmula n. 277, em setembro de 2012, permitindo a aderência das cláusulas de ACTs e CCTs aos contratos, porém limitada essa aderência pela futura revogação feita por novo documento coletivo negociado ou sentença normativa. Com essa ultratividade relativa de CCTs e ACTs, se reequilibravam as condições de negociação coletiva entre os trabalhadores e o empresariado, alcançando-se o objetivo desejado pelo art. 114, §§ 1º e 2º, da Constituição da República ali reformada.

Entretanto, quatro anos após o novo texto sumular editado, a Súmula n. 277 teve os seus efeitos suspensos por decisão monocrática liminar ministerial do STF, em outubro de 2016, no contexto da ADPF n. 323-DF (Rel. Min. Gilmar Mendes). Poucos meses depois dessa suspensão, a Lei da Reforma Trabalhista, n. 13.467, de julho de 2017, vedou taxativamente tal ultratividade (novo § 3º, *in fine*, do art. 614 da CLT). Anos após, em 2022, por maioria de votos, o STF, em sessão virtual encerrada em 27 de maio de 2022, confirmaria a decisão liminar originalmente prolatada, vencidos os Ministros Édson Fachin, Rosa Weber e Ricardo Lewandowski.

A mesma Lei n. 13.467/2017, a propósito, extinguiu a contribuição sindical obrigatória, mas sem regular a contribuição negocial prevista na Lei das Centrais Sindicais, com isso eliminando, de imediato, desde novembro de 2017, a maior fonte de financiamento das entidades sindicais brasileiras. Com a perda de mais de 90% das receitas sindicais obreiras, em média, a partir dos anos de 2018 e 2019 e período subsequente, somada essa dantesca fragilidade com a vedação à ultratividade dos documentos coletivos negociados, a negociação coletiva trabalhista desejada pela Constituição da República sofreu duríssimo revés, tornando-se bastante desestimulada e fragilizada na realidade socioeconômica e profissional brasileira.

No tocante ao terceiro instituto questionado (financiamento compulsório do sistema sindical, mediante a contribuição sindical obrigatória de caráter geral), as forças democráticas brasileiras tiveram a oportunidade de colocar fim a esse instituto provindo das décadas de 1930/40 quando se referiram à contribuição negocial no interior da Lei das Centrais Sindicais (Lei n. 11.648/2008, art. 7º). Note-se que esse diploma legal foi aprovado em 2008, em conjuntura amplamente democrática no País. Porém lamentavelmente não houve, nessa época, a regulação da contribuição negocial inerente à negociação coletiva trabalhista.

A antiga contribuição sindical obrigatória, provinda da Segunda República (1930/45), com natureza de contribuição social de intervenção no domínio econômico e de interesse das categorias profissionais e econômicas (figura jurídica singular sufragada pelo art. 149 da CF/1988, tendo caráter parafiscal, portanto), apresentava a censurável peculiaridade de estimular a criação e a continuidade de sindicatos sem qualquer representatividade perante as suas respectivas bases, uma vez que importava em uma cobrança compulsória geral de todos os integrantes da categoria profissional ou econômica, independentemente de qualquer resultado efetivo alcançado pela entidade sindical em favor de seus representados. A vetusta figura não impunha ao sindicato beneficiado pelo custeio o desafio de realizar uma ampla e complexa negociação coletiva trabalhista, qualificada por diversos direitos e garantias trabalhistas em favor da comunidade obreira representada; ao invés, o sindicato obreiro e também o empresarial preservavam o seu direito de receber a verba contributiva celetista mesmo que se postassem em absoluto marasmo organizacional e operativo ao longo de décadas.

Já a contribuição negocial, desde que especificamente regulada em lei (regulação que já existe, há décadas, para a contribuição assistencial, prevista no art. 513, "e", da CLT), sanaria esse grave defeito da fórmula contributiva provinda da Segunda República, pois deveria exigir que a sua específica instituição fosse aprovada em regular negociação coletiva trabalhista, quer em ACT, quer em CCT. Tal contribuição igualmente poderia ter a natureza de contribuição social de intervenção no domínio econômico e de interesse da categoria profissional (bem como de interesse da categoria econômica, no caso de sindicato patronal), com suporte no texto do art. 149 da Constituição, conjugadamente ao disposto no 8º, IV, da mesma Constituição de 1988. Com essa natureza – se for o caso –, tal contribuição teria de financiar todo o sistema sindical, inclusive as centrais sindicais. Tendo caráter parafiscal, nos termos expressos previstos no art. 149 da Constituição de 1988, essa inovadora contribuição sindical não seria sujeita a qualquer direito de oposição, seja dos trabalhadores seja das empresas, salvo se se mostrar manifestamente abusiva (como, por exemplo, caso a negociação coletiva desrespeite os limites percentuais ou equivalentes fixados na respectiva lei de regulação dessa contribuição).

Sem essa articulação legal entre a natureza jurídica contributiva social prevista no art. 149 da Constituição da República e o requisito de ser também expressamente aprovada em regular negociação coletiva trabalhista (tudo explicitamente previsto em lei), tornava-se improvável o respaldo jurisprudencial à cobrança da verba a todos os integrantes da categoria profissional ou econômica, em face do usual manejo, no País, do princípio da liberdade sindical sob uma perspectiva estritamente individualista, ao invés de coletiva.

De toda maneira, felizmente, em sessão virtual encerrada em 11.9.2023, o STF, julgando ED em Agravo em Recurso Extraordinário (ARE) n. 1018459, conferiu nova redação ao TEMA 935, validando a contribuição assistencial direcionada também ao trabalhador não associado. Eis o novo texto do precedente: "É constitucional a instituição, por acordo ou convenção coletivos, de contribuições assistenciais a serem impostas a todos os empregados da categoria, ainda que não sindicalizados, desde que assegurado o direito de oposição". No precedente, não há menção à natureza jurídica referida no art. 149 da Constituição; porém há menção ao denominado "direito de oposição". De toda maneira, foi sensível o avanço em relação à jurisprudência anteriormente pacificada, que negava validade a tal tipo de contribuição sindical.

No que concerne ao quarto instituto questionado (o critério de enquadramento sindical à base do rígido parâmetro da categoria profissional ou da categoria econômica), há que se reconhecer, em primeiro plano, que a Constituição de 1988 faz expressa menção ao parâmetro da "categoria", no instante em que se reporta à estrutura e às regras sindicais (art. 8º, incisos II, III e IV). Também enfatiza essa mesma menção no momento em que se refere às contribuições sociais "de intervenção no domínio econômico e de interesse das categorias profissionais ou econômicas" (art. 149, *caput*, da CF/1988).

Entretanto em nenhum instante a Constituição de 1988 formula o conceito ou o parâmetro de "categoria". Essa conceituação é dada somente pela lei; no caso, por exemplo, pelo art. 511, *caput* e §§ 1º até 4º, da CLT. E tal conceituação pode ser, evidentemente, ajustada e aperfeiçoada – sem qualquer afronta à Constituição –, de maneira a extirpar ou diminuir as desvantagens desse tipo jurídico, que tem inviabilizado, historicamente, no Brasil, a maior abrangência e solidez das organizações sindicais dos trabalhadores.

Para tanto, basta que se acrescente um terceiro tipo de categoria profissional, ao lado das duas existentes desde os anos 1930/40, ou seja, ao lado da categoria profissional padrão e da categoria profissional diferenciada. Ao lado destas duas, a lei pode instituir a categoria profissional por agregação, resultante da livre escolha dos trabalhadores inorganizados em sindicatos ou, até mesmo, componentes de uma categoria mais frágil, decidindo, em assembleia higidamente convocada, a agregação a um sindicato mais robusto. Evidentemente que o sindicato receptor deveria também, se for o caso, aprovar em assembleia a recepção da nova comunidade de trabalhadores, ajustando, em consequência, os seus estatutos.

Dessa maneira, a correção desse defeito existente na ordem jurídica pode se direcionar em favor do fortalecimento do sindicalismo obreiro, ao invés de direcionar-se à pulverização e ao enfraquecimento desse importante movimento e instituição de caráter social.

4. Crise Cultural: desregulamentação e flexibilização

A transição democrática no Brasil capitaneada pela Constituição de 1988 realizou-se, conforme se sabe, em meio a profunda crise cultural, caracterizada pela incorporação no País, na década de 1990, de linhas de pensamento que propugnavam pela diminuição da intervenção estatal, inclusive normativa, na economia e na sociedade. Essa vertente ideológica defendia a desregulamentação acentuada das relações econômicas e sociais, inclusive na seara do Direito do Trabalho, que deveria, em consequência, criar instrumentos para a mais franca desconstrução ou *flexibilização* de suas regras jurídicas.

De fato, logo após o surgimento da Constituição de 1988, fortaleceu-se no País, no âmbito oficial e nos meios privados de formação da opinião pública, um pensamento estratégico direcionado à desarticulação das normas estatais trabalhistas, com a direta e indireta redução dos direitos e garantias laborais. Ou seja, mal se iniciara a transição democrática do Direito do Trabalho (já guardando, em si mesma, algumas contradições, aqui debatidas), a ela se acoplava uma proposta de desarticulação radical desse ramo jurídico especializado. Nesse quadro, a maturação do processo democratizante comprometia-se em face do assédio da proposta extremada de pura e simples desarticulação de todo o ramo jurídico protetivo.

A crise e a transição do Direito do Trabalho, que despontaram na Europa Ocidental a partir de meados ou fins da década de 1970, fizeram-se sentir tardiamente no Brasil, ao longo da década de 1990 - em pleno processo de transição democrática desse ramo jurídico instigado pela Constituição de 1988. Essa coincidência temporal de processos - o de democratização, de um lado, e, de outro, o de desarticulação radical do ramo justrabalhista - tornou dramática a fase brasileira de crise e transição do Direito do Trabalho.

Esse pensamento estratégico ultraliberalista atenuou-se, na realidade histórica do País entre os anos de 2003, inclusive, até 12 de maio de 2016, em face do advento de governos de coalização progressista, liderados pelo Partido dos Trabalhadores em aliança com setores do centro partidário na realidade política e eleitoral brasileira. Tais modelos de governos foram eleitos em quatro sucessivos pleitos eleitorais (mandatos presidenciais de janeiro de 2003 até 12 de maio de 2016, quando houve a derrubada da então Presidenta da Republica). Esses 13 anos e meio de governos progressistas permitiram enormes avanços no campo legislativo (emendas constitucionais e novos diplomas legais - vários já citados neste capítulo) e no campo internacional ratificado (também já mencionados neste capítulo).

Também o contrato de trabalho foi oficialmente incentivado nesse período mediante políticas públicas convergentes, de maneira a instigar a criação de cerca de 20 milhões de novos empregos nesses poucos anos de gestão progressista da economia e da sociedade pátrias. De fato, os dados oficiais do CAGED, divulgados pelo Ministério do Trabalho, indicam que, em dezembro de 2002, havia apenas 28,6 milhões de trabalhadores formalizados no País, considerados os empregados privados e públicos (servidores celetistas e administrativos), inclusive trabalhadores terceirizados e trabalhadores avulsos - todos com relação trabalhista tipificada em lei e com direitos trabalhistas diversificados (no caso dos servidores públicos administrativos, com direitos congêneres e equivalentes, senão superiores). Em dezembro de 2013, este número alcançou o montante de aproximadamente 49 milhões de trabalhadores formalizados, ou seja, um aumento de mais de

20 milhões de novos indivíduos ingressados no plano formal da economia e sociedade, com direitos trabalhistas reconhecidos.[126]

Entretanto, a partir de 12 de maio de 2016, com a derrubada do governo progressista democraticamente eleito e recém-empossado, foi retomada e aprofundada no País a agenda político-ideológica de parte dos anos 1990, no sentido da desregulamentação e flexibilização trabalhistas, estruturada sobre as mesmas bases argumentativas e propagandísticas neoliberais alardeadas tempos atrás. Pontue-se que, na verdade, essa agenda ultraliberalista passou a ser brandida e efetivada, desde maio de 2016, em tom e ritmos muito mais extremados do que os experimentados nos anos 1990.

Nesse quadro, no choque provocado pela derrubada do governo progressista precedente, arquitetaram-se políticas públicas diversas, firmemente caracterizadas por direcionamento anti-humanista e antissocial.[127]

---

126. A respeito, DELGADO, Mauricio Godinho. *Curso de Direito do Trabalho.* 19. ed. São Paulo: LTr, 2020, p. 59-60, nota de rodapé n. 22.

127. A denominada "doutrina do choque", arquitetada por estrategistas ultraliberais, com destaque para o economista Milton Friedman, dos EUA, teve muita importância no processo de desgaste e derrubada dos governos da coligação de esquerda, centro e centro-direita que assumiram, desde 2003, a direção política e institucional no País. Aprofundando a sua atuação a partir da derrota eleitoral de 2010 (a terceira derrota sequencial sofrida), as forças conservadoras e ultraliberais conseguiram articular de maneira bastante diversificada e eficaz o desgaste do governo progressista, criando (ou potenciando) diversas situações de profundo impacto, tal como previsto na doutrina do choque de conquista e manutenção do poder, a qual tem obtido amplo sucesso em diversos países emergentes e/ou subdesenvolvidos ao longo do globo terrestre, em especial na América Latina. A respeito dessa doutrina e estratégia de caráter político, institucional e ideológico, consultar a minuciosa obra da autora canadense KLEIN, Naomi. *The shock doctrine* – the rise of disaster capitalism. New York: Henry Holt and Company, 2007. Sobre a tradicional e bastante severa resistência às políticas sociais e desenvolvimentistas nos países latino-americanos, consultar a seguinte obra coletiva, formada por 23 articulistas latino-americanos, norte-americanos e europeus, em textos deste início do século XXI: DELGADO, Mauricio Godinho (org.); PORTO, Lorena Vasconcelos (org.). *A América Latina e o Estado de Bem-estar Social* – características, obstáculos e desafios. São Paulo: Tirant Lo Blanch, 2021.

O estudo dessa seguinte e regressiva fase no Direito Constitucional e no Direito do Trabalho brasileiros, a par de outros campos jurídicos, será objeto de análise apenas no último capítulo desta obra, mais à frente.

III. LIÇÕES ADICIONAIS SOBRE A FASE DE RENOVAÇÃO DEMOCRÁTICA DEFLAGRADA PELA CONSTITUIÇÃO DE 1988 NO SISTEMA TRABALHISTA BRASILEIRO (1988-2016)

A análise da renovação democrática deflagrada pela Constituição de 1988 no sistema trabalhista brasileiro foi razoavelmente exaustiva neste Capítulo VI. Fica bastante claro que a nova Constituição da República obteve amplo sucesso no aperfeiçoamento do Direito do Trabalho e de todo o sistema trabalhista do País, sanando inúmeras falhas no modelo provindo das décadas de 1930/1940, de maneira a extirpar ou atenuar os seus maiores defeitos, além de instituir mecanismos novos e eficientes para a maior democratização de todo o sistema, com a mais ampla inclusão, em se interior, da população que vive do trabalho na realidade pátria.

Em poucos anos de vivência da nova Constituição Federal – isto é, entre 5 de outubro de 1988 e 12 de maio de 2016 –, grandes conquistas e avanços foram realizados, cabendo à sociedade política e à sociedade civil do País perseverar nessa rota positiva de avanços e conquistas, de maneira a superar os nódulos ainda presentes na evolução histórica da economia e da sociedade, das instituições e da cultura brasileiras.

Essas poucas décadas de ampla efetividade da Constituição de 1988 – até 12 de maio de 2016, insista-se – demonstram que a nova Constituição Federal conseguiu traçar o mais eficiente, democrático e progressista caminho para o desenvolvimento do País.

Esta é a primeira grande lição a ser retirada desta fase histórica e jurídica examinada.

A segunda grande lição é estreitamente correlata à primeira, embora no sentido inverso. Ela comprova que o esvaziamento e, até mesmo, o incisivo torpedeamento do projeto humanista e social da Constituição de 1988, pelas elites brasileiras, tanto por reformas constitucionais antinômicas à matriz civilizatória apontada na Constituição Cidadã, como por interpretações jurídicas claramente influenciadas pelo ultraliberalismo e/ou pelos defeitos conservadores e excludentes tão expressados ao longo da história do País – como exaustivamente demonstrado neste livro –, isto sim é que conduz à crise, em suas múltiplas facetas, tais como o desastre econômico, social e ambiental, aliado à exclusão econômica, social, institucional e jurídica de pessoas humanas e de grande parte da população.

Este caminho contrário à matriz própria da Constituição de 1988, se não bastasse, mostra-se também muito ineficiente, retrógrado, solapador do progresso em suas diversas dimensões, como a econômica, a social, a ambiental, a cultural, a profissional, a trabalhista, entre outros aspectos.

É o que o estudo feito no próximo e último capítulo desta obra, abrangendo o período histórico entre 2016 e 31 de dezembro de 2022, irá também demonstrar.[128]

128. Obra fundamental para se compreender o sistema trabalhista brasileiro, especialmente no campo do Direito Coletivo do Trabalho, com as suas características, obstáculos, reveses e conquistas, encontra-se em SILVA, Sayonara Grillo Coutinho Leonardo da. *Relações coletivas de trabalho* – configurações institucionais no Brasil contemporâneo. São Paulo: LTr, 2008.

CAPÍTULO VII

A crise democrática, institucional, econômica, social, cultural e trabalhista brasileira e os desafios impostos ao Direito do Trabalho e à classe que vive do trabalho (2016-2022)

I. INTRODUÇÃO

A crise democrática, institucional, econômica, social, cultural e trabalhista vivenciada pelo País nos últimos anos, considerado o período entre 12 de maio de 2016 até 31 de dezembro de 2022 – objeto deste último capítulo –, pode ser examinada sob múltiplas perspectivas.

Em períodos históricos anteriores, em que também houve a derrubada de um governo progressista democraticamente eleito – tal como aconteceu no ano de 1964 –, os historiadores e cientistas políticos já se debruçaram sobre o respectivo processo político e institucional vivenciado, com lentes de mais longo prazo, detectando aspectos de imprescindível relevância para a compreensão da conjuntura transcorrida naquela época, além da compreensão sobre as próprias raízes estruturais da sociedade política e da sociedade civil brasileiras.

Entretanto, esse não é o objetivo do presente livro e de seu último capítulo. O objetivo deste estudo é enfocar estritamente a questão envolvente ao universo do trabalho e da regulação normativa que lhe é própria, conferida pelo Direito do Trabalho e seus segmentos normativos integrantes. Estudar em que medida esse universo social e temático, a par desse específico campo jurídico, foi afetado nesses seis específicos e recentes anos de história do Brasil.

Nesse quadro, o presente capítulo propõe-se a examinar, ainda que de maneira sintética, os parâmetros do projeto ultraliberalista concretizado com rapidez e até mesmo sofregamente a contar do governo afastado na noite de 12 de maio de 2016. Mesmo assim o texto vai se ater apenas aos parâmetros que afetam, direta ou indiretamente, o universo do trabalho e do emprego e o ramo jurídico trabalhista.

Nessa análise o texto vai também lançar luzes sobre o desemprego – uma característica importante desse período conjuntural – e como essa doença socioeconômica do sistema produtivo tem sido utilizada, em diversos casos, como estratégia política e antissocial para o alcance de objetivos e projetos no capitalismo de finanças.

Postas essas premissas de maior amplitude e de natureza multidimensional, o presente Capítulo VII vai focar a sua análise na impactante mudança imposta pelo novo governo ao Direito do Trabalho, seja no âmbito individual, seja no âmbito coletivo, como também no plano do Direito Processual do Trabalho. Trata-se do estudo, ainda que igualmente sintético, da reforma normativa produzida pela Lei n. 13.467, de 2017.

Logo a seguir, este texto indicará também novas políticas antissociais adotadas adicionalmente nesse período regressivo da história brasileira, sem embargo da profunda derruição econômica, social, jurídica, institucional e cultural já produzida pela Lei da Reforma Trabalhista de 2017.

O Capítulo VII termina com o tópico presente em diversos dos capítulos anteriores, ou seja, algumas reflexões complementares que podem ser efetivadas sobre o período histórico enfocado no presente texto.

II. A CRISE DEMOCRÁTICA, INSTITUCIONAL, ECONÔMICA, SOCIAL, CULTURAL E TRABALHISTA BRASILEIRA DEFLAGRADA ENTRE 2016 E 2022

O estudo da conjuntura vivida pelo Brasil a contar do afastamento temporário da Presidenta da República reeleita pela população, Dilma Rousseff, ocorrido na noite de 12 de maio de 2016 – afastamento que se tornou definitivo poucos meses após –, abrangeria múltiplos aspectos. Porém, conforme já esclarecido, o objetivo deste livro e deste capítulo envolve, basicamente, os reflexos dessa conjuntura de crise no universo do trabalho e do emprego, a par de seus reflexos no campo jurídico trabalhista.

Dessa maneira, neste item II do presente capítulo serão examinados traços referentes aos parâmetros do projeto ultraliberal implementado desde 12 de maio de 2016 no País na proporção em que tenha influência sobre o universo do trabalho e do emprego e do Direito do Trabalho, a par do exame do tema do desemprego, em vista de sua alta relevância no estudo de toda essa temática sobre o mundo do trabalho.

Também neste item II será feita uma referência à reforma trabalhista de 2017, com a desarticulação dos direitos individuais, sociais e coletivos trabalhistas que ela produziu. Contudo, neste caso, em face da extensão do assunto, ele será mais bem descortinado no item III deste Capítulo VII, logo em seguida.

1. Parâmetros do Projeto Ultraliberalista Implementado desde 12 de maio de 2016

A derrubada, em 12 de maio de 2016, do governo progressista eleito menos de 20 meses antes, deflagrou, de imediato, a implementação pelos novos governantes da agenda neoliberalista tradicional, com repercussões severas no universo do trabalho, do emprego e da normatização trabalhista.

Embora essa agenda seja largamente conhecida em vários países ocidentais, em especial naqueles situados em regiões e sociedades mais desiguais e desorganizadas – caso dos países da América Latina –, o fato é que se torna necessário recordar alguns aspectos relevantes de seu ideário de atuação. Registre-se, de toda maneira, que nas diversas experiências históricas efetivadas sempre ocorrerão diferenciações de ênfase, de dosagem e de prioridades relativamente ao conjunto das medidas impostas. Desse modo, respeitada essa ressalva, mesmo assim se mostra muito similar a cartilha seguida pelos governos neoliberais tão logo assumem as rédeas do poder político e institucional.[129]

Trata-se de medidas de grande impacto na economia e na sociedade, as quais restringem a atividade econômica de uma maneira geral, restringem os investimentos estatais na economia e na sociedade, tornam mais arriscados os investimentos privados nos processos produtivos – ressalvados alguns nichos que se preservam como muito lucrativos –, diminuem a renda da população que vive do trabalho, solapam a clientela de grandes, médias e pequenas empresas, concentram a riqueza e a renda nos topos do conjunto populacional e empobrecem segmentos sociais e regionais diversificados e cada vez mais volumosos.

Citem-se algumas dessas políticas públicas tipicamente ultraliberalistas: 1) restrição e enxugamento das instituições e canais públicos de investimentos na economia, seja em obras públicas, seja em obras e empreendimentos da iniciativa privada. Essas instituições e canais não apenas são esvaziados como também se eliminam os seus prazos e taxas de financiamentos incentivados;

129. Sobre essa proximidade na atuação política das correntes ultraliberais no processo de tomada de poder e, subsequentemente, na estruturação e concretização de suas políticas públicas no respectivo país, há importante estudo da pesquisadora e autora canadense Naomi Klein, envolvendo inúmeras experiências ao longo do globo e divulgado originalmente em 2007. A respeito, consultar KLEIN, Naomi. *The shock doctrine* – the rise of disaster capitalism. New York: Henry Holt and Company, 2007.

2) restringem-se, enxugam-se ou se eliminam instituições e programas de planejamento estatal da economia, aptos a criarem políticas públicas voltadas ao incentivo da economia privada, mas com estratégias que tomem em consideração caminhos de desenvolvimento de grande interesse nacional ou regional; 3) restringem-se, enxugam-se ou se eliminam (ou não se constroem) fundos públicos financeiros estratégicos, de maneira a equilibrar a economia em conjunturas de crises; 4) restringem-se ou se eliminam sistemas de estoques reguladores de produtos essenciais à população, ao suposto de haver um mercado mundial perfeito em sua dinâmica de trocas; 5) eliminam-se ou se enfraquecem políticas públicas diversificadas em favor do desenvolvimento econômico multidimensional do País, promovendo-se uma integração desfavorável da economia nacional no conjunto econômico mundial; 6) preservam-se (ou se implementam) na política econômica taxas de juros elevadas e valorização artificial da moeda brasileira, gerando condições insustentáveis para a concorrência da economia nacional em face dos produtos internacionais; 7) privatizam-se para investidores nacionais ou internacionais partes importantes das empresas e instituições estatais; 8) estimula-se também a privatização para a livre iniciativa de parte importante das riquezas nacionais, sejam estratégicas ou não.

Todas essas são políticas eminentemente econômicas, financeiras ou monetárias, as quais comprometem severamente o dinamismo da economia, a criação de empregos e de trabalho, o crescimento da renda da população, entre diversos outros efeitos perversos. De outro lado, trata-se de políticas públicas que também tendem a incrementar a concentração de renda na economia e na sociedade. Se não bastasse, em seu conjunto, tais políticas tendem também a instigar a financeirização das relações econômicas. Claro que, eventualmente, despontam exemplos tópicos que escapam dessa correlação, embora sem diminuir a sua significativa relevância econômica e social.

Ocupa espaço também privilegiado na agenda ultraliberalista a diminuição ou o corte significativo das políticas sociais, quer as de distribuição de renda direta à população empobrecida, quer as incentivadoras do ingresso de pessoas vulneráveis no sistema educacional (pessoas pobres, negras, com deficiência, entre outros grupos sociais especificados), quer as de elevação real do salário mínimo, quer as de incremento explícito do emprego, quer as de proteção a direitos e garantias nas relações trabalhistas.

A agenda ultraliberal igualmente não consegue tirar o foco predominante em favor dos interesses privatísticos do sistema e poder econômicos, negligenciando os efeitos colaterais perversos de suas políticas públicas unilaterais e enviesadas. E tais efeitos colaterais negativos são enormes, não apenas no plano do empobrecimento da população, no plano do aumento das desigualdades sociais e regionais, como também no plano da saúde das pessoas humanas envolvidas, sem contar o plano bastante decisivo da preservação e higidez ambientais.

Nesse conjunto de políticas econômica e socialmente deletérias sobressaem-se especialmente as políticas trabalhistas, direcionadas à redução de direitos e garantias dos trabalhadores, ao enfraquecimento do movimento sindical e de suas entidades componentes, bem como à flexibilização e/ou desregulamentação do Direito do Trabalho, em todas as suas vertentes.

Conforme já ressaltado neste livro, a partir de 12 de maio de 2016, com a derrubada do governo progressista democraticamente reeleito, foi retomada e aprofundada no País a agenda político-ideológica que se alardeou em parte dos anos 1990 no sentido da desregulamentação e flexibilização trabalhistas, estruturada sobre as mesmas bases argumentativas e propagandísticas neoliberais brandidas tempos atrás. Pontue-se, entretanto, que essa agenda ultraliberalista passou a ser defendida e efetivada, desde maio de 2016, na verdade, em tom e ritmos muito mais extremados do que os vistos durante os anos 1990.

2. O Desemprego como Estratégia Política e Antissocial

As medidas ultraliberalistas identificadas no item II.1, *retro*, caso implementadas em significativa relevância, produzem de maneira muito rápida a severa elevação dos índices de desemprego na economia e na sociedade.

Esse fato significa que o desemprego pode traduzir, sem dúvida, um resultado econômico, social e moral (no caso, bastante imoral) desejado por quem realiza certo conjunto de políticas públicas, ao invés de despontar apenas como um efeito objetivo e inevitável de circunstâncias fora do controle dos governantes.

Não se nega que o desemprego possa surgir em decorrência de fatores objetivos externos às políticas públicas, especialmente em países de economia dependente, que tendem a ser passíveis de influências nefastas advindas de conjunturas externas adversas.

Entretanto, com os mecanismos hoje amplamente conhecidos e disponíveis para os Estados, particularmente aqueles característicos de economias e países relativamente grandes e robustos – como é o caso do Brasil –, não restam dúvidas de que o desemprego, mesmo no cenário de um ambiente externo adverso, pode ser evidentemente revertido, em harmonia com uma política pública de fortalecimento da economia e da sociedade, em contraponto às políticas ultraliberais.

Mais do que isso, o que se assiste na tradição e conduta neoliberal é a produção artificial do desemprego, usualmente como estratégia para implementar, sem resistências sociais e políticas substantivas, as inóspitas e antissociais políticas públicas neoliberalistas.

Essa percepção das políticas públicas criadoras do desemprego como instrumento político-ideológico eficiente para a desorganização e dominação de setores sociais vitimados por este malefício já foi percebida, há cerca de 80 anos, pelo economista polonês Michal Kaleck, em estudo divulgado na década de 1940.[130]

Com mais dados de pesquisas e maior complexidade de reflexão, surgiu tempos depois, conforme estudo feito pela pesquisadora e autora canadense Naomi Klein, compreensão similar sobre o assunto – embora sob perspectiva diferente, agora partindo dos próprios autores neoliberais –, arquitetada pelo maior teórico

130. KALECKI, Michal. Os aspectos políticos do pleno emprego. *Political Quartely* vol. 14, 1943, p. 347-356.

do ultraliberalismo, Milton Friedman, com a sua doutrina do choque (ou doutrina do caos). Segundo Naomi Klein, esse teórico da Economia e também da Ciência Política aplicada via no desemprego bem como em outras pragas acontecidas na sociedade a grande oportunidade de se instaurar, manter e/ou e direcionar a incompreensão generalizada das pessoas, em favor da pronta realização, sem maiores resistências, das políticas liberalistas antissociais. A doutrina do choque de Milton Friedman surge como mais complexa e sofisticada pelo fato de não dispensar a presença de um coro uniforme midiático atuando, ao mesmo tempo, no sentido de influenciar na incompreensão das causas e remédios para os dramáticos problemas sociais.[131]

O caso brasileiro recente bem ilustra o manejo dessa estratégia no sentido de elevar rapidamente e manter em patamares estratosféricos os níveis de desemprego como ferramentas eficientes (embora graves) para desorganizar a sociedade civil e, especialmente, a classe que vive do trabalho. A partir de dados oficiais do IBGE, os autores M. G. Delgado, L. G. Alves e M. V. Lima demonstram que os índices de desemprego foram firmemente diminuídos desde 2003 até 2014 (12 anos de contínua redução) durante o período governamental da coligação de esquerda-centro existente no País à época.

Entretanto esses mesmos índices sofreram impulso célere e acentuado a partir da derrubada desse governo em maio de 2016, momento em que os níveis de desemprego saltaram, em poucos meses, ainda dentro do mesmo ano de 2016, para mais de 10%, patamar elevadíssimo em que se mantiveram por cerca de seis anos, até o início do novo período eleitoral, ocorrido a partir de meados de 2022.[132]

---

131. A "doutrina do choque", atribuída às construções políticas e estratégicas lideradas pelo economista Milton Friedman, com suporte na análise diversificada de experiências históricas precedentes e contemporâneas, foi minuciosamente estudada por Naomi Klein, em sua famosa obra, *The shock doctrine* – the rise of disaster capitalism. New York: Henry Holt and Company, 2007.

132. Dados estatísticos do IBGE demonstrados no seguinte artigo acadêmico: DELGADO, Mauricio Godinho; ALVES, Luiz Gustavo de Souza; LIMA, Meilliane Pinheiro Vilar. O Estado Democrático de Direito e o objetivo constitucional

De fato, segundo os três autores brasileiros, as taxas de desemprego caíram de 10,9%, em dezembro de 2003, para níveis cada vez mais baixos, até atingirem menos de 5% em 2011, assim se mantendo até dezembro de 2014, embora sofrendo um agravamento, para 6,9%, em dezembro de 2015 – tudo ainda dentro do mencionado governo progressista logo a seguir derrubado.

Entretanto, a contar da retomada do ultraliberalismo nas políticas públicas em 12 de maio de 2016, os índices de desemprego se aceleraram, passando, em poucos meses da nova gestão governamental, ainda em 2016, para o patamar estratosférico de 12%. Tais índices se mantiveram acima de 10% por cerca de seis anos seguidos (mais de seis dezenas de meses ininterruptos de enormes índices de desemprego).[133] Em meados do ano eleitoral de 2022, tais índices começaram, curiosamente, a refluir.

3. A Reforma Trabalhista de 2017 e a Desarticulação dos Direitos Individuais, Sociais e Coletivos Trabalhistas

A retomada do ultraliberalismo nas políticas públicas, agora de uma maneira extremada, a partir de maio de 2016, iria atingir fortemente todo o campo social do Direito. Para se ter uma ideia do extremismo das políticas neoliberais adotadas, aprovou-se, ainda em 2016, emenda constitucional fixando um regime fiscal inusitado, prevendo um teto imperativo para os gastos e investimentos públicos pelo prazo exorbitante de 20 anos (EC n. 95, de 15 de dezembro de 2016). Ou seja, 20 anos praticamente sem investimentos públicos significativos na economia e no campo das

da busca do pleno emprego. *Revista Magister de Direito do Trabalho* ano XVIII, n. 106, jan.-fev. 2022, p. 25-26.

133. DELGADO, M. G.; ALVES, L. G. de S.; LIMA, M. P. V. Loc. cit. Os três autores demonstram, ainda, que a mantença contínua de elevada taxa de desemprego no País provoca efeitos desagregadores no conjunto do mercado de trabalho, aumentando os graus de informalidade, de contratações precárias e de perda generalizada de direitos trabalhistas e sociais, comprometendo, sem dúvida, de forma relevante, a capacidade de organização e defesa dos trabalhadores em geral, com vistas a seus direitos e interesses profissionais e econômicos. Ob. cit., p. 5-31.

políticas sociais, em um país demarcado por profunda concentração de renda e situação de miséria de grande parte de sua população.

O segmento justrabalhista seria um dos focos principais – embora não o único – desse extremismo inerente ao pensamento neoliberalista. Em meados de 2017, após curto período de tramitação nas duas casas congressuais (o Senado Federal, lamentavelmente, não realizando qualquer atenuação no rigorismo do projeto de lei provindo da Câmara dos Deputados), foi aprovada a Lei n. 13.467, com previsão de vigência no dia 11 de novembro de 2017.

Esse diploma legal, pela extensão e impacto das mudanças previstas em seu corpo normativo, será examinado especificamente no item III deste Capítulo VII.

III. ANÁLISE DA REFORMA TRABALHISTA DE 2017 CONSIDERADOS OS SEGMENTOS NORMATIVOS DO DIREITO DO TRABALHO

O projeto humanista, social, inclusivo e democrático da Constituição de 1988 – aperfeiçoado pelas Emendas Constitucionais n. 24/1988 e n. 45/2004, além das Convenções Internacionais aprovadas desde o advento da Constituição da República, a par das diversas leis democráticas e inclusivas promulgadas nos 27,5 anos de vigência da Carta Magna –, foi esvaziado com a derrubada, a contar de 12 de maio de 2016, do governo progressista situado no poder desde janeiro de 2003, então liderado pela Presidenta Dilma Rousseff, reeleita no pleito eleitoral do final de 2014.

Esse projeto humanista, social, inclusivo e democrático iniciou-se sob a liderança do Presidente Luiz Inácio Lula da Silva, eleito em dois pleitos nacionais sucessivos (2002 e 2006), empossado desde o início de 2003, tendo continuidade com a Presidenta Dilma Rousseff, também eleita em dois pleitos nacionais sucessivos (2010 e 2014).

O rápido crescimento do desemprego, desde o mês do afastamento presidencial provisório em maio de 2016 (afastamento que se tornaria definitivo pouco meses após), também confirmava o início dessa nova fase de profunda regressão econômica, cultural, institucional e jurídica na realidade pátria.

Ainda em 2016, a Emenda Constitucional n. 95, de 15 de novembro, criando restrições orçamentárias draconianas nas políticas públicas da União, especialmente as de caráter social, mas também as direcionadas ao desenvolvimento econômico e ao emprego, com um inusitado teto de gastos de 20 anos de duração ("novo regime fiscal"), já demarcavam com clareza a fase profundamente regressiva que seria vivida pelo País.

No plano da ordem jurídica trabalhista, o extremismo das mudanças seria consubstanciado na Lei n. 13.467, promulgada em julho de 2017, mas vigente desde o dia 11 de novembro de 2017. Denominada Lei da Reforma Trabalhista, o novo diploma legal iria trazer várias dezenas de dispositivos em direção frontalmente antitética à arquitetura constitucional, internacional ratificada e legal estruturada nas quase três décadas precedentes, desde 5 de outubro de 1988.

Acolhendo as teses ultraliberalistas do Estado Mínimo e do império genérico e incontrastável dos interesses do poder econômico nas diversas searas da economia, da sociedade e das políticas públicas, a nova legislação, de maneira célere e compulsiva, deflagrou agressivo processo de desregulamentação e flexibilização trabalhistas, completado por severas restrições ao acesso à Justiça do Trabalho por parte do trabalhador brasileiro.

Para fins pedagógicos, viabilizando também a extensão e a profundidade das alterações regressivas realizadas, o exame do texto da Lei n. 13.467/2017 será feito em três módulos, cada um referente a um campo jurídico específico, o Direito Individual do Trabalho, o Direito Coletivo do Trabalho e o Direito Processual do Trabalho.

1. A Lei n. 13.467/2017 e o Direito Individual do Trabalho

No que concerne ao Direito Individual do Trabalho, que regula o contrato entre o trabalhador e seu empregador ou tomador de serviços, citem-se, a título ilustrativo, os seguintes aspectos bastante deletérios inseridos nesse novo diploma legal.

Em primeiro lugar, a obsessão em buscar eliminar, por intermédio de diversos preceitos combinados, a correlação trabalhista histórica, sufragada por distintas Convenções da OIT e pela Constituição de 1988, entre o tempo do trabalho ou de disponibilidade do trabalhador perante o empregador e as condições contratuais, inclusive a retribuição salarial do empregado.

Mencionem-se, nesta linha: 1) a exclusão do conceito de "tempo à disposição" no tocante a vários lapsos temporais em que o trabalhador já se encontra dentro dos limites físicos do estabelecimento empresarial (novo texto do art. 4º, §§ 1º e 2º, da CLT); 2) a eliminação das horas *in itinere* da CLT (novo texto do § 2º do art. 58 da CLT, com a revogação do § 3º desse mesmo preceito legal); 3) a desregulamentação e/ou flexibilização das regras concernentes à jornada de trabalho, em sentido menos favorável do que o anteriormente dominante; 4) o incentivo legal à contratação autônoma, em contraponto à contratação empregatícia (novo art. 442-B da CLT); 5) a criação do "contrato de trabalho intermitente", pelo qual se imagina a viabilidade formal e concreta da existência de um contrato empregatício até mesmo praticamente sem jornada e sem salário (nova redação do *caput* do art. 443 da CLT, com inserção de seu novo § 3º; novo art. 452-A, *caput* e §§ 1º até 9º, da Consolidação).

Em segundo lugar, cite-se também a obsessão em desconectar as regras de duração do trabalho das regras inerentes à saúde e à segurança laborativas.

Nesta linha, salientem-se: 1) a permissão para a pactuação meramente bilateral da jornada de plantão 12 X 36 horas relativamente às situações que envolvam ambientes insalubres e perigosos (novo art. 59-A, § 2º, c./c. o novo parágrafo único do art. 60, todos da CLT); 2) a exclusão da natureza salarial dos intervalos trabalhistas (novo texto do § 4º do art. 71 da CLT); 3) a explícita exclusão das regras sobre duração do trabalho e intervalos do campo das normas de saúde, higiene e segurança do trabalho (novo art. 611-B, parágrafo único, da CLT).

Em terceiro lugar, agreguem-se o enfraquecimento e a descaracterização do salário do empregado.

Nesse jaez, destacam-se: 1) criação do "contrato de trabalho intermitente" (nova redação do *caput* do art. 443 da CLT, com inserção de seu novo § 3º; novo art. 452-A, *caput* e §§ 1º até 9º, também da CLT); 2) exclusão da natureza salarial de distintas parcelas contratuais trabalhistas (novo texto do art. 457 da CLT); 3) eliminação da possibilidade de incorporação, pela média, da gratificação percebida por dez anos ou mais no contrato de trabalho (novo § 2º do art. 468 da CLT).

Em quarto lugar, acrescente-se a inserção de situações novas propiciadoras de discriminação direta ou indireta dos empregados no contexto empregatício. Notem-se as seguintes regras: d.1) eliminação de proteções normativas ao empregado relativamente mais qualificado e relativamente mais bem remunerado, submetendo-o a indissimulável segregação jurídica (novo parágrafo único do art. 444 da CLT); d.2) diminuição das garantias antidiscriminatórias no contexto da equiparação salarial (novo texto do art. 461 da CLT); d.3) permissão para a pactuação da arbitragem nas relações de trabalho (novo art. 507-A da CLT); d.4) alargamento e maior desregulamentação da terceirização trabalhista (nova redação para a Lei n. 6.019/1974).

Em quinto lugar, enfatizem-se as inúmeras situações de exacerbação do poder empregatício pelo empregador na relação de emprego, constantes dos preceitos legais acima elencados, a que se acrescem as regras de enfraquecimento dos sindicatos no mundo do trabalho no País (estas últimas, abaixo indicadas no subitem III.2).

Em sexto lugar, citem-se as restrições quanto à regulamentação dos danos morais e materiais na seara das relações de trabalho (novo Título II-A da CLT, art. 223-A até art. 223-G).

Em sétimo lugar, especifiquem-se, se não bastasse o tsunami de precarizações acima expostas, os diversos dispositivos e institutos que viabilizam o solapamento de direitos, garantias e proteções trabalhistas no curso e no encerramento do contrato empregatício (alguns já mencionados nos elencos suprarreferidos). Nessa linha, por exemplo, destaquem-se: 1) permissão para a celebração de termo anual de quitação de obrigações trabalhistas (novo art. 507-B da

CLT); 2) permissão para a pactuação da arbitragem nas relações de trabalho (novo art. 507-A da CLT); 3) alargamento e maior desregulamentação da terceirização trabalhista; 4) eliminação de proteções normativas ao empregado relativamente mais qualificado e relativamente mais bem remunerado (novo parágrafo único do art. 444 da CLT); 5) eliminação de formalidades e proteções rescisórias ao empregado com mais de um ano de contrato (novo texto do art. 477 da CLT); 6) igualação jurídica das dispensas individuais, plúrimas e coletivas (novo art. 477-A da CLT).

2. A Lei n. 13.467/2017 e o Direito Coletivo do Trabalho

No plano do Direito Coletivo do Trabalho – campo jurídico essencial ao Estado Democrático de Direito, conforme se sabe –, a destruição realizada pela Lei da Reforma Trabalhista foi também muito significativa.

O primeiro aspecto a ser destacado reside no fato de que, a partir da nova lei – especialmente a contar do ano de 2018, quando ela passou a produzir os seus maiores efeitos econômicos concretos – os sindicatos de trabalhadores foram, em sua grande maioria, simplesmente dilacerados. Esse resultado, por si somente, transformou (se não existissem outros fatores negativos no mencionado diploma normativo) o Estado Democrático de Direito Constitucional em um arremedo esvaziado de conceito jurídico e civilizatório.[134]

134. Sobre a importância do Direito do Trabalho e, especialmente, do Direito Coletivo do Trabalho para a construção e o aperfeiçoamento do fenômeno democrático e, inclusive do Estado Democrático de Direito inerente ao Constitucionalismo Humanista e Social, consultar o seguinte estudo deste autor, recentemente publicado: DELGADO, M. G. O sindicalismo no sistema capitalista e na democracia: papel estrutural. In: DELGADO, M. G. (org.); PEREIRA, Ricardo Macedo de Britto (org.); DIAS, Valéria de Oliveira (org.); MENEZES, Alline Bessa de (org.); BERNARDES, Simone Soares (org.); RODRIGUES, Yuli Barros Monteiro (org.). *Democracia, sindicalismo e justiça social* – parâmetros estruturais e desafios no século XXI. São Paulo: Juspodivm, 2022, p. 23-44. Examinar Igualmente, se for o caso, este novo estudo correlato: DELGADO, M. G. Sindicatos: desafios no século XXI. In: DELGADO, M. G. (org.); PEREIRA, Ricardo Macedo de Britto (org.); DIAS, Valéria de Oliveira (org.); MENEZES,

Efetivamente, segundo dados oficiais dos próprios governos derruidores do sindicalismo brasileiro (gestões de 12 maio de 2016 até 31 de dezembro de 2018 e de 1º de janeiro de 2019 até 31 de dezembro de 2022), as entidades sindicais obreiras tiveram, a partir de 2018 e anos seguintes, uma redução de receita superior a 90%, considerado o parâmetro de receita existente no ano de 2017 e anos imediatamente anteriores. É o que atestou, em números oficiais, o Ministério do Trabalho, segundo o informativo digital **Poder 360** em reportagem divulgada em 10 de fevereiro de 2022. Em conformidade com a matéria assinada por Hamilton Ferrari, a "arrecadação das entidades com a contribuição sindical somou R$ 65,5 milhões em 2021", valor que é "97,5% inferior ao registrado em 2017, último ano em que o pagamento foi obrigatório. Os dados são do Ministério do Trabalho".[135]

Explica o articulista Hamilton Ferreira que a arrecadação total da contribuição sindical obrigatória, prevista na CLT desde os anos 1940, passou de **R$ 3.046,2 bilhões**, durante o ano de 2017, para o modesto importe de **R$ 65,5 milhões** em 2021 - ambos os valores referentes, em cada ano, a todas as entidades sindicais obreiras, sejam os sindicatos, as federações, as confederações e as centrais sindicais de trabalhadores.[136]

Esse enfraquecimento abrupto e drástico das entidades sindicais de trabalhadores resultou da supressão, *sem qualquer transição*, da obrigatoriedade da contribuição sindical. Não se questiona tanto a supressão, em si, dessa verba uma vez que ela ostentava defeitos graves, do ponto de vista democrático, dado que instigava a formação e a manutenção de entidades sindicais sem qualquer significativa representatividade real (não apenas

---

Alline Bessa de (org.); BERNARDES, Simone Soares (org.); RODRIGUES, Yuli Barros Monteiro (org.). *Democracia, sindicalismo e justiça social* – parâmetros estruturais e desafios no século XXI. São Paulo: Juspodivm, 2022, p. 45-79.

135. FERRARI Hamilton. Arrecadação com contribuição sindical caiu 97,5% desde 2017. *Poder 360*, 10.02.2022, às 05h30. Capturado na internet em 25.01.2023, às 14:14 horas.

136. FERRARI Hamilton. Arrecadação com contribuição sindical caiu 97,5% desde 2017. *Poder 360*, 10.02.2022, às 05h30. Capturado na internet em 25.01.2023, às 14:14 horas.

representatividade jurídica) e sem atividades substanciais em benefício dos trabalhadores representados. Grande parte dessas entidades, a propósito, não ostentava interesse, aptidão ou poder para realizar efetivas negociações coletivas com os respectivos empregadores ou categoria econômica.

Entretanto, além da falta de qualquer período de transição para o término da contribuição social obrigatória instituída nos anos 1940, a legislação reformadora não mostrou nenhum interesse em eliminar os defeitos da velha parcela contributiva e, ao mesmo tempo, aperfeiçoar o sindicalismo, elevando os níveis de representatividade efetivas das entidades remanescentes, favorecendo também a negociação coletiva trabalhista. Ou seja, a Lei n. 13.467/2017 não regulou a inovadora contribuição negocial (especificada pela Lei das Centrais Sindicais, de 2008 - art. 7º), parcela que poderia substituir a antiga contribuição de 75/80 anos atrás, com a vantagem de instigar a agregação das entidades sindicais obreiras, favorecendo a sua maior representatividade perante a própria categoria, além de estimular a negociação coletiva trabalhista.

Nada disso foi feito pela Lei n. 13.467/2017, comprovando que o seu verdadeiro intento era mesmo apenas derruir o sindicalismo de trabalhadores, concretizando severa política antissindical. De fato, não foi regulada por lei a contribuição negocial (nem utilizada a contribuição assistencial do art. 513, "e", da CLT), ambas conhecidas pelo epíteto de *cota de solidariedade*, podendo incidir apenas se aprovada por regular negociação coletiva trabalhista em favor de todos os trabalhadores, nos moldes da contribuição social de interesse das categorias profissionais prevista pelo art. 149 da Constituição de 1988 (regulação que poderia também favorecer os sindicatos da categoria econômica, é claro). Ao inverso, a nova legislação proibiu o desconto da contribuição assistencial, ou similar, dos trabalhadores não associados, se não existir a anuência expressa e prévia destes (novo art. 611, XXVI, da CLT).[137]

137. Maiores referências sobre a desejada estrutura regulatória da nova "contribuição negocial" encontra-se no estudo recente (2002) de DELGADO, Mauricio Godinho. Sindicatos: desafios no século XXI. In: DELGADO, M. G.

Recentemente, de todo modo, o STF, alterando a sua jurisprudência, considerou válida a contribuição assistencial do art. 513, "e", da CLT, podendo incidir também sobre os trabalhadores não associados à entidade sindical representante, embora preservado o "direito de oposição" (novo texto do TEMA 935 de repercussão geral do STF, aprovado em setembro de 2023).

O segundo aspecto a ser destacado na Lei n. 13.467/2017, sob o enfoque do Direito Coletivo do Trabalho, reside na presença de diversos preceitos que autorizam à negociação coletiva trabalhista se transmutar em mecanismo de supressão ou precarização de direitos e garantias trabalhistas, ao invés de se preservar como fórmula de agregação e aperfeiçoamento das condições de contratação e gestão da força de trabalho no ambiente empregatício.

Nesta peculiar e perigosa linha de atuação, mencionem-se: o novo art. 611-A, *caput* e incisos I até XV, a par dos §§ 1º até 5º; o novo art. 611-B, *caput*, incisos I até XXX e parágrafo único; o novo art. 614, § 3º; o novo texto do art. 620, todos da CLT, preceitos que se combinam com o novo texto art. 8º, §§ 2º e 3º, e o novo texto do art. 702, ambos também da CLT.

É relevante perceber nesses dois elencos de matérias contidas nos arts. 611-A e 611-B da CLT, conforme redação imposta pela Lei da Reforma Trabalhista, a larga ampliação dos assuntos passíveis de desregulamentação e/ou flexibilização, com perda de direitos e garantias pelos trabalhadores.

O terceiro aspecto a ser brandido reside na diminuição dos mecanismos de reforço, na dinâmica da negociação coletiva, da perspectiva e atuação do sindicalismo de trabalhadores, em

---

(org.); PEREIRA, Ricardo Macedo de Britto (org.); DIAS, Valéria de Oliveira (org.); MENEZES, Alline Bessa de (org.); BERNARDES, Simone Soares (org.); RODRIGUES, Yuli Barros Monteiro (org.). *Democracia, sindicalismo e justiça social* – parâmetros estruturais e desafios no século XXI. São Paulo: Juspodivm, 2022, p. 70-72. Agregue-se sobre o presente assunto que as entidades representativas empresariais, embora tenham perdido, sim, também a sua contribuição sindical obrigatória, ainda preservaram, por meio das respectivas confederações patronais, a muito mais robusta contribuição social financiadora do Sistema S (SESC, SENAI, SENAT, etc.), que foi mantida hígida pela Lei da Reforma Trabalhista de 2017.

favorecimento manifesto à posição empresarial. É o que resulta, por exemplo, da proibição da ultratividade relativa dos documentos coletivos negociados (convenção coletiva do trabalho ou acordo coletivo do trabalho), enquanto não realizada nova negociação coletiva trabalhista (novo § 3º do art. 614 da CLT).

O quarto aspecto a ser percebido é a inversão do princípio da norma mais favorável, clássico ao Direito do Trabalho e que, no Brasil, ganhou inclusive suporte constitucional (*caput* do art. 7º da CF/1988 combinado com § 2º do art. 5º da mesma Constituição Federal). Para a Lei n. 13.467/2017, prevalecerá sempre o acordo coletivo de trabalho, ainda que menos favorável aos trabalhadores (novo art. 620 da CLT).

O quinto aspecto despontado é a exótica restrição ao processo de interpretação normativa pela Justiça do Trabalho intentada pelo novo § 3º do art. 8º da CLT e §§ 1º, 2º e 4º do novo art. 611-A da CLT.

A sexta medida manifestamente antissindical lançada pela Lei n. 13.467/2017 é a imposição de um irracional litisconsórcio necessário aos sindicatos subscritores de CCTs ou ACTs nas ações individuais ou ações coletivas propostas na Justiça do Trabalho que envolvam a anulação de cláusulas desses dois documentos coletivos negociados (§ 5º do novo art. 611-A da CLT). Além da irracionalidade do preceito, explicite-se que o simples custo operacional dessa medida para as entidades sindicais, caso ela se implementasse na prática processual trabalhista, tornaria simplesmente impossível, do ponto de vista econômico e operacional, a sobrevivência dos sindicatos na realidade brasileira.

De todo modo, a insuportável burocratização dos processos judiciais trabalhistas que provocaria esta inusitada regra tem levado à negativa dos magistrados do trabalho de a implementarem na prática processual diária no País.

3. A Lei n. 13.467/2017 e o Direito Processual do Trabalho

São inúmeras as modificações trazidas pela Lei n. 13.467/2017 no campo processual trabalhista. Neste tópico, contudo, serão apenas ressaltadas algumas regras novas que trazem prejuízo ao amplo acesso à jurisdição e à própria efetividade do processo judicial na Justiça do Trabalho.

No conjunto, a nova legislação arrola dispositivos que restringem a cidadania processual constitucional, considerada a seara das relações trabalhistas. Ou seja, trata-se de um conjunto articulado de dispositivos que tornam muito mais difícil à pessoa humana vulnerável e hipossuficiente que vive de seu trabalho questionar, perante o Poder Judiciário, as afrontas constitucionais ou convencionais internacionais promovidas pela nova Lei, sem contar as lesões consideradas ocorridas ao longo da relação empregatícia.

Apontem-se, ilustrativamente, em rápido bosquejo, as restrições processuais inseridas na CLT pela Lei da Reforma Trabalhista com respeito aos seguintes aspectos: a) preceitos que limitam, drasticamente, o acesso à justiça por parte do trabalhador brasileiro (em afronta ao princípio constitucional do amplo acesso à justiça – art. 5º, XXXV, da CF); b) regras que diminuem e/ou descaracterizam, manifestamente, o instituto constitucional da justiça gratuita (em afronta ao instituto firmemente assegurado pelo art. 5º, LXXIV, CF); c) preceitos que instigam o Magistrado do Trabalho a desempenhar papel severíssimo na condução do processo judicial; d) dispositivos que inserem a prescrição intercorrente na fase executória do processo judicial trabalhista.[138]

No caso das regras legais restritivas da justiça gratuita no âmbito trabalhista, insertas nos arts. 790-B, 791-A e 844, § 2º, da CLT, pela Lei n. 13.467/2017, felizmente o STF, em decisão plenária, atenuou, ainda que em parte, o caráter restritivo desses preceitos legais, no julgamento da ADI n. 5.766, proposta pela

138. Sobre a interpretação das regras da Lei da Reforma Trabalhista relativas ao Direito Processual do Trabalho, consultar o Capítulo VI do livro de Mauricio Godinho Delgado e Gabriela Neves Delgado, intitulado *A Reforma Trabalhista no Brasil* – com os comentários à Lei n. 13.467/2017. 2. ed. São Paulo: LTr, 2018. O Capítulo IV do mesmo livro trata das regras do Direito Individual do Trabalho, ao passo que o seu Capítulo V aborda as regras do Direito Coletivo do Trabalho.

Procuradoria Geral da República, em sessão que se encerrou em 20 de outubro de 2021.

Somem-se, por fim, a todas essas regressões jurídicas e civilizatórias decorrentes do texto da Lei da Reforma Trabalhista de 2017 a inusitada regressão que passou a permear, no País, a própria interpretação do Direito Positivo e, até mesmo, da Constituição da República, em direção a uma linha de abrandamento (ou descaracterização) da matriz constitucional humanista e social de 1988, inclusive dos princípios humanistas e sociais da Constituição da República, especialmente os *princípios constitucionais do trabalho*.

IV. ASPECTOS ADICIONAIS DA CRISE TRABALHISTA DEFLAGRADA ENTRE 2016 E 2022 E AS POLÍTICAS ANTISSOCIAIS ADOTADAS NO PERÍODO: NOVAS MEDIDAS REGRESSIVAS

Se não bastassem os profundos impactos e regressões trazidos pela Lei n. 13.467, o fato é que se deflagraram, pouco tempo após o início de sua vigência (ocorrida em 11 de novembro de 2017), inúmeras novas políticas públicas ultraliberalistas no campo social e do trabalho, particularmente a contar do dia 1º de janeiro de 2019, com a posse da nova gestão governamental no Brasil.

Inúmeras novas políticas públicas despontaram no sentido de aprofundar e agravar a desregulamentação e a flexibilização dos direitos individuais e sociais trabalhistas na economia, sociedade e instituições brasileiras. Citem-se, para ilustração, algumas dessas políticas públicas.

De um lado, a extinção do Ministério do Trabalho, realizada desde 1º de janeiro de 2019, pela MPr n. 870 (convertida na Lei n. 13.844/2019). Com essa extinção, comprometeu-se o *status* constitucional do valor do trabalho na estrutura do Estado brasileiro e a força imanente às políticas públicas de proteção à pessoa humana trabalhadora e ao trabalho, com a imediata transferência de boa parte das funções técnicas da pasta ministerial federal existente há cerca de 90 anos para o *Ministério da Economia*. Tal modificação institucional e administrativa explicitou, mais uma vez, o reducionismo economicista, anti-humanista e antissocial do conjunto da política trabalhista então estruturada no País (com alguma ressalva residual, naturalmente). Embora o órgão ministerial tenha sido recriado em 2021 (MPr. n. 1.058, de 27 de julho de 2021), não recuperou, até 31.12.2022, sua ampla estrutura e funcionalidades, nem seu papel institucional de canal de diálogo dos trabalhadores, via entidades sindicais, com o poder público federal.

De outro lado, note-se o sentido e o alcance de determinados dispositivos da Lei n. 13.874/2019, resultante da conversão da MPr. n. 881/2019, em especial as regras que pretendem ser interventivas no processo de interpretação do Direito do Trabalho e relações trabalhistas. Trata-se dos preceitos situados no art. 1º, *caput* e §§ 1º e 2º, do referido diploma legal (a Lei n. 13.874/2019 – Lei da Declaração de Direitos da Liberdade Econômica – que resultou da conversão da MPr. n. 881, de 30 de abril de 2019). Ora, se prevalecer uma interpretação literal desses dispositivos, esvazia-se a matriz humanista e social da Constituição da República e das normas internacionais de Direitos Humanos Econômicos, Sociais e Culturais, especialmente os trabalhistas, vigorantes no Brasil, a par dos princípios constitucionais do trabalho e dos princípios especiais do campo jurídico trabalhista especializado, tudo em favor de uma interpretação desproporcionalmente favorável ao poder econômico na seara das relações sociais trabalhistas presentes no País.

Em acréscimo, explicita igualmente essa fase de regressão neoliberalista o viés claramente antissindical da MPr. n. 873, editada em 1º de março de 2019, que restringia o custeio das entidades sindicais ainda mais drasticamente do que o fixado na anterior Lei n. 13.467/2017. É bem verdade que tal Medida Provisória perdeu vigência em 28 de junho de 2019, por não ter sido aprovada (sequer foi analisada) pelo Congresso Nacional (art. 62, *caput* e §§ 3º, 10 e 11, da CF – "decurso de prazo").

Ao término de 2019, se não bastasse, despontou a MPr. n. 905, de 11 de novembro de 2019, que instituiu o precarizante "contrato de trabalho verde e amarelo", além de desregular ou flexibilizar diversos outros direitos trabalhistas. A propósito, este diploma provisório, horas antes de caducar no Senado Federal, por decurso de prazo, foi, curiosamente, revogado pela MPr. n. 955, de 20 de abril de 2020, em artificioso expediente para elidir a vedação enfática contida no § 10 do art. 62 da Constituição da República, ou seja, a proibição de reedição, "na mesma sessão legislativa, de medida provisória que tenha sido rejeitada ou que tenha perdido a sua eficácia por decurso de prazo".

Este espírito anti-humanista e antissocial, presente nos diplomas normativos aprovados depois de 12 de maio de 2016 até o final de 2019, iria reverberar, em alguma medida, pelo interior dos diplomas normativos provisórios editados, desde março de 2020, para enfrentar, na economia e na sociedade brasileiras, o estado de calamidade pública produzido pela chegada da pandemia da covid-19 no Brasil.

Fale-se, na área dos direitos sociais, inclusive trabalhistas e previdenciários, da MPr. n. 927, de 22 de março de 2020, tratando de medidas trabalhistas e previdenciárias para enfrentamento do estado de calamidade pública reconhecido pelo Decreto Legislativo n. 6, de 20 de março de 2020 e da emergência de saúde pública de importância internacional decorrente da covid-19. Tal diploma teve a sua vigência encerrada sem conversão em lei pelo Congresso Nacional.

Aponte-se, especialmente, a MPr. n. 936, de 1º de abril de 2020, tratando de tema similar ao da MPr. n. 927/2020, com medidas normativas para enfrentamento do contexto gerado pela pandemia da covid-19. Essa MPr. foi convertida na Lei n. 14.020, de 2020. Em tais diplomas se previa a redução salarial sem negociação coletiva trabalhista, ao contrário do expressamente exigido pelo art. 7º, VI, da Constituição de 1988.

O fato é que, embora entre 12 de maio de 2016 e 31 de maio de 2022 possa ter despontado alguma política pública mais próxima das funções constitucionais e legais do Direito do Trabalho (como algumas medidas aprovadas pela Lei n. 14.457, de 21 de setembro de 2022, relativas à inserção e à manutenção de mulheres no mercado de trabalho), o conjunto da regressão justrabalhista experimentada pelo País nesses 6,5 anos de sua recente história foi simplesmente dramático.

V. LIÇÕES ADICIONAIS PROVINDAS DO PERÍODO REGRESSIVO DE 2016 A 2022

Uma das maiores lições advindas do período regressivo situado entre 12 de maio de 2016 e 31 de dezembro de 2022 consiste na visão ampliada que se conseguiu alcançar sobre a importância filosófica, política, institucional, socioeconômica e jurídica do projeto constitucional inscrito na Constituição de 1988, em contraponto à irresponsabilidade social ultraliberalista e outras modalidades de irracionalismo que imperaram nessa fase histórica regressiva recém-sofrida.

A nova Constituição da República, com a sua matriz humanista, inclusiva e democrática, os seus princípios humanistas, democráticos, inclusivos e sociais, além de seus claros objetivos humanistas, democráticos, sociais e ambientais, firmando um basta também às práticas institucionais, econômicas e sociais discriminatórias e excludentes, tanto da sociedade política como da sociedade civil, toda a essência constitucional, em suma, se avulta como a mais importante construção institucional e jurídica que a sociedade brasileira já concretizou.

A desconstrução da matriz da Constituição da República quer por emendas constitucionais exóticas e contraditórias ao conjunto constitucional, quer por interpretações jurídicas da mesma natureza e finalidades, constitui, desse modo, um dos maiores desserviços ao Direito e à sociedade brasileira que as elites podem realizar.

Referências bibliográficas

ALBUQUERQUE, Wlamyra R. de. *O jogo da dissimulação* – abolição e cidadania negra no Brasil. São Paulo: Companhia das Letras, 2009.

ALLY, Raimundo Cerqueira. *Normas previdenciárias no Direito do Trabalho*. São Paulo: IOB – Informações Objetivas, 1989.

ALMEIDA, Sílvio Luiz de. *Racismo estrutural*. São Paulo: Jandaíra, 2020.

ALVARENGA, Rúbia Zanotelli. *Trabalho decente*: direito humano e fundamental. São Paulo: LTr, 2016.

ALVARENGA, Rúbia Zanotelli. *Direitos da personalidade do trabalhador e poder empregatício*. São Paulo: LTr, 2013.

ALVES, Luiz Gustavo de Souza Alves. *Estado Democrático de Direito e Ações Afirmativas Antirracistas no Âmbito das Instituições e Empresas*. Brasília: Venturoli, 2023.

ALVES, Raíssa Roussenq. *Entre o silêncio e a negação* – trabalho escravo contemporâneo sob a ótica da população negra. Belo Horizonte: Letramento, 2019.

ANTUNES, Ricardo. *Adeus ao trabalho? Ensaio sobre as metamorfoses e a centralidade do mundo do trabalho*. 16. ed. São Paulo: Cortez, 2015.

ANTUNES, Ricardo. *Os sentidos do trabalho. Ensaio sobre a afirmação e a negação do trabalho*. 2. ed./3. reimpr. São Paulo: Boitempo, 2015.

AVILÉS, Antonio Ojeda. *Derecho Sindical*. 7. ed., Madrid: Tecnos, 1995.

BARACAT, Eduardo Milléo. *Trabalho da pessoa com deficiência* – estudo sobre a exclusão e inclusão social. Curitiba: Juruá, 2020.

BARROS, Alice Monteiro de (coord.). *Curso de Direito do Trabalho* – estudos em homenagem a Célio Goyatá. 3. ed. São Paulo: LTr, 1997. vol. I.

BAYLOS GRAU, Antonio. *Sindicalismo y Derecho Sindical.* 6. ed. Ver. Albacete: Bomarzo, 2016.

BELMONTE, Alexandre Agra. *Reparação dos danos morais nas relações de trabalho.* 2. ed. São Paulo: Juspodivm, 2021.

BERSANI, Humberto. *Racismo estrutural e direito à desestratificação* – um estudo a partir das relações de trabalho. Belo Horizonte: Casa do Direito, 2020.

BIAVASCHI, Magda. *O Direito do Trabalho no Brasil, 1930-1942*: a construção do sujeito de direitos trabalhistas. São Paulo: LTr/JUTRA, 2007.

BITTENCOURT, Renata Osório Caciquinho; INÁCIO, Hillary Christine Piedade; DELGADO, Mauricio Godinho. Sindicalismo e feminismo – a inserção e o empoderamento das mulheres no sindicalismo. In: DELGADO, Mauricio Godinho (org.); PEREIRA, Ricardo Macedo de Britto (org.); DIAS, Valéria de Oliveira (org); MENEZES, Aline Bessa de (org.); BERNARDES, Simone Soares (org.); RODRIGUES, Yuli Barrosw Monteiro (org.). *Democracia, sindicalismo e justiça social* – parâmetros estruturais e desafios no século XXI. São Paulo: Juspodivm, 2022, p. 635-662.

BLACKBURN, Robin. *The making of new world slavery* – from the Baroque to the Modern – 1492-1800. UK: Verso, 2010.

BORGES, Maria José Rigotti. *Ouçam Mirtes, Mãe de Miguel* – trabalho doméstico remunerado e desigualdades no Brasil. Curitiba: Appris, 2023.

BRASIL. *Diário Oficial da União* de 01.04.2016, Seção 1, p. 132.

BRITO FILHO, José Cláudio Monteiro de. *Direito Sindical:* análise do modelo brasileiro de relações coletivas de trabalho à luz do direito estrangeiro comparado e da doutrina da OIT. 9. ed., São Paulo: LTr, 2021.

CALDEIRA, Jorge. *História da riqueza no Brasil.* Rio de Janeiro: Estação Brasil, 2017.

CAMARGO, Thaísa Rodrigues Lustosa de; MELO, Sandro Nahmias. *Princípios de Direito Ambiental do Trabalho.* São Paulo: LTr, 2013.

CAMPOS, Marcelo Gonçalves. Combate ao trabalho escravo no Brasil: o nascimento do grupo especial de fiscalização móvel. In: RIBEIRO, Cláudia (org.); CAMPOS, Marcelo (org.); LEITÃO, Márcio (org.). *Resgates* – combate ao trabalho escravo contemporâneo no Brasil. Belo Horizonte: RTM, 2021, p. 30-50.

CANTELLI, Paula. *O trabalho feminino no divã* - dominação e discriminação. São Paulo: LTr, 2007.

CARNEIRO, Sueli. *Escritos de uma vida*. São Paulo: Jandaíra, 2020.

CARNEIRO, Sueli. *Racismo, sexismo e desigualdade no Brasil*. São Paulo: Selo Negro, 2021.

CARVALHO, Sérgio. Sobre o peso das correntes em teus ombros - ensaio fotográfico. In: RIBEIRO, Cláudia (org.); CAMPOS, Marcelo (org.); LEITÃO, Márcio (org.). *Resgates* - combate ao trabalho escravo contemporâneo no Brasil. Belo Horizonte: RTM, 2021, p. 92-124.

CATTANI, Antonio David (org.); HOLZMANN, Lorena (org.). *Dicionário de trabalho e tecnologia*. Porto Alegre: UFRGS, 2006.

COIMBRA, J. R. *Direito Previdenciário brasileiro*. 10. ed. Rio de Janeiro: Trabalhistas, 1999.

CONFORTI, Luciana Paula. *Direito fundamental de não ser escravizado no Brasil*. Belo Horizonte: RTM, 2022.

COUTINHO, Adrienne Rodrigues. *A greve política e a política da greve*. Belo Horizonte: RTM, 2021.

DANTAS, Marinalva Cardoso. As crianças e adolescentes submetidos à escravidão contemporânea no Brasil. In: RIBEIRO, Cláudia (org.); CAMPOS, Marcelo (org.); LEITÃO, Márcio (org.). *Resgates* - combate ao trabalho escravo contemporâneo no Brasil. Belo Horizonte: RTM, 2021, p. 65-80.

DE DECCA, Edgar; MENEGUELO, Cristina. *Fábricas e homens* - a revolução industrial e o cotidiano dos trabalhadores. 5. ed. São Paulo: Atual, 2009.

DELGADO, Ignacio Godinho. *Previdência Social e mercado no Brasil* - a presença empresarial na trajetória da política social brasileira. São Paulo: LTr, 2001.

DELGADO, Lucilia de A. Neves. *O Comando Geral dos Trabalhadores no Brasil, 1961-1964*. 2. ed. Petrópolis: Vozes, 1986.

DELGADO, Mauricio Godinho. *Capitalismo, trabalho e emprego* - entre o paradigma da destruição e os caminhos de reconstrução. 3. ed. São Paulo: LTr, 2017.

DELGADO, Mauricio Godinho. Constituição da República, Estado Democrático de Direito e Direito do Trabalho. In: DELGADO, M. G.; DELGADO, Gabriela Neves. *Constituição da República e direitos fundamentais* - dignidade da pessoa humana, justiça social e Direito do Trabalho. 4. ed. São Paulo: LTr, 2017, p. 33-51.

DELGADO, Mauricio Godinho. *Curso de Direito do Trabalho*. 1. ed. São Paulo: LTr, 2002.

DELGADO, Mauricio Godinho. *Curso de Direito do Trabalho*. 19. ed. São Paulo: LTr, 2020.

DELGADO, Mauricio Godinho. *Curso de Direito do Trabalho*. 20. ed. São Paulo: Juspodivm, 2023.

DELGADO, Mauricio Godinho. Democracia, direitos fundamentais e inclusão social – o papel do Direito do Trabalho no Brasil. In: DELGADO, M. G.; DELGADO, G. N. *Constituição da República e direitos fundamentais* – dignidade da pessoa humana, justiça social e Direito do Trabalho. 4. ed. São Paulo: LTr, 2017, p. 75-93.

DELGADO, Mauricio Godinho. *Direito Coletivo do Trabalho*. 3. ed. São Paulo: LTr, 2008 (7. ed., 2017).

DELGADO, Mauricio Godinho. Direitos fundamentais e inclusão social – o papel do Direito do Trabalho no Brasil. In: DELGADO, M. G.; DELGADO, G. N. *Constituição da República e direitos fundamentais* – dignidade da pessoa humana, justiça social e Direito do Trabalho. 4. ed. São Paulo: LTr, 2017, p. 75-93.

DELGADO, Mauricio Godinho. *O poder empregatício*. São Paulo: LTr, 1996.

DELGADO, Mauricio Godinho. *Princípios constitucionais do trabalho e princípios de direito individual e coletivo do trabalho*. 5. ed. São Paulo: LTr, 2017.

DELGADO, Mauricio Godinho; DELGADO, Gabriela Neves. *Constituição da República e direitos fundamentais* – dignidade da pessoa humana, justiça social e Direito do Trabalho. 4. ed. São Paulo: LTr, 2017.

DELGADO, Mauricio Godinho; DELGADO, Gabriela Neves. Estruturação e desenvolvimento da Justiça do Trabalho no Brasil. In: DELGADO, M. G.; DELGADO, G. N. *Constituição da República e direitos fundamentais* – dignidade da pessoa humana, justiça social e direito do trabalho. 4. ed. São Paulo: LTr, 2017.

DELGADO, Mauricio Godinho; DELGADO, Gabriela Neves. *A Reforma Trabalhista no Brasil* – com os comentários à Lei n. 13.467/2017. 2. ed. São Paulo: LTr, 2018.

DELGADO, Mauricio Godinho (org.); PEREIRA, Ricardo Macedo de Britto (org.); DIAS, Valéria de Oliveira; (org.); MENESES, Aline Bessa de (org.); BERNARDES, Simone Soares (org.); RODRIGUES, Yuli Barros Monteiro (org.). *Democracia, sindicalismo e justiça social* – parâmetros estruturais e desafios no século XXI. São Paulo: Juspodivm, 2022.

DELGADO, Mauricio Godinho. O sindicalismo no sistema capitalista e na democracia: papel estrutural. In: DELGADO, M. G. (org.); PEREIRA, Ricardo Macedo de Britto (org.); DIAS, Valéria de Oliveira (org.); MENEZES, Alline Bessa de (org.); BERNARDES, Simone Soares (org.); RODRIGUES, Yuli Barros Monteiro (org.). *Democracia, sindicalismo e justiça social* – parâmetros estruturais e desafios no século XXI. São Paulo: Juspodivm, 2022, p. 23-44.

DELGADO, Mauricio Godinho. Sindicatos: desafios no século XXI. In: DELGADO, M. G. (org.); PEREIRA, Ricardo Macedo de Britto (org.); DIAS, Valéria de Oliveira (org.); MENEZES, Alline Bessa de (org.); BERNARDES, Simone Soares (org.); RODRIGUES, Yuli Barros Monteiro (org.). *Democracia, sindicalismo e justiça social* – parâmetros estruturais e desafios no século XXI. São Paulo: Juspodivm, 2022, p. 45-79.

DELGADO, Mauricio Godinho; PIMENTA, José Roberto Freire; MIZIARA, Raphael. Sindicalismo e greve no Estado Democrático de Direito: o debate sobre o exercício, pelas entidades sindicais, de atividades com dimensões políticas. *Revista de Direito do Trabalho* vol. 209. São Paulo: RT/Thompson Reuters, 2020, p. 01-30.

DELGADO, Mauricio Godinho (org.); PORTO, Lorena Vasconcelos (org.). *A América Latina e o Estado de Bem-estar Social* – características, obstáculos e desafios. São Paulo: Tirant Lo Blanch, 2021.

DELGADO, Mauricio Godinho (org.); PORTO, Lorena Vasconcelos (org.). *O Estado de Bem-estar Social no Século XXI*. 2. ed. São Paulo: LTr, 2018.

DELGADO, Mauricio Godinho; PORTO, Lorena Vasconcelos. O Estado de Bem-estar Social (*Welfare State*) no capitalismo contemporâneo. In: DELGADO, M. G. (org.) e PORTO, L. V. (org.). *Welfare State* – os grandes desafios do Estado de Bem-estar Social. São Paulo: LTr, 2019, p. 23-49.

DELGADO, Mauricio Godinho (org.); PORTO, Lorena Vasconcelos (org.). *Welfare State* – os grandes desafios do Estado de Bem-estar Social. São Paulo: LTr, 2019.

DOBB, Maurice. *A evolução do capitalismo*. 9. ed. Rio de Janeiro: LTC, 2015.

ELEY, Geoff. *Forjando a Democracia* – a história da esquerda na Europa, 1850-2000. Fundação Perseu Abramo, 2005.

FAGUNDES, Mauricio Krepsky. O legado da criação da Móvel. In: RIBEIRO, Cláudia (org.); CAMPOS, Marcelo (org.); LEITÃO, Márcio (org.). *Resgates* – combate ao trabalho escravo contemporâneo no Brasil. Belo Horizonte: RTM, 2021, p. 165-186.

FAUSTO, Bóris. *Trabalho urbano e conflito social (1890-1920)*. São Paulo: Difel, 1976.

FELICIANO, Guilherme Guimarães; URIAS, João; MARANHÃO, Ney; SEVERO, Valdete Souto (coord.). *Direito Ambiental do Trabalho*: apontamentos para uma teoria geral. São Paulo: LTr (1º vol., 2013; 2º vol., 2015; 3º vol., 2017).

FELICIANO, Guilherme Guimarães. *Responsabilidade civil no meio ambiente do Trabalho* – nexo causal, nexo normativo e teoria da imputação objetiva. São Paulo: RT, 2021.

FERRARI Hamilton. Arrecadação com contribuição sindical caiu 97,5% desde 2017. *Poder 360*, 10.02.2022, às 05h30. Capturado na internet em 25.01.2023, às 14:14 horas.

FERREIRA, Marília Lustosa. *Direitos humanos e inclusão social nas relações de trabalho* – proteção às minorias e grupos vulneráveis. Belo Horizonte: Arraes, 2021.

FERRITO, Bárbara. *Direito e desigualdade* – uma análise da discriminação das mulheres no mercado de trabalho a partir dos usos do tempo. São Paulo: LTr, 2021.

FIGUEIRA, Ricardo Rezende. Prefácio. In: RIBEIRO, Cláudia (org.); CAMPOS, Marcelo (org.); LEITÃO, Márcio (org.). *Resgates* – combate ao trabalho escravo contemporâneo no Brasil. Belo Horizonte: RTM, 2021, p. 07-13.

FIGUEIREDO, Argelina Cheibub. Intervenções sindicais e o "novo sindicalismo". *DADOS* – Revista de Ciências Sociais n. 17. Rio de Janeiro: IESP-UERJ, 1978, p. 135-155.

FILGUEIRAS, Vitor Araújo (org.). *Saúde e segurança do trabalho no Brasil.* Brasília: Ministério Público do Trabalho/Gráfica Movimento, 2017.

FREEMAN, Joshua B. *Mastodontes* – a história da fábrica e a construção do mundo moderno. São Paulo: Todavia, 2019.

FREITAS, Camila. 5 mulheres negras que foram fundamentais para o fim da escravidão. Disponível em: https://www.uol.com.br/ecoa/amp-stories/5-muheres-negras-que-foram-fundamentais-para-a-libertacao-dos-escravos/.

GOLDMACHER, Marcela. As associações operárias e a "greve geral" de 1903. *In* GOLDMACHER, Marcela; MATTOS, Marcelo Badaró; TERRA, Paulo Cruz. *Faces do Trabalho*: escravizados e livres. Niterói: EdUFF, 2010, p. 143-165.

GOLDMACHER, Marcela; MATTOS, Marcelo Badaró; TERRA, Paulo Cruz. *Faces do Trabalho:* escravizados e livres. Niterói: EdUFF, 2010.

GOMES, Flávio dos Santos; LAURIANO, Jaime; SCHWARCZ, Lilia Moritz. *Enciclopédia negra*. São Paulo: Companhia das Letras, 2021.

GOMES, Laurentino. *Escravidão*. Vol. I – Do primeiro leilão de cativos em Portugal até a morte de Zumbi dos Palmares. Rio de Janeiro: Globo, 2019.

GOMES, Laurentino. *Escravidão*. Vol. II – Da corrida do outro em Minas Gerais até a chegada da corte de Dom João ao Brasil. Rio de Janeiro: Globo, 2021.

GOMES, Laurentino. *Escravidão*. Vol. III – Da independência do Brasil à Lei Áurea. Rio de Janeiro: Globo, 2022.

GOMES, Orlando; GOTTSCHALK, Élson. *Curso de Direito do Trabalho*. 5. ed. Rio de Janeiro: Forense, 1972.

GRANIZO, Martin L.; ROTHVOSS, M. Gonzalez. *Derecho social*. Madrid: Reus, 1935.

GUNTHER, Luiz Eduardo (coord.); ALVARENGA, Rúbia Zanotelli de (coord.). *Direitos humanos e meio ambiente do trabalho*. São Paulo: LTr, 2016.

HANNAH-JONES, Nikole. *The 1619 Project*: a new origen story. New York: One World, 2021.

HARARI, Yuval Noah. *SAPIENS* – uma breve história da humanidade. 36. ed. Porto Alegre: L&PM, 2018.

HARDMAN, Foot; LEONARDI, Victor. *História da indústria e do trabalho no Brasil (das origens aos anos 20)*. 2. ed. São Paulo: Ática, 1991.

HOBSBAWN, Eric. J. *A Era das Revoluções, 1789-1948*. 41. ed. Rio de Janeiro/São Paulo: Paz e Terra, 2019.

HOBBSBAWN, Eric J. *Da Revolução Industrial inglesa ao Imperialismo*. 6. ed. Rio de Janeiro: GEN/Forense Universitária, 2016.

HUNT, E. K.; LAUTZENHEISER, Mark. *História do pensamento econômico* – uma perspectiva crítica. 3. ed./10. tir. Rio de Janeiro: Elsevier, 2013.

HUNT, E. K.; SHERMAN, Howard J. *História do pensamento econômico*. 26. ed./3. reimpr. Petrópolis: Vozes, 2017.

INIKORI, Joseph E. *Africans and the Industrial Revolution in England* – a study in international trade and economic development. New York: Cambridge, 2009.

KLEIN, Herbert S.; VINSON III, Ben. *A escravidão africana na América Latina e Caribe*. Tradução de Laura Teixeira Motta. Brasília: UnB, 2015.

KLEIN, Naomi. *The shock doctrine* – the rise of disaster capitalism. New York: Henry Holt and Company, 2007.

LAUREANO, Jaime; SCHWARCZ, Lilia. *Enciclopédia negra*. São Paulo: Companhia das Letras, 2021.

LEAL, Victor Nunes. *Coronelismo, enxada e voto* – o município e o regime representativo no Brasil. 7. ed./7. reimpr. São Paulo: Companhia das Letras, 2012.

LESSER, Jeffrey. *A invenção da brasilidade* – identidade nacional, etnicidade e políticas de imigração. São Paulo: Unesp, 2015.

LIMA, Paulo César. O suor dos explorados sustenta os exploradores. In: RIBEIRO, Cláudia (org.); CAMPOS, Marcelo (org.); LEITÃO, Márcio (org.). *Resgates* – combate ao trabalho escravo contemporâneo no Brasil. Belo Horizonte: RTM, 2021, p. 137-142.

LORENTZ, Lutiana Nacur. *A norma da igualdade e o trabalho das pessoas com deficiência*. 2. ed. São Paulo, 2016.

LORENZ, Lutiana Nacur. As pessoas com deficiência e sua inserção jurídica no Brasil: da estruturação e avanço da onda inclusiva deflagrada pela Constituição de 1988 aos desafios regressivos despontados com a reforma trabalhista de 2017. *Revista Direito das Relações Sociais e Trabalhistas* vol. 5, n. 3. Brasília: UDF, set.-dez. 2019, p. 192-227.

MAC CORD, Marcelo; SOUZA, Robério S. Trabalhadores livres e escravos. In: SCHWARCZ, Lilia Moritz; GOMES, Flávio dos Santos. *Dicionário da escravidão e liberdade* – 50 textos críticos. 3. reimpr. São Paulo: Companhia das Letras, 2018, p. 410-415.

MACEDO, Marluce de Lima. *Intelectuais negros, memória e educação antirracista. Uma leitura de Abdias Nascimento e Edílson Carneiro*. Belo Horizonte: Dialética, 2021.

MAEDA, Patrícia. *Trabalhadoras do Brasil, Uni-vos! A participação das mulheres na construção dos direitos sociais inscritos na Constituição Federal de 1988*. Belo Horizonte: Letramento, 2021.

MAGANO, Octavio Bueno. *Manual de Direito do Trabalho* (Parte Geral). 4. ed. São Paulo: LTr, 1991.

MARANHÃO, Délio. *Direito do Trabalho*. Rio de Janeiro: Fundação Getulio Vargas, 1987.

MATTOS, Hebe. Laços de família e direitos no final da escravidão. In: ALENCASTRO, Luiz Felipe de. *História da vida privada no Brasil*: Império – a corte e a modernidade nacional. São Paulo: Companhia das Letras, 2019.

MATTOZO, Kaita M. de Queirós. *Ser escravo no Brasil* – séculos XVI-XIX. Petrópolis: Vozes, 2016.

MAZZULO, Paula Maria do Nascimento. Posfácio. In: RIBEIRO, Cláudia (org.); CAMPOS, Marcelo (org.); LEITÃO, Márcio (org.). *Resgates* – combate ao trabalho escravo contemporâneo no Brasil. Belo Horizonte: RTM, 2021, p. 187-193.

MELO, Raimundo Simão de. *Direito Ambiental do Trabalho e a saúde do trabalhador*. 5. ed. São Paulo: LTr, 2013.

MELO, Raimundo Simão de (org.); LEMOS, Maria Cecília Almeida Monteiro (org.); CAMPANHA, Paulo Santana (org.). *Meio Ambiente do Trabalho*. Brasília: UDF/Zeni Impressões Digitais, 2020.

MIRÁGLIA, Lívia Mendes Moreira. *Trabalho escravo contemporâneo* – conceituação à luz do princípio da dignidade da pessoa humana. São Paulo: LTr, 2011 (2. ed., 2015).

MORAES FILHO, Evaristo de. *Tratado elementar de Direito do Trabalho*. Rio de Janeiro: Freitas Bastos, 1960. vol. I.

MORAIS, Fernando de. *Chatô* – o rei do Brasil. 3. ed./13. reimpr. São Paulo: Companhia das Letras, 2006.

MOREIRA, Adilson José. *Tratado de Direito antidiscriminatório*. São Paulo: Contracorrente, 2020.

MOURA, Clóvis. *Quilombos* – resistência ao escravismo. São Paulo: Expressão Popular, 2020.

MOURA, Clóvis. *Rebeliões da senzala* – quilombos, insurreições, guerrilhas. 6. ed. São Paulo: Anita Garibaldi/Fund. Mauricio Grabois, 2021.

NASCIMENTO, Abdias. *O genocídio do negro brasileiro* – processo de um racismo mascarado. 3. ed. São Paulo: Perspectivas, 2016.

NASCIMENTO, Amauri Mascaro. *Compêndio de Direito Sindical*. 2. ed. São Paulo: LTr, 2000.

NASCIMENTO, Beatriz. *Uma história feita por mãos negras*. Organização de Alex Ratts. Rio de Janeiro: Zahar, 2021.

OIT Brasília. *História da OIT*. Sítio eletrônico da Organização Internacional do Trabalho no Brasil, acessado em 09.01.2023, às 10:25/10:30 horas.

OLIVEIRA, Carlindo Rodrigues. *Greve e negociação coletiva no Brasil (1978-2018)*: grandes ciclos, configurações diversas. São Paulo: Dialética, 2022.

OLIVEIRA, José César de. Formação histórica do Direito do Trabalho. In: BARROS, Alice Monteiro de (coord.). *Curso de Direito do Trabalho* – estudos em homenagem a Célio Goyatá. 3. ed. São Paulo: LTr, 1997. vol. I.

OLIVEIRA, Maria Carolina Fernandes (org.); LOPES, Marianna Gomes Silva (org.); RODRIGUES, Tamiris Souza (org.). *Quanto vale a digni-*

dade? Estudos contemporâneos sobre trabalho escravo. Belo Horizonte: RTM, 2021.

OLIVEIRA, Sebastião Geraldo. *Indenização por acidente do trabalho ou doença ocupacional*. 12. ed. São Paulo: Juspodivm, 2021.

OLIVEIRA, Sebastião Geraldo de. *Proteção jurídica à saúde do trabalhador*. 6. ed. São Paulo: LTr, 2011.

PIRES, Camila. Construindo liberdade: lutas antiescravista e abolicionistas por mulheres negras no Brasil do século XIX. Disponível em: https://ojs.ufgd.edu.br/index.php/historiaemreflexao/article/view/12254.

REIS, João José. *Ganhadores* – a greve negra de 1857 na Bahia. São Paulo: Companhia das Letras, 2019.

REIS, José João; GOMES, Flávio dos Santos. *Liberdade por um fio* – história dos quilombos no Brasil. 6. reimpr. São Paulo: Companhia das Letras, 1996.

REIS, José João; GOMES, Flávio dos Santos (org.). *Revoltas escravas no Brasil*. São Paulo: Companhia das Letras, 2021.

REZENDE FILHO, Cyro de Barros. *História econômica geral*. 10. ed. São Paulo: Contexto, 2016.

RIBEIRO, Cláudia; CAMPOS, Marcelo; LEITÃO, Márcio. Gratidão. In: RIBEIRO, Cláudia (org.); CAMPOS, Marcelo (org.); LEITÃO, Márcio (org.). *Resgates* – combate ao trabalho escravo contemporâneo no Brasil. Belo Horizonte: RTM, 2021, p. 195-204.

RIBEIRO, Cláudia Márcia. Grupo Móvel – uma inovação que deu certo! In: RIBEIRO, Cláudia (org.); CAMPOS, Marcelo (org.); LEITÃO, Márcio (org.). *Resgates* – combate ao trabalho escravo contemporâneo no Brasil. Belo Horizonte: RTM, 2021, p. 51-63.

RIBEIRO, Claudirene Andrade. *Meio ambiente do trabalho* – responsabilidade civil por dano moral coletivo na atividade frigorífica. Curitiba: Juruá, 2017.

RIBEIRO, Darcy. *O povo brasileiro* – a formação e o sentido do Brasil. 3. ed./7. reimpr. São Paulo: Global, 2021.

RIBEIRO, Djamila. *Pequeno manual antirracista*. São Paulo: Companhia das Letras, 2019.

RODRIGUES, Valderez Maria Monte. Fazenda Confusão – primeiros passos de uma mulher obstinada pela cidadania no trabalho. In: RIBEIRO, Cláudia (org.); CAMPOS, Marcelo (org.); LEITÃO, Márcio (org.). *Resgates* – combate ao trabalho escravo contemporâneo no Brasil. Belo Horizonte: RTM, 2021, p. 81-90.

RUSSOMANO, Mozart Victor. *Princípios Gerais de Direito Sindical.* 2. ed. Rio de Janeiro: Forense, 2000.

SAMPAIO, Alexandre Santos. *Indenização por acidente do trabalho gerado por lesão por esforço repetitivo* - doença ocupacional, LER/DORT. São Paulo: Mizuno, 2018.

SANTANA, Bianca (org.). *Vozes insurgentes de mulheres negras* - do século XVIII à primeira década do século XXI. Belo Horizonte: Mazza Ed./ Fund. Rosa Luxemburgo, 2021.

SANTANA, Raquel Leite da Silva. *As Cuidadoras na Sala de Visitas* - regulamentação jurídica do trabalho de cuidado à luz da trilogia de Carolina Maria de Jesus. São Paulo: Dialética, 2022.

SANTANA, Sérgio Carvalho de. Trabalho escravo e fotografia: pequenos relatos vividos no grupo móvel. In: RIBEIRO, Cláudia (org.); CAMPOS, Marcelo (org.); LEITÃO, Márcio (org.). *Resgates* - combate ao trabalho escravo contemporâneo no Brasil. Belo Horizonte: RTM, 2021, p. 127-135.

SANTOS, Ynaê Lopes dos. *Racismo brasileiro* - uma história da formação do país. São Paulo: Todavia, 2022.

SCALQUETTE, Ana Cláudia Silva (coord.); SIQUEIRA NETO, José Francisco (coord.). *60 desafios do Direito* - política, democracia e direito. São Paulo: Atlas, 2013. vol. 3.

SCHWARCZ, Lilia Moritz; GOMES, Flávio dos Santos. *Dicionário da escravidão e liberdade.* São Paulo: Companhia das Letras, 2021.

SILVA, Sayonara Grillo Coutinho Leonardo da. *Relações coletivas de trabalho* - configurações institucionais no Brasil contemporâneo. São Paulo: LTr, 2008.

SIQUEIRA, Gustavo Silveira; AZEVEDO, Fatima Gabriela Soares de. Estado de Direito no Brasil: um debate sobre a Primeira República e o direito de greve. In: SCALQUETTE, Ana Cláudia Silva; SIQUEIRA NETO, José Francisco (coord.). *60 desafios do Direito* - política, democracia e direito. São Paulo: Atlas, 2013. vol. 3, p. 168-178.

SIQUEIRA, Márcio José Leitão de. Introdução - teu abandono, minha razão. In: RIBEIRO, Cláudia (org.); CAMPOS, Marcelo (org.); LEITÃO, Márcio (org.). *Resgates* - combate ao trabalho escravo contemporâneo no Brasil. Belo Horizonte: RTM, 2021, p. 15- 27.

SIQUEIRA, Márcio José Leitão de. Resgates. In: RIBEIRO, Cláudia (org.); CAMPOS, Marcelo (org.); LEITÃO, Márcio (org.). *Resgates* - combate ao trabalho escravo contemporâneo no Brasil. Belo Horizonte: RTM, 2021, p. 144-163.

SLENES, Robert W. *Na senzala, uma flor* – esperanças e recordações na formação da família escrava. 2. ed. Campinas: Unicamp, 2021.

SWEEZY, Paul *et al. A transição do Feudalismo para o Capitalismo.* Rio de Janeiro: Paz e Terra, 2004.

TEIXEIRA, Juliana Cristina. *Trabalho Doméstico.* São Paulo: Jandaíra, 2021 (Coleção Feminismos Plurais, coordenada por Djamila Ribeiro).

VAZ, Lívia Sant'Anna. *Cotas Raciais.* São Paulo: Jandaíra, 2023 (Coleção Feminismos Plurais, coord. de Djamila Ribeiro).

VIANNA, Luiz Werneck. *Liberalismo e Sindicato no Brasil.* Rio de Janeiro: Paz e Terra, 1989.

WILLIAMS, Eric. *Capitalismo e escravidão.* 1. ed./2. reimpr. São Paulo: Companhia das Letras, 2012.

TEXTOS DE INTERNET:

Confira a história de seis mulheres negras protagonistas da abolição da escravidão. Disponível em: https://br.noticias.yahoo.com/confira-a-historia-de-seis-mulheres-negras-protagonistas-da-abolicao-da-escravidao-080029450.html.

17 mulheres negras brasileiras que lutaram contra escravidão. Disponível em: https://catracalivre.com.br/cidadania/17-mulheres-negras-brasileiras-que-lutaram-contra-escravidao.

O ativismo das mulheres negras escravizadas no Brasil colonial e pós-colonial. Disponível em: https://www.scielo.br/j/rbeur/a/fCbpyXCkGTFgKnjJgwnfwdN/.

SÍTIOS DE INTERNET:

Wikipédia, com acesso no dia 28.02.2022.

EDITORA *Jus*PODIVM
www.editorajuspodivm.com.br
COLOR system
JUS3331